Patrick Stoll

Der Einsatz von E-Procurement in mittelgroßen Unternehmen

GABLER EDITION WISSENSCHAFT

Patrick Stoll

Der Einsatz von E-Procurement in mittelgroßen Unternehmen

Konzeptionelle Überlegungen und explorative Untersuchung

Mit einem Geleitwort von Prof. Dr. Franz Schweiggert

GABLER EDITION WISSENSCHAFT

Bibliografische Information der Deutschen Nationalbibliothek
Die Deutsche Nationalbibliothek verzeichnet diese Publikation in der Deutschen Nationalbibliografie; detaillierte bibliografische Daten sind im Internet über <http://dnb.d-nb.de> abrufbar.

Dissertation Universität Ulm, 2008

1. Auflage 2008

Lektorat: Frauke Schindler / Nicole Schweitzer

Gabler ist Teil der Fachverlagsgruppe Springer Science+Business Media.
www.gabler.de

Umschlaggestaltung: Regine Zimmer, Dipl.-Designerin, Frankfurt/Main
Gedruckt auf säurefreiem und chlorfrei gebleichtem Papier
Printed in Germany

ISBN 978-3-8349-1043-1

Geleitwort

Ein Bereich in Unternehmen, der in der Vergangenheit sowohl in der betriebswirtschaftlichen Forschung als auch in der Praxis der Unternehmen relativ wenig Beachtung fand, jedoch aktuell immer mehr in den Vordergrund rückt, ist die Beschaffung. Die Bedeutung der Beschaffung wird von Unternehmen in zunehmendem Maß erkannt, entsprechend steigt die Bereitschaft der Unternehmen zu Investitionen in entsprechende IT-Systeme.

Die Bedeutung des Themas E-Procurement spiegelt sich unter anderem auch in den zahlreichen Arbeiten zu diesem Thema wieder. Diesen Arbeiten liegt aber ein zumindest impliziter Fokus auf große Unternehmen zugrunde. Der Einsatz von E-Procurement ist in diesen Unternehmen, aufgrund der mit den dort verfügbaren hohen Transaktionsvolumen, gegenüber der Situation in kleineren Unternehmen deutlich einfacher zu handhaben. Hier wurde von Patrick Stoll ein Forschungsbedarf festgestellt, aus dem seine Dissertation „Über den Einsatz von E-Procurement in mittelgroßen Unternehmen" entwickelt wurde. Als ersten wesentlichen Schritt seiner Arbeit ist die Aufarbeitung der theoretischen Grundlagen des E-Procurement zu sehen. Sein neues Konzept des E-Supply-Managements behebt die identifizierten theoretischen Defizite und ermöglicht eine schlüssige Gesamtkonzeption von E-Procurement und verwandten Konzepten. Weiter konnte er die praktische Lösbarkeit der in Großunternehmen identifizierten Problemstellungen durch die Darstellung entsprechender technischer Möglichkeiten nachweisen.

Als Ergebnis der von Patrick Stoll angestellten Untersuchungen kann festgehalten werden, dass die bei der Umsetzung von E-Procurement in mittelgroßen Unternehmen auftretenden Problemstellungen sich fundamental von den bei großen Unternehmen auftretenden Problemstellungen unterscheiden. Daher ist eine einfache Übertragung von E-Procurement-Lösungen von Großunternehmen auf mittelgroße Unternehmen nicht möglich; vielmehr ist eine angepasste Vorgehensweise erforderlich. Weiterhin haben mittelgroße Unternehmen durch die geringeren Transaktionsvolumen eine im Vergleich zu Großunternehmen reduzierte Spanne an Einsparungen und somit auch einen geringeren Spielraum für Fehler. Daher stellt der erfolgreiche Einsatz von E-Procurement für ein mittelgroßes Unternehmen unter Umständen einen strategischen Wettbewerbsvorteil von nicht zu unterschätzendem Wert dar.

Patrick Stoll hat mit dem Fokus seiner Arbeit auf mittelgroße Unternehmen ein in der Forschung bisher weitgehend unbeachtetes Feld betreten und konnte zum Ausbau der wissenschaftlichen Erkenntnis in diesem Bereich beitragen. Die vorliegende Dissertation liefert sowohl im Bereich der theoretischen Konzeptionen als auch der praktischen Anwendung von E-Procurement neue Erkenntnisse. Es ist daher zu hoffen, dass die von Patrick Stoll erarbeiteten Ergebnisse in der Forschung und bei den Unternehmen zur Anwendung kommen.

Prof. Dr. Franz Schweiggert

Vorwort

Das zentrale Element allen wirtschaftlichen Handels ist das Treffen von Entscheidungen über die Verwendung knapper Ressourcen. So war auch ich im Laufe meiner bisherigen wissenschaftlichen Karriere gezwungen, einigen schwierige Entscheidungen zu treffen. Zu den klügsten Entscheidungen, die ich getroffen habe, gehört die Entscheidung, mich mit meinem Dissertationsprojekt an Herrn Professor Franz Schweiggert zu wenden. Mein Dank für die Unterstützung bei der Erstellung dieser Arbeit gebührt daher vor allen anderen Professor Schweiggert, der mir mit der Übernahme der Betreuung meiner Promotion aus einer sehr misslichen Lage geholfen hat und durch seine Beratung bei der Erstellung der Arbeit entscheidend zu deren Gelingen beitrug.

Weiterhin danken möchte ich Herrn Professor Dieter Beschorner und Herrn Professor Dieter Spath, die sich freundlicherweise zu Zweitkorrektur und externem Gutachten bereiterklärt haben, sowie Herrn Professor Hans-Joachim Zwiesler und Herrn Professor Kai-Uwe Marten für ihre freundliche Bereitschaft, die mündliche Prüfung zusammen mit den Gutachtern abzunehmen.

Frau Gisela Richter möchte ich für ihre Hilfe bei der Abwicklung der Formalien und für ihr geduldiges Ertragen meiner Telefonanrufe am Lehrstuhl danken.

Herrn Peter Fischer danke ich für die Förderung meines Dissertationsprojekts. Er hatte die Weitsicht, mit der Befürwortung meines Dissertationsprojekts einen neuen Weg in einem typischen mittelgroßen Unternehmen einzuschlagen und bot mir die Gelegenheit, in meiner Zeit als sein Mitarbeiter Erfahrungen zu sammeln und Kompetenz aufzubauen.

Für die gute Kooperation möchte ich allen an den praktischen Untersuchungen beteiligten Unternehmen danken. In der Reihenfolge des Erscheinens der erhobenen Fallstudien in dieser Arbeit möchte ich mich bei Herrn Oliver Schabel von der Andreas Stihl AG & Co. KG, Frau Stefanie Brennberger von der ElringKlinger AG, Herrn Werner Buse von der Alfred Kärcher GmbH und Herrn Helmut Wagner von der Festo AG & Co. KG für ihre Auskunftsbereitschaft und Hilfe bedanken.

Mein Dank gebührt auch Herrn Thomas Fleck von der IBM Deutschland GmbH für unser Treffen in Mainz, welches mir erheblich dabei half, meine Überlegungen bezüglich mittelgroßer Unternehmen zu überprüfen und zu bestätigen.

Die vorliegende Arbeit ist die Fortführung der Grundlagenarbeiten, die in meiner Diplomarbeit und dem daraus entstandenen Buch „E-Procurement – Grundlagen, Standards und Situation am Markt“ angefertigt wurden. Daher sind inhaltliche und sprachliche Übereinstimmungen im Text nicht zu vermeiden. Da entsprechende Quellenangaben im Text nichts zum wissenschaftlichen Gehalt der Arbeit beitragen, werden diese zusammenfassend an dieser Stelle angegeben:

Stoll, Patrick (2007) E-Procurement; Grundlagen, Standards und Situation am Markt; Verlag Friedrich Vieweg & Sohn; Braunschweig / Wiesbaden; 2007.

Zu den in dieser Arbeit verwendeten Anglizismen ist zu sagen, dass sich die „E-Begriffe“ in Praxis und Forschung etabliert haben. Um weitere begriffliche Verwirrungen durch die Einführung entsprechender deutscher Begriffe zu vermeiden, werden in dieser Arbeit soweit möglich die etablierten englischsprachigen Begriffe um E-Procurement verwendet. Dies soll keinesfalls auf eine kritiklose Übernahme in den wissenschaftlichen Sprachgebrauch hindeuten, sondern vielmehr dazu dienen, die Lesbarkeit der Arbeit für den Praktiker zu erhalten.

In Kapitel 3 dieser Arbeit werden unter anderem Gesetzestexte als Quellen verwendet. Diese werden nicht im Literaturverzeichnis aufgeführt, da diese allgemein bekannt und zugänglich sind. In den in Kapitel 5 vorgestellten Fallstudien werden keine Quellenangaben gemacht, weil die Fallstudien durch direkte Interviews erhoben wurden. Quelle sind somit direkt die vorgestellten Unternehmen.

Patrick Stoll

Zusammenfassung

Beim Vergleich der Durchdringung von E-Procurement in großen und mittelgroßen Unternehmen konnten erhebliche Diskrepanzen festgestellt werden. So setzen große Unternehmen E.Procurement fast ausnahmslos mit Erfolg ein, während nur jedes fünfte mittelgroße Unternehmen E-Procurement einsetzt. Dennoch sind in mittelgroßen Unternehmen Einsparungspotentiale vorhanden, die durch den Einsatz von E-Procurement realisiert werden können. Hieraus ergibt sich erkennbar ein Forschungsbedarf, da bisher keine Erkenntnisse speziell in Bezug auf mittelgroße Unternehmen vorliegen.

Diese Arbeit untersucht den Einsatz elektronischer Werkzeuge zur Unterstützung der Beschaffung; zusammengefasst unter dem Begriff E-Procurement, in mittelgroßen Unternehmen. Zur Erbringung dieser Forschungsleistung war im Einzelnen die Lösung folgender Problemstellungen erforderlich:

- Behebung des theoretisches Defizits bei der Verknüpfung der Themengebiete Beschaffung und E-Business durch Entwicklung eines neuen Gesamtkonzepts E-Supply-Management mit anschließender Einordnung der einzelnen elektronischen Werkzeuge in die Bereiche E-Procurement, E-Logistics und E-Material-Management.

- Ausschluss der von großen Unternehmen angegebenen technischen Probleme durch Positivbeweis. Hierzu werden die einzelnen bei der Umsetzung von E-Procurement auftretenden Problemstellungen betrachtet und die verfügbaren Lösungen dargestellt. Folglich können die von Großunternehmen angegebenen Problemstellungen als Ursache der geringen Verbreitung von E-Procurement in mittelgroßen Unternehmen ausgeschlossen werden.

- Analyse der Wirkungsweise von E-Procurement durch Einordnung in ein geeignetes ökonomisches Modell mit anschließender Ableitung von relevanten Einfußfaktoren zur theoretischen Untermauerung der empirischen Untersuchungen. Hierdurch können Probleme bei der Umsetzung von E-Procurement zu den ursächlichen Einflussfaktoren zurückverfolgt werden.

- Abgrenzung mittelgroßer Unternehmen von Großunternehmen durch Herleitung einer für die Untersuchung geeigneten Definition mit Bezug zur Beschaffung.

- Entwicklung eines geeigneten Untersuchungsdesigns zur empirischen Ermittlung der Problemstellungen bei mittelgroßen Unternehmen. Hierfür kann eine explorative Untersuchung als geeignet angesehen werden, da das aufzeigen geeigneter Lösungsansätze per Literaturauswertung erfolgen kann.

- Entwicklung einer Vorgehensweise zur Umsetzung von E-Procurement, die der besonderen Situation in mittelgroßen Unternehmen Rechnung trägt. Als Schwerpunkte wurden Beschaffungsstrategie, Vorgehensweise bei der Einführung und Bewertung der erzielten Ergebnisse erkannt.

Als Ergebnis der im Rahmen der Arbeit angestellten Untersuchungen kann festgehalten werden, dass die bei der Umsetzung von E-Procurement in mittelgroßen Unternehmen auftretenden Problemstellungen sich fundamental von den bei großen Unternehmen auftretenden Problemstellungen unterscheiden. Daher ist eine Übertragung von E-Procurement-Lösungen von Großunternehmen zu mittelgroßen Unternehmen nicht möglich; vielmehr ist eine angepasste Vorgehensweise erforderlich. Weiterhin haben mittelgroße Unternehmen durch die geringeren Transaktionsvolumen eine im Vergleich zu Großunternehmen reduzierte Spanne an Einsparungen und somit auch einen geringeren Spielraum für Fehler. Daher stellt der erfolgreiche Einsatz von E-Procurement für ein mittelgroßes Unternehmen unter Umständen einen strategischen Wettbewerbsvorteil von nicht zu unterschätzendem Wert dar.

Inhaltsverzeichnis

Abbildungsverzeichnis

Abkürzungsverzeichnis

APS	Advanced Planning and Scheduling
BGB	Bürgerliches Gesetzbuch
BME	Bundesverband Materialwirtschaft, Einkauf und Logistik
D-U-N-S	Data Universal Numbering System
DTD	Document Type Definition
E-	Electronic-
EAN	European Article Number
EBPP	Electronic Bill Presentment and Payment
EDI	Electronic Data Interchange
EPC	Electronic Product Code
ERP	Enterprise Resource Planning
GPS	Global Positioning System
HGB	Handelsgesetzbuch
ISO	International Organisation for Standardization
IT	Information Technology
MAC	Message Authentication Code
MRO	Maintenance, Repair and Operations
MRP	Material Requierements Planning
MRP II	Manufacturing Resource Planning
OCI	Open Catalog Interface
OEM	Original Equipment Manufacturer
OSI	Open Systems Interconnection
PIM	Product Information Management
PIP	Partner Interface Processes
RFC	Remote Function Call
RFID	Radio Frequency Identification
SCM	Supply Chain Management
SET	Secure Electronic Transaction
SigG	Signaturgesetz
SRM	Supplier Relationship Management
UCC	Uniform Code Council
UN/EDIFACT	United Nations Electronic Data Interchange for Administration, Commerce and Trade

UN/SPSC	Universal Standard Products and Services Classification
UPC	Universal Product Code
UStG	Umsatzsteuergesetz
VerstV	Versteigererverordnung
XML	Extensible Markup Language
XRP	Extended Enterprise Resource Planning

1 Problemstellung und Konzeption der Arbeit

1.1 Steigende Bedeutung der Beschaffung

Auf die deutschen Unternehmen ist durch die Veränderung der ökonomischen Rahmenbedingungen in den letzten Jahren ein erheblicher Druck entstanden: Durch die zunehmende Globalisierung der Märkte[1] hat sich die Intensität des Wettbewerbs sowohl in der Beschaffung als auch in der Distribution stark erhöht[2]. Eine häufige Reaktion der Unternehmen zum Erhalt ihrer Wettbewerbsfähigkeit ist der Versuch, die Effektivität ihrer Aktivitäten durch Konzentration auf ihre Kernkompetenzen zu verbessern[3] und andererseits sämtliche im Unternehmen vorhandenen Potentiale für Einsparungen und Verbesserungen voll auszuschöpfen.

Die Kernkompetenzen eines Unternehmens sind jene Aktivitäten, die sich durch drei Eigenschaften auszeichnen: Kernkompetenzen bringen Wettbewerbsvorteile, tragen dauerhaft zur Realisierung dieser Vorteile bei und sind in mehr als einem Bereich nutzbar[4]. Aktivitäten, die nicht den Kernkompetenzen eines Unternehmens zugeordnet werden, werden an andere Unternehmen vergeben, woraus eine Reduzierung der Fertigungstiefe des Unternehmens resultiert und das Beschaffungsvolumen entsprechend steigt. Die Versorgung des Unternehmens mit diesen nicht (mehr) selbst erstellten Gütern und Dienstleistungen ist die Aufgabe der Beschaffung,[5] die damit im Unternehmen eine weitaus größere Bedeutung erlangt.

Nachdem die Verbesserungspotentiale in Produktion und Vertrieb in den Entwicklungsphasen Produktionsorientierung und Absatzorientierung in den Unternehmen ausgeschöpft wurden[6], bietet der Einkauf das größte verbleibende Potential für Einsparungen im Unternehmen[7]. Entsprechend hat sich die Beschaffung, wie Abbildung

---

1 Vgl. Schmid, Carsten (2002) S. 511
2 Vgl. Pfohl, Hans-Christian (2000) S. 3
Vgl. Reindl, Martin / Oberniedermaier, Gerhard (2002) S. 99
3 Vgl. Wirtz, Bernd (2001) S. 299
Vgl. Schmidt, Carsten (2002) S. 511
4 Vgl. Pralahad, C. K. / Hamel, Gary (1990) S. 83-84
5 Vgl. Arnold, Ulli (1997) S. 2
6 Vgl. Arnold, Ulli (1999) S. 310
Vgl. Thome, Rainer (2006) S. 80
7 Vgl. Buchholz, Wolfgang (2001) S.70
Vgl. Pfleghar, Thilo / Decker, Wilfried (2001) S.116
Vgl. Appelfeller, Wilfried / Buchholz, Wolfgang (2005) S. 1

1.1 zeigt, in den Unternehmen vom operativen ‚Erfüllungsgehilfen' der Produktion[8] zur strategischen Quelle von Wettbewerbsvorteilen erweitert.[9] Ein häufiger Ansatz der Unternehmen zur Realisierung weiterer Einsparpotentiale ist der Einsatz von E-Business-Lösungen.[10]

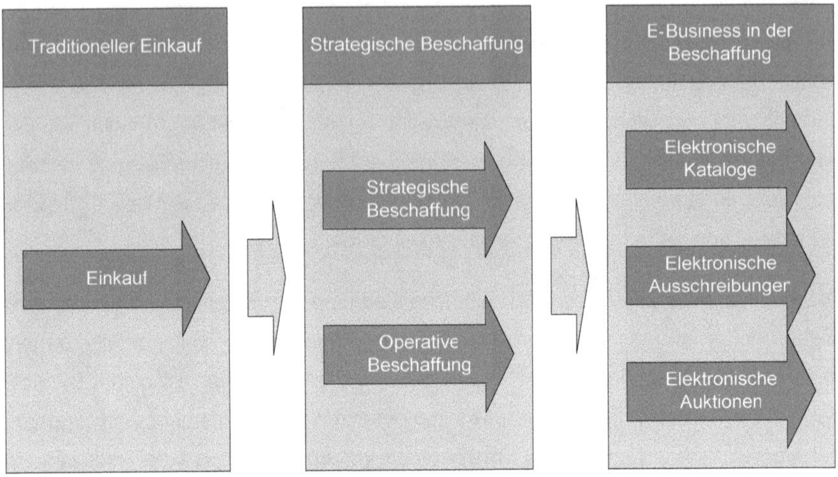

Abbildung 1.1: Entwicklung der Beschaffung[11]

1.2 Das Internet als neues Medium

Als zur Abwicklung von Geschäftsprozessen geeignetes neues Medium hat das Internet erheblichen Einfluss auf die Unternehmen: Die Entwicklung von E-Business-Lösungen wurde durch das Entstehen des Internets und der zugehörigen Technologien erst ermöglicht. Schlüsseltechnologien für diese Entwicklung sind neben den für das eigentliche Netzwerk entscheidende Transmission Control Protocol / Internet Protocol die höheren Protokolle, die über den reinen Austausch von Daten hinaus die

---

8 Vgl. Arnold, Ulli (1997) S. 15 und S. 56
Vgl. Wirtz, Bernd (2001) S. 299
Vgl. Möhrstädt, Detlef / Bogner, Philipp / Paxian, Sascha (2001) S. 7

9 Vgl. Arnold, Ulli (1999) S. 310
Vgl. Buchholz, Wolfgang (2001) S. 70
Vgl. Pfleghar, Thilo / Decker, Wilfried (2001) S. 117

10 Vgl. Appelfeller, Wieland / Buchholz, Wolfgang (2005) S. 2-3

11 Vgl. Pfleghar, Thilo / Decker, Wilfried (2001) S. 117

Integration von Geschäftsprozessen ermöglichen. Beispiele hierfür sind Electronic Data Interchange oder RosettaNet.

Durch die elektronische Umsetzung von Geschäftsprozessen wird die Transparenz dieser Prozesse erheblich gesteigert, wodurch Einsparungen realisiert werden können. Dies gilt jedoch nicht nur für die Vertriebsseite (E-Commerce), sondern auch für die Beschaffung. Durch den Einsatz von E-Business-Lösungen zur Unterstützung der Beschaffung können sowohl Kosten als auch Ergebnis der Beschaffungsprozesse deutlich verbessert werden. Als Resultat können Unternehmen durch Einsatz von E-Business-Lösungen in der Beschaffung erhebliche Wettbewerbsvorteile realisieren.[12]

1.3 Problemstellung

Aktuellen Untersuchungen[13] zufolge liegen mittelgroße Unternehmen beim Einsatz von E-Business-Lösungen weit hinter Großunternehmen aus zum Beispiel der Automobilindustrie zurück[14], obwohl in diesen Unternehmen ebenfalls Einsparpotentiale vorhanden sind[15], die durch den Einsatz von E-Business-Lösungen realisiert werden können. Insbesondere in der Beschaffung mittelgroßer Unternehmen werden noch erhebliche Potentiale vermutet[16], die durch den Einsatz elektronischer Einkaufswerkzeuge realisiert werden können. Das Vorhandensein dieser Potentiale kann aufgrund von drei Wirkungsbeziehungen vermutet werden:

- Die Hebelwirkung von Verbesserungen in der Beschaffung auf das Unternehmensergebnis, da hier im Gegensatz zu Verbesserungen auf der Vertriebsseite

---

[12] Vgl. Möhrstädt, Detlef / Bogner, Philipp / Paxian, Sascha (2001) S. 3
Vgl. Nekolar, Alexander-Philip (2003) S. 6

[13] Vgl. Impulse, G+J Wirtschaftspresse / IBM Deutschland / Tech Consult GmbH (2005) S. 10
Vgl. Grünbeck, Jochen / Richter, Andreas (2005) S. 20 und S. 26
Vgl. Mosch, Thomas (2004) S. 15-17
Vgl. Budde, Lars (2004) S. 12

[14] Vgl. Buchholz, Wolfgang / Werner, Hartmut (2001 A) S. 2
Vgl. Haupt, Stephan (2004) S. 136
Vgl. Bogaschewsky, Ronald (2004) S. 173

[15] Vgl. Impulse, G+J Wirtschaftspresse / IBM Deutschland / Tech Consult GmbH (2005) S. 18

[16] Vgl. Bogaschewsky, Ronald (2004) S. 176

nicht mit der Rendite des Unternehmens diskontiert werden muss, sondern das Unternehmensergebnis direkt beeinflusst wird.[17]

- Die im Verhältnis zum elektronischen Vertrieb (E-Commerce) nachläufige Entwicklung von E-Procurement. Dies lässt sich daran festmachen, dass E-Business-Lösungen auf der Vertriebsseite wesentlich weiter verbreitet sind als E-Business-Lösungen auf der Einkaufsseite. Entsprechend kann angenommen werden, dass sich E-Procurement-Lösungen noch weiter verbreiten werden, während im Bereich E-Commerce die Potentiale weitgehend ausgeschöpft sind.[18]

- Der Rückstand von mittelgroßen Unternehmen zu Großunternehmen beim Einsatz von E-Business-Lösungen, welcher sich auch beim Einsatz von E-Procurement feststellen lässt.[19] Als Beispiel identifiziert die vom Bundesverband Materialwirtschaft, Einkauf und Logistik zusammen mit der SynerDeal GmbH erstellte Studie 92% höhere Einsparungen durch den Einsatz von elektronischen Werkzeugen im Einkauf von mittelgroßen Unternehmen, die aber nur bei 17% der Unternehmen realisiert werden.[20]

Zu beachten ist, dass zwischen großen und mittelgroßen Unternehmen erhebliche strukturelle und marktliche Unterschiede existieren, aufgrund derer die bei Großunternehmen erfolgreich eingesetzten Lösungen nicht einfach in mittelgroße Unternehmen übernommen werden können.[21] Insbesondere stehen mittelgroßen Unternehmen in der Regel nicht die Ressourcen für eine an das Unternehmen angepasste Eigenentwicklung zur Verfügung. Als Beispiel für diesen Sachverhalt kann der folgende Überblick über elektronische Marktlösungen dienen:

---

17 Vgl. Nekolar, Alexander-Philip (2003) S. 15-16
Vgl. Arnold, Ulli (1997) S. 15
Vgl. Schäfer, Harald / Schäfer, Burkhard (2001) S. 13-14

18 Vgl. Impulse, G+J Wirtschaftspresse / IBM Deutschland / Tech Consult GmbH (2005) S. 7-9
Vgl. MacDonald, Douglas / Higgins, Paul (2003) S. 7

19 Vgl. Arthur Andersen Business Consulting (2001) S. 10

20 Vgl. Grünbeck, Jochen / Richter, Andreas (2005) S. 7

21 Vgl. Pfohl, Hans-Christian (1997) S. 2

		Nachfrager		
		One	Some	Many
Anbieter	One	EDI	unternehmensspezifische Verkaufsplattform	
	Some	unternehmensspezifische Einkaufsplattform	Commerceplattform	kooperative Verkaufsplattform
	Many		kooperative Einkaufsplattform	Virtueller Marktplatz

Abbildung 1.2: Formen elektronischer Marktlösungen[22]

Im gekennzeichneten Bereich finden oft Aktivitäten von Großunternehmen statt[23], während für mittelgroße Unternehmen die erforderliche unternehmensspezifische Eigenentwicklung nicht lohnend ist. Diese Unternehmen müssen deshalb fast immer auf am Markt angebotene generische Lösungen zurückgreifen.[24] Das heißt: Für mittelgroße Unternehmen stellt sich die Make-or-Buy-Frage im Bereich E-Business in der Beschaffung nicht.[25]

Der Einsatz von geeigneten E-Business-Lösungen in der Beschaffung mittelgroßer Unternehmen ist daher ein sehr aktuelles Thema, da die bisherigen Anstrengungen mittelgroßer Unternehmen, wie beschrieben, vor allem in den Bereichen Produktion und Vertrieb stattgefunden haben[26]. Es kann in der Tat vermutet werden, dass das größte verbleibende Potential zur Verbesserung in der Beschaffung liegt.

Aus Sicht der Forschung ergibt sich daher folgender Bedarf:

Bei der Verknüpfung der Themengebiete Beschaffung und E-Business besteht ein theoretisches Defizit darin, dass die bisher in diesem Schnittbereich angesiedelten Konzepte E-Procurement, E-Logistics, Supply Chain Management, Supplier Relationship Management und E-Collaboration nicht schlüssig abgeleitet sind, beziehungsweise Überschneidungen der Konzepte vorliegen[27], die eine wissenschaftliche

---

22 Backhaus, Klaus (2003) S. 27

23 Vgl. Fromm, Hansjörg / Saedltler, Dietmar (2001) S. 142

24 Vgl. Bogaschewsky, Ronald (2004) S. 174
Vgl. Bogaschewsky, Ronald / Kracke, Uwe (1999) S. 108

25 Vgl. Kerkau, Friedhelm (2005) o. S.

26 Vgl. Impulse, G+J Wirtschaftspresse / IBM Deutschland / Tech Consult GmbH (2005) S. 7-9

27 Vgl. Wirtz, Bernd (2001) S. 32

Abgrenzung der enthaltenen Werkzeuge unmöglich machen. Weiterhin wird in der Literatur die Betrachtung von E-Business in der Beschaffung nur aus einem engen Blickwinkel vorgenommen. In der Regel ist dies die Betrachtung aus Beschaffungssicht, logistischer Sicht oder kooperativer Sicht. Für eine umfassende Betrachtung ist aber die Auswahl eines für das jeweilige Instrument geeigneten Blickwinkels von erheblicher Bedeutung. Eine schlüssige und allgemein akzeptierte Definition von E-Procurement liegt also nicht vor[28]; jedoch ist diese Definition sowie die damit mögliche Abgrenzung von E-Procurement angrenzenden Bereichen wie E-Logistics für eine wissenschaftliche Untersuchung von kritischer Bedeutung und muss folglich für die vorliegende Untersuchung hergeleitet werden.

Weiterhin besteht wie bereits dargestellt ein praktisches Defizit beim Einsatz von E-Business in der Beschaffung bei mittelgroßen Unternehmen, da in diesen Unternehmen besondere Bedingungen vorliegen, zu deren Berücksichtigung bisher nur wenige gesicherte Erkenntnisse vorhanden sind.[29] Die meisten bisher bekannten Erfahrungen mit E-Business sind in der Beschaffung von Großunternehmen gemacht worden und können daher nur bedingt auf mittelgroße Unternehmen übertragen werden. Es liegt daher weiterer Erkenntnisbedarf vor, um die Einführung geeigneter Instrumente im Mittelstand zu ermöglichen, damit die bereits angesprochenen Potentiale realisiert werden können.

1.4 Zielsetzung

Gegenstand dieser Arbeit sind die Bedingungen und Effekte generischer E-Business-Lösungen zur Unterstützung der Beschaffung in mittelgroßen Unternehmen. Das Ziel der Arbeit ist es, mittelgroßen Unternehmen zu ermöglichen, sich über diese Lösungen einen Überblick zu verschaffen und geeignete Kriterien zu ermitteln, anhand derer eine für die im Unternehmen vorliegende Situation geeignete Lösung ausgewählt werden kann. Hierdurch können mittelgroße Unternehmen Vorteile erzielen, da in der Beschaffung dieser Unternehmen, wie oben bereits erwähnt, erhebliches Potential vorhanden ist.

[28] Vgl. Wagner, Stephan / Schwab, Andreas (2004) S. 11
[29] Vgl. Bogaschewsky, Ronald (2004) S. 176

Das zu untersuchende Gebiet kann mit Hilfe von drei Dimensionen abgegrenzt werden:

Die erste Dimension ist die Größe der betrachteten Unternehmen. Betrachtet werden sollen mittelgroße Unternehmen als Bereich zwischen Kleinbetrieben und Großunternehmen. Gemäß der Empfehlung der Europäischen Gemeinschaften gehören Unternehmen mit weniger als 250 Mitarbeitern und einem Jahresumsatz von höchstens 50 Millionen Euro zur Kategorie der kleinen und mittleren Unternehmen[30].

Diese Definition ist wenig geeignet, weil sich aus absoluten Mitarbeiterzahlen und Jahresumsatz kein direkter Zusammenhang zur Beschaffung ableiten lässt. Folglich muss eine geeignete neue Definition mittelgroßer Unternehmen im Hinblick auf das zu untersuchende Gebiet erstellt werden. Diese Definition soll mittelgroße von großen und kleinen Unternehmen trennen und auf die Beschaffung ausgerichtet sein. Hierzu sind die Kenngrößen der in der Beschaffung beschäftigten Mitarbeiter und des jährlichen Beschaffungsvolumens geeignet. Als mittelgroßes Unternehmen sollen im Rahmen dieser Arbeit jene Unternehmen verstanden werden, die zwischen 10 und 100 Mitarbeiter in der Beschaffung beschäftigen und zwischen 100 Mio. € und 1 Mrd. € jährliches Beschaffungsvolumen haben.

Die zweite Dimension der Abgrenzung ist der betrachtete Teil des Wertschöpfungsprozesses der Unternehmen.

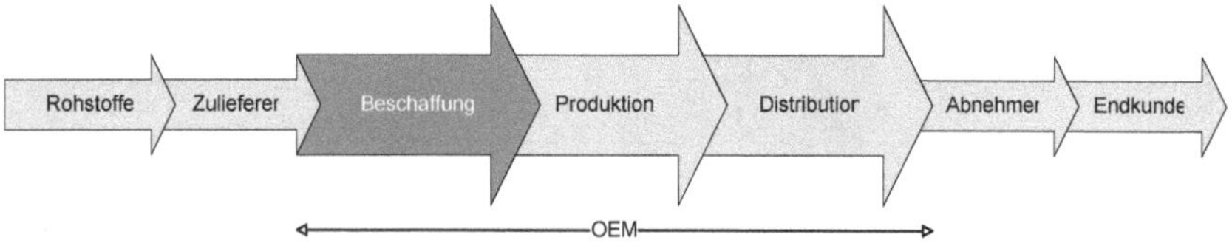

Abbildung 1.3: Die Beschaffung als Teil der Wertschöpfungskette[31]

Wie Abbildung 1.3 zeigt, kann der Wertschöpfungsprozess eines Unternehmens grob in Beschaffung, Produktion und Vertrieb untergliedert werden. In dieser Untersuchung soll der bisher als Beschaffung bezeichnete Teilprozess untersucht werden. Dieser Begriff ist insofern nur bedingt geeignet, als er zwar in den Unternehmen die

---

30 Kommission der Europäischen Gemeinschaften (2003) Anhang, Artikel 2.1
31 Vgl. Supply Chain Council (2005) S. 3

betroffene Abteilung bezeichnet, in der Literatur aber nur einen Teil des zu untersuchenden Konzeptes ausmacht. Betrachtet werden sollen „sämtliche unternehmens- und oder marktbezogenen Tätigkeiten, die darauf gerichtet sind, einem Unternehmen die benötigten, aber nicht selbst hergestellten Objekte verfügbar zu machen“[32], sowie die dazu erforderlichen logistischen und planerischen Tätigkeiten. Dieser Bereich umfasst Beschaffung, Logistik und Materialwirtschaft. Diese Teilbereiche sollten nicht einzeln betrachtet werden, weil sie verschiedene Blickwinkel auf das gleiche Problem, nämlich die Versorgung des Unternehmens mit den benötigten Objekten, darstellen.[33] Dieser in Abbildung 1.4 dargestellte Bereich wird von Arnold und Bogaschewsky als Versorgungsmanagement oder Supply Management[34], von Schulte und Pfohl als klassische Materialwirtschaft[35] bezeichnet.

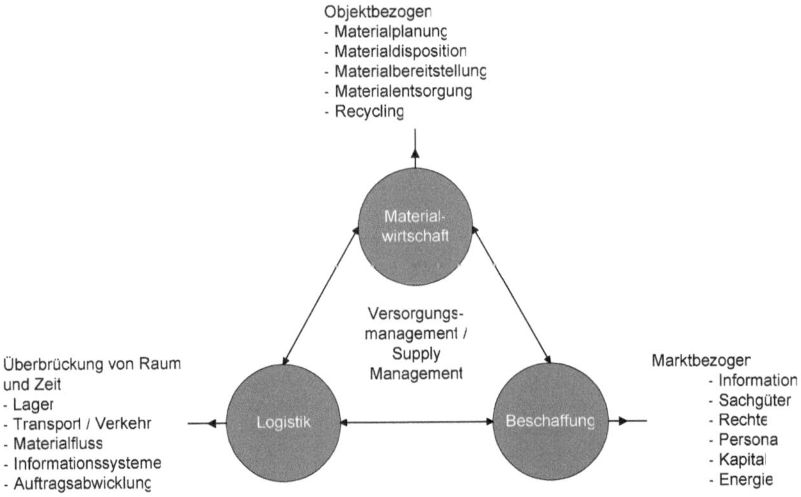

Abbildung 1.4: Versorgungsmanagement mit den Teilbereichen Beschaffung, Logistik und Materialwirtschaft[36]

[32] Arnold, Ulli (1997) S. 2
[33] Vgl. Arnold, Ulli (1997) S. 8
[34] Vgl. Arnold, Ulli (1997) S. 8
Vgl. Bogaschewsky, Ronald (2003) S. 25
[35] Vgl. Schulte, Christof (2005) S. 2
Vgl. Pfohl, Hans-Christian (2004) S. 182
[36] Arnold, Ulli (1997) S. 9

Die dritte Dimension ist die Art, wie die im Unternehmen angestrebten Verbesserungen erreicht werden sollen. Untersucht werden sollen die durch den Einsatz von E-Business-Lösungen ermöglichten Verbesserungen. Bei der Betrachtung des Konzepts des E-Business muss beachtet werden, dass nicht jede Art von elektronischer Kommunikation von Unternehmen mit Kunden, Lieferanten oder sonstigen Partnern eine Umsetzung von E-Business ist. E-Business ist definiert als „integrierte Ausführung aller digitalisierbaren Bestandteile ökonomischer Prozesse". [37] Der Anspruch von E-Business ist folglich, nicht nur Daten zu übertragen, sondern mit den übertragenen Daten einen oder mehrere Geschäftsprozesse zu unterstützen.

Ein zur Veranschaulichung geeignetes Beispiel ist der Einsatz von Electronic Data Interchange (EDI). Der Einsatz einer EDI-Verbindung zwischen Unternehmen allein ist keine Anwendung von E-Business; wird die EDI-Verbindung benutzt, um die Back-End-Systeme der Unternehmen miteinander zu verbinden, und somit die Geschäftsprozesse unternehmensübergreifend zu integrieren, so kann von E-Business gesprochen werden. Eine formale Abgrenzung des E-Business kann über das in Abbildung 1.5 dargestellte ISO/OSI 7-Schichten-Modell[38] erfolgen.

[37] Thome, Rainer (2002) o. S.
[38] Vgl. Kapitel 3.2.1

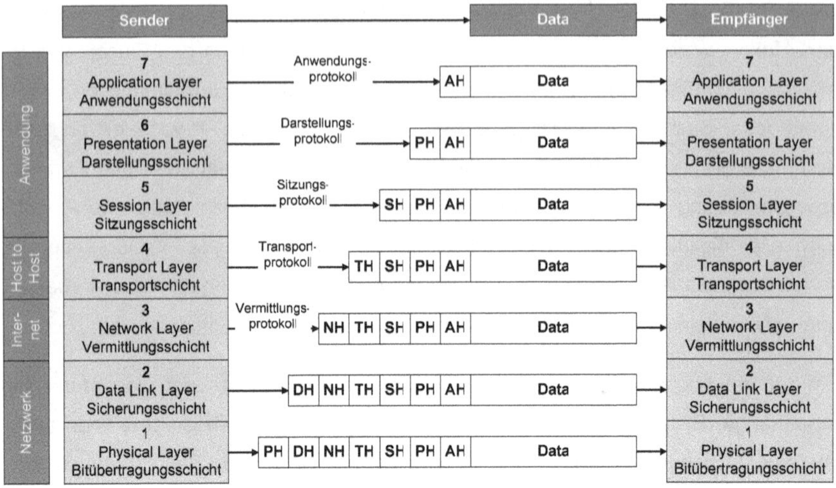

Abbildung 1.5: ISO/OSI 7-Schichten-Modell[39]

Da die Prozessintegration in diesem Modell nicht vorgesehen ist, werden die Geschäftsprozesse, wie Abbildung 1.6 zeigt, als achte Schicht über das Modell gelegt. Demzufolge ist nur das, was sich in der achten Schicht abspielt, dem Konzept des E-Business zuzuordnen.[40]

---

[39] Vgl. Tanenbaum, Andrew (2003) S. 56
Vgl. Müller, Günter / Eymann, Torsten / Kreutzer, Michael (2003) S. 32

[40] Vgl. Thome, Rainer (2002) o. S.

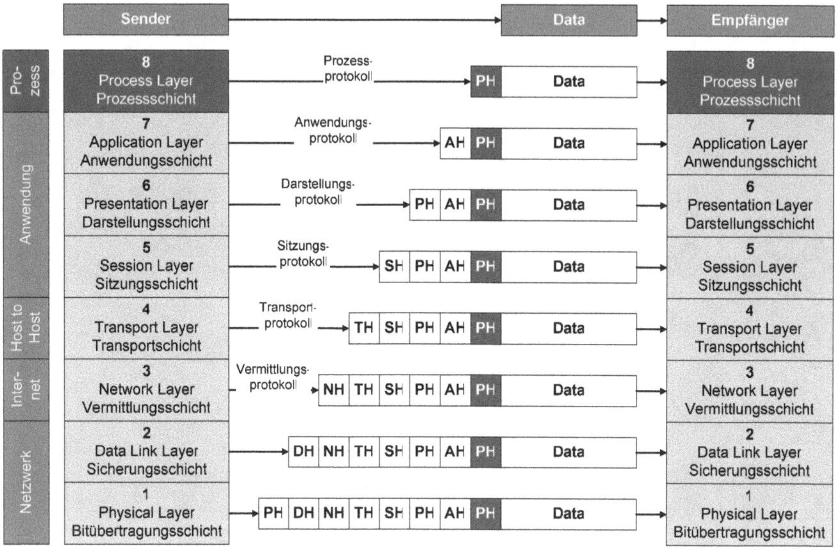

Abbildung 1.6: Um Prozessintegration erweitertes ISO/OSI 7-Schichten-Modell[41]

Im Umkehrschluss muss entsprechend gelten, dass die Unterstützung der Prozesse elektronisch erfolgt, Verbesserungen an den Prozessen, die nicht elektronisch erfolgen, beziehungsweise ermöglicht werden, genügen der Definition des E-Business auch nicht.

1.5 Vorgehensweise

Zur Untersuchung des Problems wird die in Abbildung 1.7 dargestellte Vorgehensweise vom Verfasser als geeignet angesehen:

[41] Vgl. Tanenbaum, Andrew (2003) S. 56
Vgl. Müller, Günter / Eymann, Torsten / Kreutzer, Michael (2003) S. 32

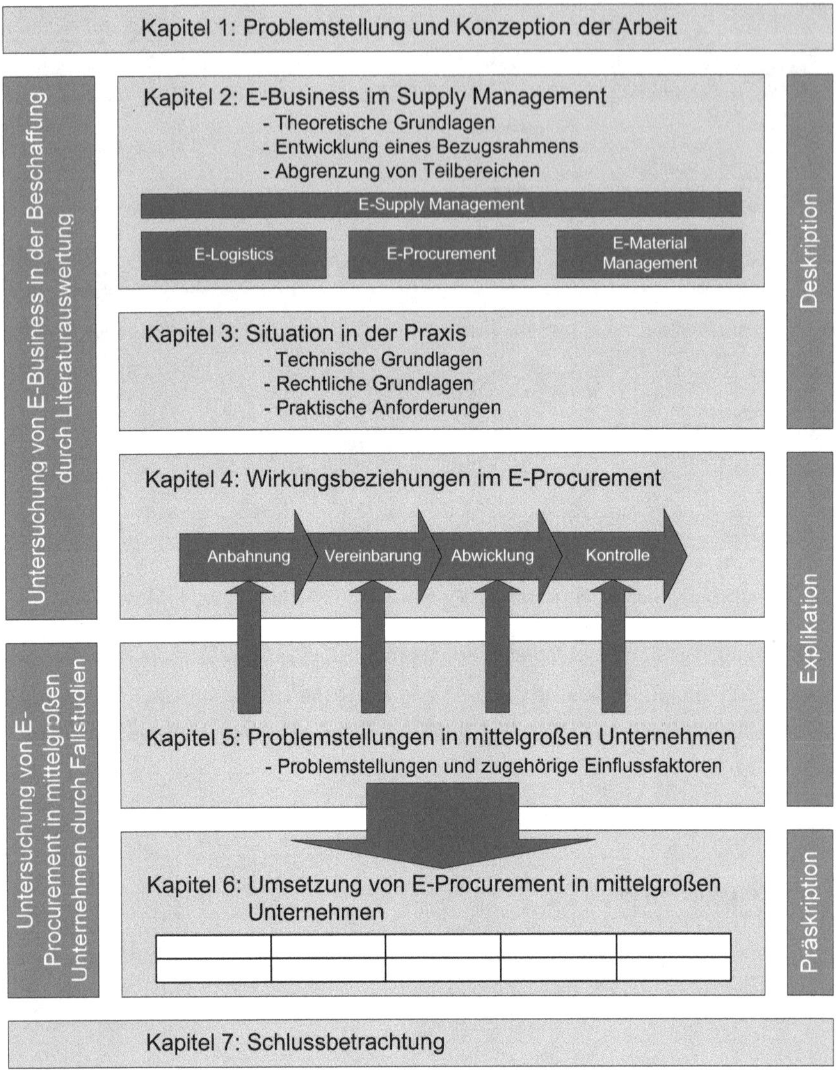

Abbildung 1.7: Vorgehensweise der Arbeit[42]

In Kapitel 1 werden die ausschlaggebenden Trends kurz erläutert, die Problemstellung der vorliegenden Arbeit motiviert und die Konzeption und Vorgehensweise dargestellt. Kapitel 2, 3 und 4 stellen den allgemeinen Teil der Arbeit dar, der durch Lite-

[42] Eigene Darstellung

raturauswertung erfolgen kann. Hierbei wird das festgestellte Defizit bei der Verknüpfung der Bereiche E-Business und Beschaffung behoben. Durch Auswahl geeigneter Definitionen der einzelnen Unterbegriffe wird ein widerspruchsfreier und für weitere wissenschaftliche Arbeit geeigneter Bezugsrahmen des Gebiets erstellt. Die bisher vorhandenen Bezugsrahmen sind, wie bereits festgestellt, für die im praktischen Teil der Arbeit angestrebten Betrachtungen zu sehr an einzelnen Teilbereichen des Supply Management orientiert. Konkret werden folgende Fragen im ersten Teil der Arbeit geklärt:

Was ist der Stand der Forschung im betrachteten Gebiet?

In Kapitel 2 werden zur Feststellung des Stands der Forschung die bisher im Supply Management eingesetzten E-Business-Lösungen erfasst sowie die entsprechenden Konzepte untersucht. Da die bisherigen Konzepte, wie bereits dargestellt, theoretische Defizite aufweisen, wird ein neuer theoretische Bezugsrahmen zur Abgrenzung einzelner Bereiche ausgearbeitet und die im Supply Management eingesetzten E-Business-Lösungen systematisch eingeordnet. Hierbei wird eine funktionale Abgrenzung verwendet, weil für die spätere Untersuchung von Einflussfaktoren und Wirkungsbeziehungen die funktionale Gestaltung im Vordergrund steht. Kapitel 2 hat folglich deskriptiven Charakter: hier wird angegeben, was der bisherige State-of-the-Art der Wissenschaft bei der Verknüpfung der Bereiche E-Business und Beschaffung ist.

Wie weit sind die bisherigen Erkenntnisse in die Praxis übernommen worden?

Kapitel 3 nimmt eine Analyse der Situation in der Praxis anhand von Literatur und geeigneten Studien vor, um die Vorraussetzungen und Standards für die Umsetzung des in Kapitel 2 dargestellten Konzepts von E-Procurement in den Unternehmen zu ermitteln. Hierzu werden die auftretenden Problemstellungen systematisiert und entsprechende Lösungsansätze vorgestellt. Dies dient dem Nachweis der Lösbarkeit dieser Problemstellungen im Zusammenhang mit E-Procurement. Kapitel 3 setzt mit der Darstellung des State-of-the-Art der Praxis die Deskription der Situation fort.

Wie wird durch die betrachten Werkzeuge Nutzen generiert?

In Kapitel 4 werden die Wirkungsbeziehungen von E-Procurement anhand ökonomischer Kriterien dargestellt und entlang des vorher festgelegten Bezugsrahmens systematisiert. Aus den Wirkungsbeziehungen wird ermittelt, auf welche Weise beim Einsatz von E-Procurement Nutzen generiert werden kann. Anschließend werden für die Wirkungsbeziehungen relevante Einflussfaktoren identifiziert und ihre Auswirkungen auf den Einsatz von E-Procurement dargestellt. In Kapitel 4 folgt demnach die Explikation der Funktion und Wirkungsweise der in Kapitel 2 dargestellten E-Business-Lösungen.

Kapitel 5 und 6 bilden den an mittelgroßen Unternehmen orientierten Teil der Arbeit, in dem die speziellen Problemstellungen beim Einsatz von E-Business der Beschaffung dieser Unternehmen betrachtet werden. Weil über dieses Gebiet bisher nur wenige gesicherte Erkenntnisse vorliegen, ist eine empirische Untersuchung kausaler Zusammenhänge als verfrüht anzusehen. Weiterhin ist anzunehmen, dass aufgrund der noch geringen Verbreitung von elektronischer Beschaffung in mittelgroßen deutschen Unternehmen eine für die Untersuchung kausaler Zusammenhänge geeignete Stichprobe schwerlich gefunden werden kann. Deshalb wird eine explorative Untersuchung der konkreten Situation im Mittelstand anhand von Fallbeispielen vorgenommen, um die Auswirkungen der in der theoretischen Analyse identifizierten Einflussfaktoren fallspezifisch aufzeigen zu können. Diese Fallbeispiele werden aus dem Bereich Maschinenbau ausgewählt, um eine bessere Vergleichbarkeit der einzelnen Fälle zu ermöglichen. Im zweiten Teil der Arbeit werden auf diese Weise folgende Fragen untersucht:

Wodurch unterscheiden sich mittelgroße Unternehmen im Hinblick auf elektronische Beschaffung von Großunternehmen und welchen Faktoren kommt besondere Bedeutung zu?

In Kapitel 5 werden die beim Einsatz von E-Procurement in mittelgroßen Unternehmen auftretenden Problemstellungen untersucht. Hierzu wird zunächst eine geeignete Arbeitsdefinition mittelgroßer Unternehmen hergeleitet. Anschließend wird die Situation in großen und mittelgroßen Unternehmen durch Auswertung geeigneter Quellen verglichen. Anhand von Fallstudien werden in Kapitel 5 Problemstellungen identifiziert, die beim Einsatz von E-Business Lösungen in der Beschaffung mittelgroßer Unternehmen auftreten. Diese Problemstellungen werden anschließend den entsprechenden Einflussfaktoren zugeordnet, wodurch die Relevanz dieser Einflussfaktoren für mittelgroße Unternehmen aufgezeigt wird. Kapitel 5 führt die Explikation der Funktion und Wirkungsweise der E-Business-Lösungen fort, hier werden allerdings die speziellen, für den erfolgreichen Einsatz von E-Business-Lösungen in der Beschaffung mittelgroßer Unternehmen bedeutenden Faktoren herausgearbeitet.

Was ist in mittelgroßen Unternehmen beim Einsatz von E-Business-Werkzeugen in der Beschaffung besonders zu beachten?

Aus den in Kapitel 5 identifizierten für mittelgroße Unternehmen relevanten Einflussfaktoren werden in Kapitel 6 Kriterien für den Einsatz von E-Business-Lösungen in der Beschaffung in mittelgroßen Unternehmen erstellt. Dies ermöglicht eine präskriptive Aussage, also eine Handlungsanweisung, wie in Zukunft bei Auftreten entsprechender Situationen verfahren werden soll.

Abschließend erfolgt in Kapitel 7 ein kurzer Überblick über die gewonnenen Erkenntnisse, ein Ausblick auf die weitere Entwicklung sowie das Aufzeigen weiteren Forschungsbedarfs.

2 E-Business im Supply Management

Die Vielzahl der Publikationen zum Thema E-Procurement, speziell in den Jahren 1999-2003, spiegelt zwar die dem Thema beigemessene Bedeutung wider, hilft aber wenig bei der Festlegung einer allgemein verwendbaren Begriffswelt.[1] Die Erörterung eines geeigneten Begriffs ist jedoch eine der zentralen Aufgaben einer wissenschaftlichen Arbeit; darüber hinaus ist aus Praxissicht eine einheitliche Begriffswelt schon deshalb wünschenswert, um Missverständnisse durch unterschiedliche Besetzungen desselben Begriffs zu vermeiden. Der State-of-the-Art der wissenschaftlichen Diskussion zum Thema E-Procurement lässt, wie auch in anderen Bereichen bemängelt wird, in dieser Hinsicht erheblich zu wünschen übrig, da definitorische Arbeiten in der Regel von wissenschaftlicher wie praktischer Seite als unnötig empfunden werden.[2]

Der Begriff des E-Procurement ist, naiv betrachtet, die Zusammenführung von E- und Procurement, also der Einsatz elektronischer Werkzeuge (E-Business) im Procurement, der angloamerikanischen Bezeichnung für die Beschaffung. Den Ausgangspunkt für Überlegungen zum Thema E-Procurement muss folglich der Begriff der Beschaffung sein. In diesem Kapitel soll, wie Abbildung 2.1 zeigt, die Verknüpfung von zwei der drei in dieser Arbeit betrachteten Bereiche (E-Business und Beschaffung) vorgenommen werden. Das Konzept der Beschaffung, dessen scharfe Abgrenzung, für eine wissenschaftliche verwertbare Definition des Begriffs E-Procurement unerlässlich ist, wird in den übergeordneten Zusammenhang des Supply Management eingeordnet. Anschließend wird der Begriff des E-Business als Repräsentation elektronischer Werkzeuge für Geschäftstransaktionen, von dem angenommen werden kann, dass er einen Oberbegriff des E-Procurement darstellt, betrachtet und anschließend mit dem Konzept des Supply Management verknüpft. Hierdurch entsteht das Konzept des E-Supply-Management, aus dem die Teilkonzepte E-Procurement, E-Logistics und E-Material Management trennscharf abgeleitet werden können. Anschließend werden die in den einzelnen Bereichen konkret verwendeten Werkzeuge vorgestellt und betrachtet, und die Anwendbarkeit der abgeleiteten Teilkonzepte für eine praktische Untersuchung zu prüfen.

---

1 Vgl. Wirtz, Bernd (2001) S. 32
Vgl. Wagner, Stephan / Schwab, Andreas (2004) S. 11

2 Vgl. Schögel, Kerstin (2002) S. 374
Vgl. Stölzle, Wolfgang / Helm, Roland (2003) S. 291

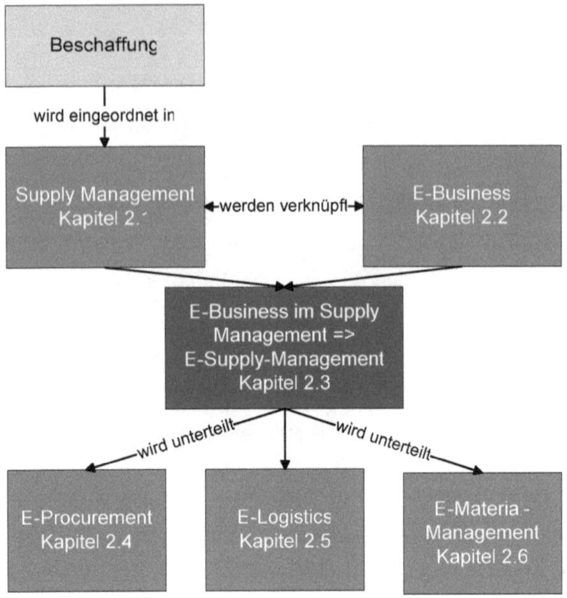

Abbildung 2.1: Vorgehensweise in Kapitel 2[3]

2.1 Grundlagen des Supply Management

Für ein Verständnis der Beschaffung müssen zunächst Konzept und Aufgaben der Beschaffung betrachtet, in einen übergeordneten Zusammenhang eingeordnet und von angrenzenden Bereichen abgegrenzt werden. Das Konzept der Beschaffung kann auf zwei Arten in einen übergeordneten Zusammenhang eingeordnet werden. Die in Abbildung 2.2 dargestellte erste Einordnung versteht die Beschaffung als Element des Wertschöpfungsprozesses eines Unternehmens aus Beschaffung, Produktion und Distribution.

---

[3] Eigene Darstellung

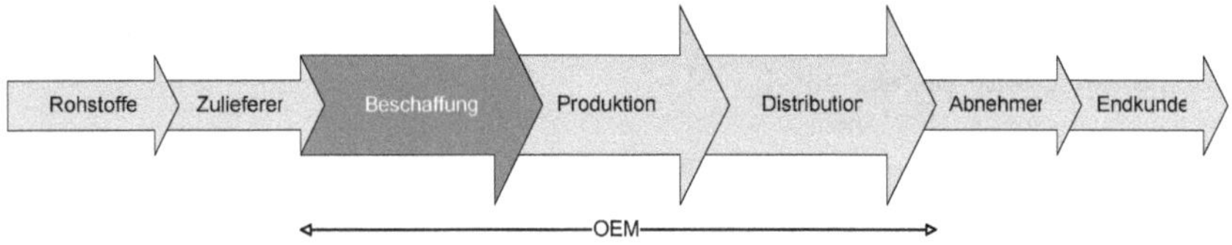

Abbildung 2.2: Die Beschaffung als Teil der Wertschöpfungskette[4]

Das Problem an dieser Einordnung ist, dass sie für die Betrachtung von elektronischen Werkzeugen in der Beschaffung nicht ausreicht, da an der Schnittstelle zwischen Distributionsseite eines Zulieferers und Beschaffungsseite seines Kunden im B2B-Bereich die gleichen elektronischen Werkzeuge verwendet werden, nur das die Distribution einen Schritt früher in der Versorgungskette angesiedelt ist.

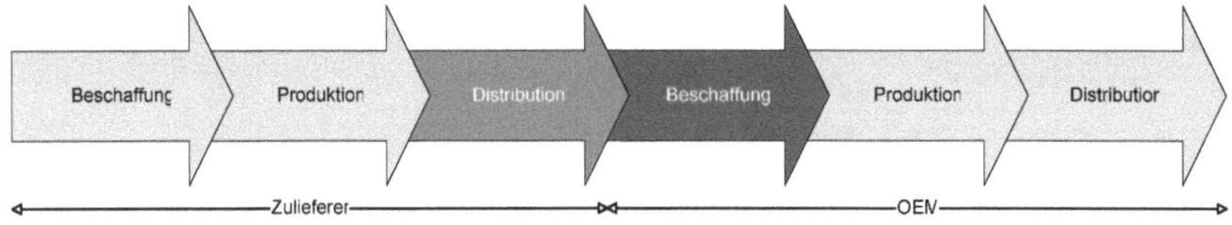

Abbildung 2.3: Schnittstelle zwischen Distribution und Beschaffung[5]

Weiterhin ist die bereits angesprochene logistische Sicht auf die Beschaffung in diesem Modell nicht greifbar, da die Logistik hier implizit als Querschnittsfunktion[6] dargestellt wird, und somit keine Abgrenzung der Logistik von der Beschaffung stattfindet. Wird jedoch entsprechend die Beschaffungslogistik konzeptionell der Beschaffung zugeordnet[7], so wird die Trennung zwischen Beschaffung, Produktion und Distribution aufgrund der Querverknüpfungen durch die Logistik unscharf. Eine Abgrenzung in Beschaffung, Produktion und Distribution ist für eine trennscharfe Definition der Beschaffung somit zwar notwendig, aber nicht hinreichend.

Die zweite in diesem Zusammenhang relevante Einordnung der Beschaffung ist die Einordnung der Beschaffung als Kernbereich in das Konzept der Versorgung.[8] Dieser in Abbildung 2.4 dargestellte Bereich wird von Arnold und Bogaschewsky als Versor-

---

4 Vgl. Supply Chain Council (2005) S. 3
5 Eigene Darstellung
6 Vgl. Pfohl, Hans-Christian (2004) S. 44 und S. 70
Vgl. Arnold, Ulli (1997) S. 6
7 Vgl. Schulte, Christof (2005) S. 263-264
8 Vgl. Arnold, Ulli (1997) S. 2

gungsmanagement oder Supply Management[9], von Schulte und Pfohl als klassische Materialwirtschaft[10] bezeichnet.

Die Aufgabe der Versorgung eines Unternehmens ist die Bereitstellung der benötigten Güter bei den Bedarfsträgern des Unternehmens. Die Versorgung kann, wie in Abbildung 2.4 gezeigt, unterteilt werden in die Bereiche Materialwirtschaft, Logistik und Beschaffung.[11]

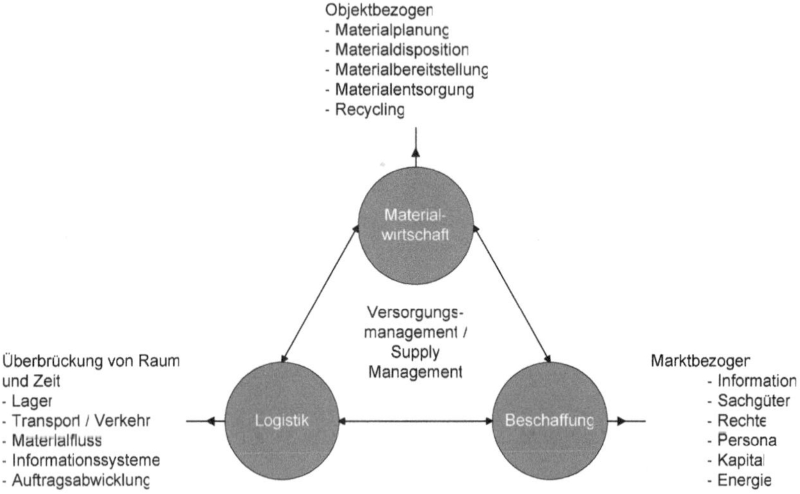

Abbildung 2.4: Versorgungsmanagement mit den Teilbereichen Beschaffung, Logistik und Materialwirtschaft[12]

Aus diesen Überlegungen heraus lassen sich nun Definitionen für Beschaffung, Logistik und Materialwirtschaft angeben:

„Beschaffung umfasst somit sämtliche unternehmens- oder marktbezogenen Tätigkeiten, die darauf gerichtet sind, dem Unternehmen die benötigten, aber nicht selbst hergestellten Objekte verfügbar zu machen."[13] Wie Abbildung 2.4 entnommen wer-

---

9 Vgl. Arnold, Ulli (1997) S. 8
Vgl. Bogaschewsky, Ronald (2003) S. 25
10 Vgl. Schulte, Christof (2005) S. 2
Vgl. Pfohl, Hans-Christian (2004) S. 182
11 Vgl. Arnold, Ulli (1997) S. 1-2
12 Arnold, Ulli (1997) S. 9
13 Arnold, Ulli (1997) S. 3

den kann, ist mit Verfügbarkeit der benötigten Objekte die rechtliche Verfügbarkeit, die so genannte Verfügungsgewalt, gemeint.[14] Die Herstellung der physischen Verfügbarkeit ist die Aufgabe der Logistik:

Logistik ist die „Planung, Gestaltung, Abwicklung und Kontrolle des gesamten Material- und dazugehörigen Informationsflusses zwischen einem Unternehmen und seinen Lieferanten, innerhalb eines Unternehmens sowie zwischen einem Unternehmen und seinen Kunden."[15]

„Materialwirtschaft umfasst sämtliche Vorgänge innerhalb eines Unternehmens, die der wirtschaftlichen Bereitstellung von Materialien dienen, mit dem Ziel, ein materialwirtschaftliches Optimum zu erreichen."[16] Das materialwirtschaftliche Optimum ist die Bereitstellung der richtigen Güter zur richtigen Zeit in der richtigen Menge am richtigen Ort.[17]

Die Beschaffung ist nach dieser Betrachtungsweise ein Element der Wertschöpfungskette des Unternehmens; die Logistik eine Querschnittsfunktion, und die Materialwirtschaft, da hier Planung und Steuerung zugerechnet werden, eine gesamtintegrative Sicht auf die Aufgabe der Versorgung vom Lieferanten zum Kunden. Wird diese Betrachtung in die Darstellung des Wertschöpfungsprozesses aufgenommen, ergibt sich folgendes Bild:

---

[14] Vgl. Pfohl, Hans-Christian (2004) S. 182
[15] Schulte, Christof (2005) S. 1
[16] Arnold, Ulli (1997) S. 8
[17] Vgl. Arnold, Ulli (1997) S. 8

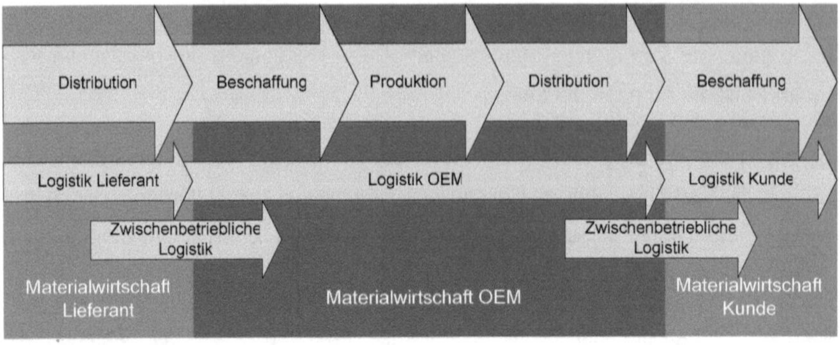

Abbildung 2.5: Beschaffung, Logistik und Materialwirtschaft der Unternehmen entlang der Wertschöpfungskette[18]

Im Folgenden werden die Teilkonzepte der Versorgung genauer betrachtet, um im weitern Verlauf des Kapitels eine eindeutige Zuordnung der einzelnen E-Business-Werkzeuge zum jeweiligen Konzept vornehmen zu können.

2.1.1 Beschaffung

Historisch gesehen hat sich die heutige Beschaffung aus dem traditionellen Einkauf der Unternehmen entwickelt. In den Phasen der Entwicklungsorientierung und der Absatzorientierung diente der Einkauf nur dazu, den Einkauf der benötigten Materialien abzuwickeln, sowie die Preise der Materialien niedrig zu halten. Reiner Einkauf ist folglich als die operative Abwicklung der Beschaffung ohne strategische Aufgaben zu verstehen. [19] In der Praxis jedoch hat sich die Bezeichnung Einkauf für die betreffende Abteilung trotz veränderter und erweiterter Aufgaben gehalten, so dass die Begriffe Beschaffung und Einkauf häufig synonym verwendet werden.[20]

Mit der Phase der Marktorientierung begannen die Unternehmen sich auch auf Lieferantenseite verstärkt am Markt zu orientieren und die mit dem Einkauf beschäftigte

[18] Vgl. Eyholzer, Kilian (2002) S. 15
[19] Vgl. Arnold, Ulli (1999) S. 310
Vgl. Riemer, Kai / Klein, Stefan (2002) S. 7
Vgl. Pfleghar, Thilo / Decker, Wilfried (2001) S. 116-117
[20] Vgl. Schulte, Christof (2005) S. 263
Vgl. Eyholzer, Kilian (2002) S. 15

Abteilung verstärkt mit strategischen Aufgaben zu betrauen.[21] Diese strategischen Aufgaben sind:[22]

- Entwicklung und Umsetzung einer Beschaffungsstrategie
- Management der Lieferantenbeziehungen
- Beschaffungsmarktforschung
- Fokus auf die Gesamtkosten, weg von den reinen Materialpreisen

Beschaffung nach der oben angegebenen Definition schließt also sowohl strategische als auch operative Aufgaben ein.[23] Die englischsprachigen Begriffe sind entsprechend besetzt und können synonym verwendet werden: Der englische Begriff Procurement und Purchasing entsprechen Beschaffung und Einkauf[24]; die strategische Beschaffung ohne operative Aufgaben wird im englischen Sourcing (von engl. Source = Quelle / Ursprung) genannt. Die operative Beschaffung wird als Ordering bezeichnet.[25]

Der Beschaffungsprozess kann entsprechend, wie in Abbildung 2.6 zu erkennen ist, in strategische und operative Beschaffung untergliedert werden. In der strategischen Beschaffung werden der Bedarf ermittelt, Lieferanten gefunden (Anbahnung), ein Lieferant ausgewählt und ein Vertrag mit diesem Lieferanten geschlossen (Vereinbarung). In der operativen Beschaffung wird der Vertrag abgewickelt (Abwicklung), und die Einhaltung des Vertrages, sowie die korrekte Durchführung geprüft (Kontrolle)[26]. Diese vier Elemente lassen sich weiter in die einzelnen Prozessschritte unterteilen:

---

21 Vgl. Backhaus, Manuel (1999) S. 58
Vgl. Schulte, Christof (2005) S. 265

22 Vgl. Bogaschewsky, Ronald (2003) S. 26-27
Vgl. Pfleghar, Thilo / Decker, Wilfried (2001) S. 117

23 Vgl. Eyholzer, Kilian (2002) S. 15

24 Vgl. Eyholzer, Kilian (2002) S. 15

25 Vgl. Arnold, Ulli (1999) S. 310-311

26 Vgl. Wirtz, Bernd (2001) S. 304-305
Vgl. Eyholzer, Kilian (2002) S. 21-22

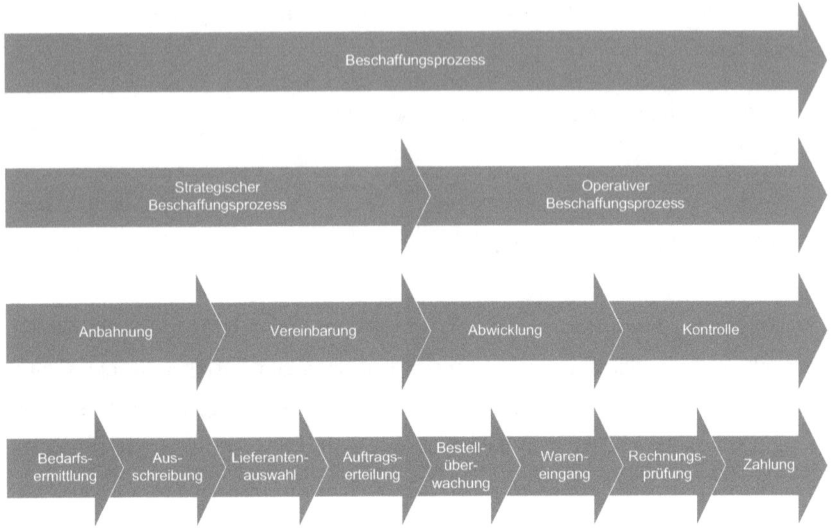

Abbildung 2.6: Schritte des Beschaffungsprozesses[27]

Bei der Unterteilung des Beschaffungsprozesses in strategische und operative Beschaffung ist zu beachten, dass bei der Auftragserteilung im letzten Schritt der strategischen Beschaffung ein Vertrag geschlossen wird, der nicht nur einen Beschaffungsvorgang umfassen muss. Im Gegenteil kann es für die Beschaffung sehr sinnvoll sein, wenn für ein Gut oder eine Kategorie von Gütern ein geeigneter Lieferant gefunden wurde, in einem Vertrag die grundsätzlichen Rahmenbedingungen der Geschäftsbeziehung festzulegen und eine längerfristige Lieferbeziehung zu etablieren.[28] Hier kann auch die Lieferung nach anfallendem Bedarf vereinbart werden.[29] Bei einem solchen Vertrag spricht man von einem Rahmenvertrag.[30] Das Konzept des Rahmenvertrags führt dazu, dass der operative Teil des Beschaffungsprozesses erheblich häufiger iteriert wird als der strategische Teil, da für jeden Abruf aus einem Rahmenvertrag eine Iteration des operativen Beschaffungsprozesses erforderlich ist, während der strategische Prozess nur einmal bis zum Abschluss des Rahmenvertrags abläuft. Entsprechen muss jedoch beachtet werden, dass durch den Abschluss

[27] Vgl. Nenninger, Michael (1999) S. 12
Vgl. Wirtz, Bernd (2001) S. 305
[28] Vgl. Arndt, Tobias (2002) S. 59
[29] Vgl. Schäfer, Harald / Schäfer, Burkhard (2001) S. 41
[30] Vgl. Kapitel 3.3.4

eines Rahmenvertrags trotz geringwertiger Einzelabrufe ein erhebliches Beschaffungsvolumen vergeben werden kann. Wird hingegen ein Gut beschafft, ohne dass eine etablierte Lieferantenbeziehung besteht oder mit diesem Beschaffungsvorgang angestrebt wird, so wird dieser Beschaffungsvorgang als Spot-Purchasing bezeichnet.[31]

2.1.2 Logistik

Die Logistik stellt, wie in Abbildung 2.5 gezeigt, eine Querschnittsfunktion des Unternehmens dar. Für die Logistik existieren verschiedene mögliche Abgrenzungen der einzelnen Teilbereiche der Logistik, die zwei wesentlichen sind die phasenspezifische und die verrichtungsspezifische Abgrenzung.

Bei einer phasenspezifischen Abgrenzung der Logistik wird die Logistik entlang der Wertschöpfungskette eingeteilt. Entsprechend dem regulären Güterfluss der Wertschöpfungskette sind die ersten drei Elemente einer phasenspezifischen Einteilung der Logistik Beschaffungslogistik, Produktionslogistik und Distributionslogistik. Nach dem die Distribution der Güter zum Kunden abgeschlossen ist, fallen noch zwei weitere logistische Aufgaben an. Dies sind die Versorgung des Kunden mit Ersatzteilen sowie die Entsorgung der in der Produktion anfallenden beziehungsweise vom Kunden zurückgegebenen Reststoffe. Folglich sind bei einer phasenspezifischen Abgrenzung Ersatzteillogistik und Entsorgungslogistik als weitere Phasen zu betrachten:[32]

---

[31] Vgl. Reindl, Martin / Oberniedermaier, Gerhard (2002) S. 100
Vgl. Dolmetsch, Ralph (2000) S. 57

[32] Vgl. Pfohl, Hans-Christian (2004) S. 17-19

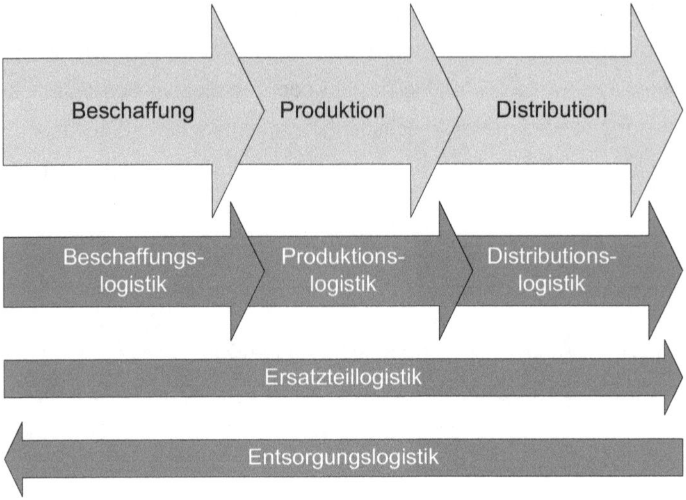

Abbildung 2.7: Phasenspezifische Abgrenzung der Logistik[33]

Die Verwendung einer phasenspezifischen Einteilung der Logistik verursacht bei der Betrachtung elektronischer Werkzeuge jedoch einige Probleme. So existiert im Bereich B2B keine exakt definierte Schnittstelle zwischen der Distributionslogistik des Lieferanten und der Beschaffungslogistik des Kunden. Um diesen Sachverhalt zu illustrieren eignet sich das Beispiel der Pick-by-Voice-Systeme[34]: Diese werden als Kommissionierlösung der Distributionslogistik zugeordnet, die erzielten Verbesserungen in Qualität und Zeit jedoch kommen hauptsächlich der Beschaffungslogistik des Kunden zugute.

Weiterhin ist im Hinblick auf Datenerfassung und Datenhaltung, sowie Aktivitäten von Planung und Steuerung eine isolierte Betrachtung der einzelnen Elemente nicht mehr möglich, was sich am Beispiel der Enterprise Resource Planning (ERP) - Systeme[35] zeigen lässt: ERP-Systeme unterstützen unter anderem auch die Prozesse der Beschaffung, sind jedoch derart mit Produktion und Distribution verflochten, dass eine Zuordnung nur noch auf Basis einzelner Teilprozesse im ERP-System möglich wäre.

---

[33] Vgl. Pfohl, Hans-Christian (2004) S. 18
[34] Vgl. Kapitel 2.5.4
[35] Vgl. Kapitel 2.6.4

Darüber hinaus sind Geldfluss und Informationsfluss in diesem Modell nicht explizit abgebildet und können nur sehr schwer nachvollzogen werden. Gerade Geldfluss und Informationsfluss sind Hinblick auf E-Business jedoch besonders zu beachten, da reine Güterflüsse nicht elektronisch abgebildet werden können und eine elektronische Unterstützung der Logistik folglich an Geldfluss und Informationsfluss ansetzen muss. Die intuitive Abgrenzung der Beschaffung als Summe aus Einkauf mit strategischen Aufgaben zuzüglich der Beschaffungslogistik[36] ist für die Betrachtung elektronischer Werkzeuge folglich ungeeignet.

Die verrichtungsspezifische Abgrenzung der Logistik hingegen unterteilt die Logistik nach den einzelnen Aufgabenbereichen.[37] Diese Aufgabenbereiche sind im Einzelnen:[38]

- Transport: Unter Transport wird die Überbrückung von räumlichen Distanzen von Transportgütern mit Hilfe von Transportmitteln verstanden.[39]
- Lagerhaltung: Lagerhaltung sind sämtliche Entscheidungen, die Einfluss auf die vorhandenen Lagerbestände an Gütern haben. Lagerhaltung wird daher auch als Bestandsmanagement bezeichnet.[40]
- Lagerhaus: Ein Lagerhaus ist ein Ort, an dem Güter zur Überbrückung von zeitlichen Distanzen vorübergehend gelagert werden. Da Anzahl und Art der gelagerten Güter sowie der im Lagerhaus zusammenlaufenden Transportverbindungen erheblichen Einfluss auf die anfallenden Tätigkeiten und Prozesse haben, haben Standort und Ausstattung eines Lagerhauses unter Umständen erheblichen Einfluss auf die Versorgung.[41]
- Verpackung: Die Verpackung ist eine Umhüllung eines Gutes, die die Aufgabe hat, das verpackte Gut zu schützen und dessen logistische Handhabung zu erleichtern.[42]

---

[36] Vgl. Schulte, Christof (2005) S. 263-264
[37] Vgl. Pfohl, Hans-Christian (2004) S. 77
[38] Vgl. Pfohl, Hans-Christian (2004) S. 10
[39] Vgl. Pfohl, Hans-Christian (2004) S. 162
[40] Vgl. Pfohl, Hans-Christian (2004) S. 98
[41] Vgl. Pfohl, Hans-Christian (2004) S. 124
[42] Vgl. Pfohl, Hans-Christian (2004) S. 146

- Auftragsabwicklung: „Der Auftrag ist die Grundlage des Informationsflusses im Logistiksystem“[43] Die Auftragsabwicklung hat die Aufgabe, die den Güterfluss vorauseilenden, begleitenden und nacheilenden Informationen zu erfassen und zu steuern. Durch die mit dem Auftrag bereitgestellten Informationen wird eine Planung, Abwicklung und Kontrolle des Güter- und Geldflusses möglich.[44]

Der Vorteil der Einteilung der Logistik in verrichtungsspezifische Aufgabenbereiche besteht darin, dass Werkzeuge, die einen bestimmten Arbeitsgang unterstützen, entsprechend einfach einem Aufgabenbereich, beziehungsweise diesem Aufgabenbereich zugerechneten Prozess, zugeordnet werden können. Der Nachteil dieser Sichtweise besteht darin, dass die Zuordnung eines Aufgabenbereichs zu einem Schritt in der Wertschöpfungskette unmöglich wird. Aufgrund der Unterteilung in Beschaffung, Materialwirtschaft und Logistik ist diese Zuordnung durch die bereits erfolgte konzeptionelle Trennung allerdings nicht mehr notwendig.

2.1.3 Materialwirtschaft

Materialwirtschaft nach der angegebenen Definition ist, wie Abbildung 2.5 zeigt, die Betrachtung des Gesamtproblems der optimalen Versorgung des Kunden mit den benötigten Gütern. Die Qualität der Versorgung des Kunden wird dabei an den Kriterien des Materialwirtschaftlichen Optimums gemessen: Das materialwirtschaftliche Optimum ist die Bereitstellung der richtigen Güter zur richtigen Zeit in der richtigen Menge am richtigen Ort.[45] Die Erreichung des Materialwirtschaftlichen Optimums stellt eine Fülle von Aufgaben dar, deren Kern bei einem produzierenden Unternehmen die Produktionsplanung darstellt. Die zentrale Aufgabe der Produktionsplanung ist die Mengenplanung. Bei der Mengenplanung wird aus einer vorgegebenen Menge an End- und Zwischenprodukten, dem so genannten Primärbedarf durch Auflösung der für die jeweiligen Produkte erstellten Stücklisten die benötigten Rohmaterialien, der so genannte Sekundärbedarf, berechnet.[46]

---

43 Pfohl, Hans-Christian (2004) S. 78
44 Vgl. Pfohl, Hans-Christian (2004) S. 81
45 Vgl. Arnold, Ulli (1997) S. 8
46 Vgl. Kurbel, Karl (2005) S. 111

Der unmittelbar aus dem Primärbedarf abgeleitete Sekundärbedarf zerfällt in Eigenfertigung und Fremdbezug. In Eigenfertigung erstellte Materialien können anhand der für diese Materialien geltenden Stücklisten wiederum in Bedarfe zerlegt werden. Dies erfolgt, bis ausschließlich fremdbezogene Materialien vorliegen, welche von externen Lieferanten bezogen werden müssen. Die Informationen über fremdbezogene Materialien stellen folglich die Schnittstelle zwischen Materialwirtschaft und Beschaffung dar: Die Beschaffung erhält die Informationen über die benötigten Güter aus der Planungsfunktion der Materialwirtschaft. [47]

Entsprechend lassen sich die weiteren Aufgaben der Materialwirtschaft ableiten: Die Bereitstellung der für die Produktionsplanung notwendigen Informationen, sowie die Umsetzung von Planung und Steuerung mit der Verwaltung der notwendigen Daten. Da die Produktionsplanung letztlich an den vom Kunden benötigten Gütern ansetzt, ist die Kundenorientierung implizit ebenfalls ein über das Materialwirtschaftliche Optimum vorgegebenes Ziel der Materialwirtschaft. Hier sind bereits Parallelen zum Konzept des Supply Chain Management zu erkennen.[48] Die Planung und Steuerung von Material-, Informations- und Geldflüssen im logistischen Netzwerk des Unternehmens ist somit Aufgabe der Materialwirtschaft, während der konkrete einzelne Auftrag als Träger von Informationen im logistischen Netzwerk der Logistik zuzuordnen ist.[49]

2.1.4 Beschaffungsportfolio

Aus der Auflösung der Stücklisten im Prozess der Produktionsplanung lassen sich, wie gezeigt, Objekte, die Gegenstand der Beschaffung sind, ableiten. Diese Materialien, die in den Produktionsprozess eingehen, werden als direkte Güter bezeichnet. Diese Erfassung der Objekte der Beschaffung greift jedoch im Sinne der angegebenen Definition zu kurz. Intuitiv ist klar, dass in den allermeisten modernen Unternehmen auch Güter und Dienstleistungen benötigt werden, die nicht direkt in den Produktionsprozess eingehen, z. B. Büromaterialien, und ebenfalls nicht vom Unternehmen selbst produziert werden. Es existieren also auch noch Materialien, deren Ver-

[47] Vgl. Kurbel, Karl (2005) S. 111
[48] Vgl. Corsten, Daniel / Gabriel, Christoph / Felde, Jan (2002) S. 803
[49] Vgl. Pfohl, Hans-Christian (2004) S. 78

fügbarkeit Aufgabe der Beschaffung ist, die zwar in der Regel die (Beschaffungs-)Logistik tangieren, die aber nicht mit der Materialwirtschaft in Berührung kommen, da sie nicht in den Produktionsprozess eingehen. Diese Güter werden als indirekte Güter bezeichnet. Es sollte an dieser Stelle beachtet werden, dass die Einteilung in direkte und indirekte Güter auch auf Materialien und Dienstleistungen angewendet werden kann, die nicht Gegenstand der Beschaffung sind, also vom Unternehmen selbst hergestellt, beziehungsweise erbracht werden.[50]

Die von einem Unternehmen für den Fremdbezug vorgesehenen direkten und indirekten Güter und Dienstleistungen bilden das Beschaffungsportfolio. Naturgemäß können die von einem Unternehmen beschafften Güter und Dienstleistungen sehr verschiedenartig zusammengesetzt sein. Um eine optimale Deckung der Bedarfe des Unternehmens zu gewährleisten, muss sich die Beschaffungsstrategie des Unternehmens entsprechend an der Zusammensetzung des Beschaffungsportfolios orientieren.[51] Zur Analyse der Zusammensetzung des Beschaffungsportfolios sind verschiedene Werkzeuge entwickelt worden. Die bekanntesten dieser Werkzeuge sind die ABC-Analyse[52], die Wertigkeits-/Versorgungsrisiko-Matrix[53], und das Kraljic-Portfolio[54]. Im Folgenden wird die traditionell stark verbreitete ABC-Analyse vorgestellt und zur Systematisierung von Beschaffungsgütern verwendet.

2.1.4.1 ABC-Analyse

Die ABC-Analyse unterteilt die Beschaffungsgüter entlang ihrer wert- und mengenmäßigen Bedeutung. Bei der Erstellung einer ABC-Analyse wird wie folgt vorgegangen: Der Jahresverbrauchswert der im Beschaffungsportfolio enthaltenen Güter wird ermittelt und absteigend sortiert. Anschließend wird der mengenmäßige Anteil der

---

50 Vgl. Buchholz, Wolfgang (2001) S. 72
Vgl. Reindl, Martin / Oberniedermaier, Gerhard (2002) S. 133
Vgl. Dolmetsch, Ralph (2000) S. 50-51
51 Vgl. Appelfeller, Wieland / Buchholz, Wolfgang (2005) S. 30-31
Vgl. Buchholz, Wolfgang (2001) S. 72
Vgl. Reindl, Martin / Oberniedermaier, Gerhard (2002) S. 135
52 Vgl. Buchholz, Wolfgang (2001) S. 72
Vgl. Meier, Alexander (2002) S. 93-95
53 Vgl. Arnold, Ulli (1997) S. 89-92
Vgl. Appelfeller, Wieland / Buchholz, Wolfgang (2005) S. 54-56
Vgl. Reindl, Martin / Oberniedermaier, Gerhard (2002) S. 134-135
54 Vgl. Arnold, Ulli (1997) S. 87-89

einzelnen Güter am Gesamtbedarf ermittelt und auf die Gesamtzahl an Positionen umgerechnet. Diese Verteilung ergibt, grafisch dargestellt, die in Abbildung 2.8 gezeigte Lorenzkurve. Hier werden Wertanteil und Mengenanteil auf den Achsen abgetragen. Anschließend erfolgt die Unterteilung in drei mit A, B und C bezeichnete Bereiche durch Festlegung von Wertgrenzen. Häufig verwendet wird die Einteilung A: 75%, B: 20%, C: 5%.[55]

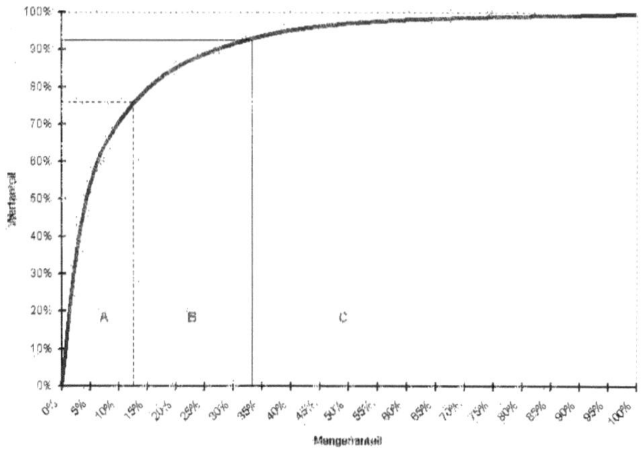

Abbildung 2.8: Lorenzkurve[56]

Es ist erkennbar, dass in der Regel einerseits eine relativ kleine Menge des eingekauften Materials einen hohen Wertanteil hat, die A-Güter, während andererseits eine relativ große Menge nur einen sehr geringen Wertanteil hat, die C-Güter. Zahlenmäßig fallen die meisten Beschaffungsvorgänge und die meisten Lieferanten in die Kategorie der C-Güter, während sie wie beschrieben wertmäßig so gut wie keine Rolle spielen (siehe Abbildung 2.9).[57]

Hieraus lässt sich folgern, dass jede dieser Kategorien unterschiedlich zu behandeln ist, und dass die Kostentreiber in diesen Kategorien verschieden sind: Bei den A-Gütern spielen die Kosten des Beschaffungsprozesses eine relativ geringe Rolle, da hier mit wenigen Prozessdurchläufen ein großer Wert beschafft wird. Beispiele für A-

---

[55] Vgl. Schulte, Christof (2005) S. 308-309
Vgl. Appelfeller, Wieland / Buchholz, Wolfgang (2005) S. 26-27
[56] Vgl. Schulte, Christof (2005) S. 308
[57] Vgl. Wirtz, Bernd (2001) S. 313
Vgl. Kurbel, Karl (2005) S. 112

Güter sind direkte Produktionsmaterialien und Investitionsgüter. Bei C-Gütern hingegen wird ein großer Prozessaufwand für ein Gut von relativ geringem Wert verwendet, das heißt, hier ist der hauptsächliche Kostentreiber nicht der Preis des Artikels, sondern die vom Beschaffungsprozess verursachten Kosten. Beispiele für C-Güter sind indirekte Güter wie Büromaterialien, Elektronik- oder Ersatzteile. Güter der Kategorie B nehmen eine Mittelstellung ein, und sollten je nach konkreter Situation unterschiedlich behandelt werden.[58]

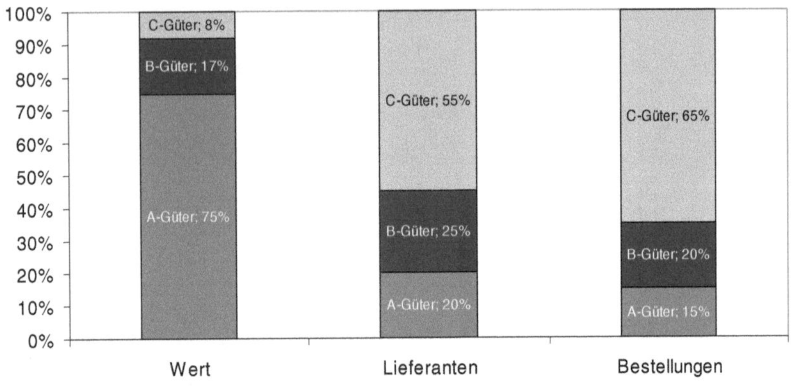

Abbildung 2.9: Typische ABC-Analyse[59]

Ein vor allem im angloamerikanischen Raum häufig verwendeter Begriff sind die Maintenance, Repair and Operations, kurz MRO-Güter. Dieser Begriff bezeichnet geringwertige indirekte Güter, die für Wartung, Reparaturen und operativen Betrieb eingesetzt werden, und bildet somit eine Untermenge der C-Güter.[60]

[58] Vgl. Nekolar, Alexander-Philip (2003) S. 7
Vgl. Möhrstädt, Detlef / Bogner, Philipp / Paxian, Sascha (2001) S. 11-12
[59] Vgl. Möhrstädt, Detlef / Bogner, Philipp / Paxian, Sascha (2001) S. 12 und S. 67
[60] Vgl. Hentrich, Johannes (2001) S. 33
Vgl. Brenner, Walter / Lux, Andreas (2000) S. 153
Vgl. Hartmann, Detlef (1999) S. 44

2.1.4.2 XYZ-Analyse

Die XYZ-Analyse ist eine der ABC-Analyse ähnliche Systematisierung des Beschaffungsportfolios, bei der XYZ-Analyse werden die Güter jedoch nicht nach Jahresverbrauchswert, sondern nach Regelmäßigkeit, beziehungsweise Prognostizierbarkeit des Bedarfs eingeteilt. X-Güter werden relativ konstant beschafft, Y-Güter unterliegen regelmäßigen Schwankungen, z.B. saisonbedingt, und Z-Güter werden unregelmäßig beschafft.[61] Zu berücksichtigen ist hierbei die Kaufklasse des beschafften Gutes. Der Kaufklassenansatz teilt die beschafften Güter ein, ob die Beschaffung ein Erstkauf, ein Neukauf, oder nur eine Wiederbeschaffung ist.[62] Je nach Kaufklasse kann sich die XYZ-Position ändern. Wenn ein Produkt zum ersten Mal beschafft wird, kann die Beschaffung nicht regelmäßig sein, daher fällt es in die Klasse Z. Wird das Produkt in die Wertschöpfungskette des Unternehmens integriert, wird sichtbar, wann es erneut beschafft werden muss, und mit der Kaufklasse ändert sich auch die Position in der XYZ-Analyse.

Die ABC-Analyse und XYZ-Analyse können zur kombinierten ABC/XYZ-Analyse zusammengeführt werden, was eine 3 x 3 Matrix erzeugt:

		Wertigkeit		
Vorhersagegenauigkeit		A	B	C
	X	hoher Wertanteil konstanter Bedarf	mittlerer Wertanteil konstanter Bedarf	niedriger Wertanteil konstanter Bedarf
	Y	hoher Wertanteil schwankender Bedarf	mittlerer Wertanteil schwankender Bedarf	niedriger Wertanteil schwankender Bedarf
	Z	hoher Wertanteil unregelmäßiger Bedarf	mittlerer Wertanteil unregelmäßiger Bedarf	niedriger Wertanteil unregelmäßiger Bedarf

Abbildung 2.10: Kombinierte ABC-/XYZ-Analyse[63]

Aus der Position einen Bedarfsgutes in der Matrix kann nun sowohl eine Strategie zur Beschaffung diese Gutes als auch Schwerpunkte zur operativen Abwicklung abgeleitet werden.[64]

---

61 Vgl. Schulte, Christof (2005) S. 309-310
Vgl. Appelfeller, Wieland / Buchholz, Wolfgang (2005) S. 28
62 Vgl. Wirtz, Bernd (2001) S. 303
63 Arnold, Ulli (1997) S. 232

Die kombinierte ABC/XYZ-Analyse kann für die Betrachtung logistischer Aufgaben durch Einbeziehung einer Einteilung groß-, mittel- und kleinvolumige Teile noch zur ABC/XYZ/LMN-Analyse erweitert werden,[65] dies wird jedoch im Rahmen dieser Arbeit nicht benötigt, und wird daher nicht weiter betrachtet.

2.1.4.3 Fertigungstiefe

Die Fertigungstiefe eines Unternehmens ist das Verhältnis zwischen unternehmensintern erbrachter Fertigung und extern zugekauften Leistungen. Dies gilt sowohl für Fertigungsleistungen als auch für indirekte Leistungen. Die Entscheidung über die Fertigungstiefe wird als Make-or-Buy-Entscheidung bezeichnet, da im Einzelnen entschieden wird, ob es effizienter ist, eine Leistung selbst zu erbringen oder zuzukaufen. Die Leistungstiefe hat erheblichen Einfluss auf die Bedeutung des Einkaufs. Bei einer hohen Leistungstiefe stellt das Unternehmen die meisten benötigten Produktionsgüter selbst her – im Einkauf fallen weniger strategische Aufgaben an, da weniger strategische Güter beschafft werden müssen.

Bei der heute von den meisten Unternehmen mit der Konzentration auf Kernkompetenzen angestrebten geringen Leistungstiefe besitzt der Einkauf aber eine große strategische Bedeutung, weil das Unternehmen einen Grossteil der im Produktionsprozess benötigten Güter nicht selbst herstellt.[66] Vorreiter dieses Trends ist die Automobilindustrie, die in vielen Bereichen nur vorgefertigte Baugruppen montiert, die fertig von Lieferanten gekauft werden.[67]

2.2 Grundlagen des E-Business

Mit der zunehmenden Verbreitung der Möglichkeit, den Austausch von Informationen durch elektronische Technologien zu unterstützen, hauptsächlich durch das Internet, begann die elektronische Integration mit Geschäftspartnern für Unternehmen attraktiv zu werden. Die Unternehmen begannen, mit eigenen Inhalten im Internet präsent

---

[64] Vgl. Müller, Holger (2003) S. 69
[65] Vgl. Schulte, Christof (2005) S. 310
[66] Vgl. Eyholzer, Kilian (2002) S. 29
Vgl. Wirtz, Bernd (2001) S. 299
Vgl. Präuer, Arndt (2005) S. 30
[67] Vgl. Aust, Eberhard et al. (2000) S. 7-8

zu sein; und entwickelten darüber hinaus Lösungen zur Vereinfachung und Automatisierung des Datenaustauschs mit Kunden und Lieferanten.[68] Als Bezeichnung für diese Aktivitäten bildeten sich die Begriffe E-Commerce und E-Business.[69] Grundlage dieser Begriffe ist folglich der Einsatz von Technologie zum elektronischen Informationsaustausch zwischen Geschäftspartnern.[70] Elektronischer Informationsaustausch wird verstanden als der „regulierte Fluss von Informationen zwischen Handelspartnern über elektronische Verbindungen“[71]. Realisiert wird dieser Informationsfluss durch Informations- und Kommunikationssysteme sowie die zum Betrieb elektronischer Netzwerke notwendigen Systeme; zusammengefasst unter dem Begriff E-Technologien.[72] Eine genauere Betrachtung des Begriffs des E-Business muss daher an den Auswirkungen des Einsatzes von E-Technologien auf die Geschäftsprozesse der Unternehmen ansetzen.

2.2.1 Definition

Grundlage des E-Business sind die E-Technologien als Enabler und Akzelerator für die Geschäftsprozesse der Unternehmen. Die Enablerwirkung der E-Technologien besteht darin, bisher nicht umsetzbare Geschäftsmodelle zu ermöglichen, während die Akzeleratorwirkung der E-Technologien vorhandene Entwicklungen, zum Beispiel den Einsatz von Auktionen als Preisfindungsverfahren[73], beschleunigt und erweitert.[74]

---

68 Vgl. Wirtz, Bernd (2001) S. 37
Vgl. Hoffmann, Anke / Zilch, Andreas (2000) S. 41
69 Vgl. Bogaschewsky, Ronald / Kracke, Uwe (1999) S. 86
Vgl. Hoffmann, Anke / Zilch, Andreas (2000) S. 42
70 Vgl. Rebstock, Michael (2000) S. 6
71 Kim, Kyung / Umanath, Narayan (2005) S. 814
72 Vgl. Weiber, Rolf (2002) S. 152
73 Vgl. Amor, Daniel (2000) S. 70-72
74 Vgl. Krüger, Wilfried / Bach, Norbert (2001) S. 35-36

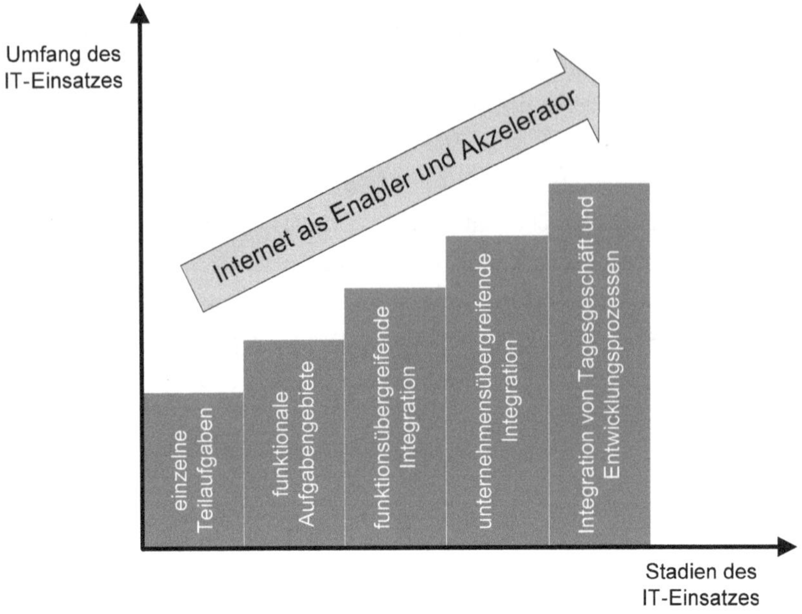

Abbildung 2.11: Internet als Enabler und Akzelerator[75]

Das Konzept des E-Business enthält folglich über die technologische Komponente hinaus eine wirtschaftliche Komponente. Die wirtschaftliche Komponente gibt an, wie durch den Technologieeinsatz wirtschaftlicher Nutzen erzielt wird, während die technologische Komponente angibt, mit welchen Mitteln dieser Nutzen erzielt wird. Die wirtschaftliche Komponente wird in der Literatur häufig als Geschäftsmodell bezeichnet.[76] Dies führt dazu, dass bei der Betrachtung der Integration der Geschäftspartner nicht nur die reinen Datenflüsse, sondern sie betroffenen Prozesse betrachtet werden. Entsprechend wird E-Business definiert als „integrierte Ausführung aller digitalisierbaren Bestandteile ökonomischer Prozesse“.[77]

Werden weitere Definitionen aus der Literatur betrachtet, so kristallisiert sich heraus, das E-Business als der Überbegriff der Partialkonzepte der elektronischen Unterstützung der einzelnen Geschäftsbereiche wie Vertrieb, Einkauf, Logistik, usw. verstan-

[75] Krüger, Wilfried / Bach, Norbert (2001) S. 36
[76] Vgl. Birkhofer, Ben / Schögel, Marcus (2002) S. 400-401
[77] Thome, Rainer (2002) o. S.

den werden kann.[78] Der Begriff des E-Business kann jedoch nicht induktiv durch Zusammenfassen dieser Partialkonzepte erfasst werden, da aufgrund der unterschiedlichen Blickwinkel der einzelnen Unternehmensbereiche diese Konzepte weder trennscharf noch disjunkt sind.[79]

Weiterhin wird in Definitionen im Bereich E-Business gelegentlich explizit auf das Medium Internet als konstituierendes Merkmal verwiesen.[80] Es ist jedoch zu beachten, dass die elektronischen Transaktionen grundsätzlich über jede Art von elektronischem Netzwerk abgewickelt werden können[81], zum Beispiel über ein Funknetz[82], und nicht auf das Internet beschränkt sind.

Der zweite wesentliche Begriff im Bereich des E-Business ist der in der Frühphase der Entwicklung des E-Business häufig verwendete Begriff des E-Commerce.[83] E-Business und E-Commerce werden gelegentlich synonym verwendet,[84] meistens jedoch wird E-Commerce als die elektronische Unterstützung des Vertriebs verstanden.[85]

2.2.2 Geschäftsmodelle auf elektronischer Basis

Um durch die Enabler- und Akzeleratorwirkung der E-Technologien Nutzen erzielen zu können, ist ein Geschäftsmodell erforderlich, welches vorgibt, welche konkreten Prozesse durch den Einsatz der E-Technologien verbessert werden und wie hierdurch Verbesserungen entstehen:[86] „Business models should define where the mo-

---

[78] Vgl. Eyholzer, Kilian (2002) S. 62
[79] Vgl. Bullinger, Hans-Jörg et al. (2002) S. 21
Vgl. Wannenwetsch, Helmut (2002) S. 9
Vgl. Hoffmann, Anke / Zilch, Andreas (2000) S. 21
[80] Vgl. Amor, Daniel (2001) S. 42
[81] Vgl. Wirtz, Bernd (2001) S. 34
[82] Vgl. Stormer, Henrik / Meier, Andreas / Lehner, Franz (2005) S. 7
[83] Vgl. Amor, Daniel (2001) S. 42
[84] Vgl. Hermanns, Arnold / Gampenrieder, Ariane (2002) S. 72
Vgl. Thome, Rainer (2006) S. 76
Vgl. Bogaschewsky, Ronald / Kracke, Uwe (1999) S. 86
[85] Vgl. Rebstock, Michael (2000) S. 6
Vgl. Eyholzer, Kilian (2002) S. 62
[86] Vgl. Krüger, Wilfried / Bach, Norbert (2001) S. 31
Vgl. Schögel, Kerstin (2002) S. 393
Vgl. Hoffmann, Anke / Zilch, Andreas (2000) S. 59

ney comes from"[87]. Die typischen Geschäftsmodelle, die auf der Wirkung der E-Technologien basieren, lassen sich grob in 4 Kategorien einteilen:[88]

- Content-Geschäftsmodelle: Aufbereitung und Bereitstellung von neuen Informationen
- Commerce-Geschäftsmodelle: Anbahnung, Vereinbarung und Abwicklung von Geschäftstransaktionen
- Context-Geschäftsmodelle: Aggregation und Auswertung von vorhandenen Informationen
- Connection-Geschäftsmodelle: Bereitstellung von Kanälen für den Informationsaustausch zwischen Partnern.

Es lässt sich erkennen, dass die Geschäftsmodelle auf einer oder mehreren konkreten Wirkungsbeziehungen der E-Technologien basieren[89], einfach nur die Enabler- und Akzeleratorwirkung der E-Technologie als Wirkungsmechanismus anzugeben, reicht nicht aus, um ein Geschäftsmodell zu konstituieren. Wird dies vernachlässigt, so löst dies die für die New Economy typischen Probleme aus: trotz technisch einwandfreien Lösungen werden wenig oder gar keine Gewinne realisiert, da die Wirkungsweise der eingesetzten E-Technologien unter Umständen nicht mit der strategischen Ausrichtung der Unternehmen zusammenpasst.[90] Das Geschäftsmodell einer eingesetzten E-Business-Lösung muss folglich an der Unternehmensstrategie ausgerichtet werden. Zentrales Element der Einführung von E-Business-Lösungen in einem Unternehmen ist entsprechend die hinter den Aktivitäten stehende E-Business-Strategie. Es reicht nicht, ein E-Business-System zu beschaffen und die Mitarbeiter in dessen Anwendung zu schulen. Vielmehr ist eine Planung erforderlich, die betrachtet, was mit der Einführung einer E-Business-Lösung erreicht, bzw. verbessert werden soll, und entsprechende Maßnahmen ergreift.[91]

87 Birkhofer, Ben / Schögel, Marcus (2002) S. 400
88 Vgl. Wirtz, Bernd (2001) S. 218-275
89 Vgl. Kapitel 4
90 Vgl. Krüger, Wilfried / Bach, Norbert (2001) S. 30
91 Vgl. Hoffmann, Anke / Zilch, Andreas (2000) S. 78

2.2.3 Komponenten des E-Business

Nach der Klarstellung des Begriffs des E-Business ist nun im Rahmen dieser Arbeit eine Einteilung des E-Business notwendig, die eine Einordnung des Begriffs des E-Procurement zulässt. Bei der bekanntesten Unterteilung wird E-Business anhand der beteiligten Transaktionspartner in die in Abbildung 2.12 gezeigte 3 x 3 Matrix unterteilt. Dies geschieht, indem die Transaktionspartner in die Kategorien Unternehmen (Business), Privatleute (Consumer) und Verwaltung (Administration / Government) unterteilt und anschließend die Menge aller möglichen Transaktionsbeziehungen gebildet wird.[92]

		Anbieter		
		Business	Consumer	Administration
Nachfrager	Business	**B2B**	**C2B**	**A2B**
	Consumer	**B2C**	**C2C**	**A2C**
	Administration	**B2A**	**C2A**	**A2A**

Abbildung 2.12: Interaktionsmatrix des E-Business[93]

Zeitlich gesehen ist eine Verlagerung des Interessenschwerpunktes vom Bereich B2C zum Bereich B2B erkennbar. Dies erklärt sich dadurch, dass das Internet in der Frühphase der Entwicklung des E-Business vor allem als neuer Vertriebskanal zum Endkunden gesehen wurde,[94] und daher auf den Bereich der Transaktionen von Unternehmen zum Kunden besonderes Augenmerk gerichtet wurde. Für den Bereich der elektronischen Beschaffung hingegen leuchtet ein, dass ausschließlich Transaktionen zwischen Unternehmen Gegenstand der Betrachtung sind, da Privatleute keine Beschaffungsaktivitäten im unternehmerischen Sinn durchführen. Der Fokus dieser Arbeit wird sich entsprechend im Folgenden auf den Bereich B2B richten.

---

92 Vgl. Wirtz, Bernd (2001) S. 34-36
Vgl. Hermanns, Arnold / Gampenrieder, Ariane (2002) S. 80-87
Vgl. Bogaschewsky, Ronald / Kracke, Uwe (1999) S. 86-87

93 Wirtz, Bernd (2001) S. 35
Hermanns, Arnold / Gampenrieder, Ariane (2002) S. 81

94 Vgl. Aust, Eberhard et al. (2000) S. 7
Vgl. Backaus, Manuel (1999) S. 58-59

Der Bereich B2B kann entlang der Versorgungskette (Beschaffung, Produktion, Distribution) beziehungsweise der Funktionsbereiche der Unternehmen (Finanzen, Logistik, Planung) weiter unterteilt werden.[95] Beispiele für diese Einteilung nach diesem Ansatz sind die Konzepte E-Logistcs[96], E-Production[97] und E-Finance[98]. Wie bereits angesprochen, sind diese Konzepte nicht disjunkt, sondern überschneiden sich in ihrem jeweiligen Erfassungsbereich, das heißt, ein konkretes elektronisches Werkzeug kann mehreren Bereichen mit gleicher Berechtigung zugerechnet werden. Ein geeignetes Beispiel hierfür sind die ERP-Systeme, deren Kernfunktionalität in der Planung der Produktion besteht, weswegen sie dem Konzept E-Production zuzuordnen wären[99], während die in den Systemen gehaltenen Auftragsdaten essentiell für die Auftragsabwicklung der Logistik sind, was eine Zuordnung der ERP-Systeme zu E-Logistics andeuten würde[100].

Für eine Zuordnung von Werkzeugen des E-Business zu den Aufgaben der Versorgung, wie sie in Kapitel 2.1 dargestellt wurden, ist somit ein neues Gesamtkonzept erforderlich, aus dem anschließend der Begriff des E-Procurement trennscharf und überschneidungsfrei abgeleitet werden kann.

2.2.4 Elektronische Plattformen, Portale und Märkte

Eine der häufigeren Formen der Umsetzung von elektronischen Transaktionen zwischen Geschäftspartnern ist der Einsatz von elektronischen Plattformen, die über verschiedene Netzwerke, in der Regel das Internet, den Beteiligten zugänglich sind. Wegen der erheblichen Begriffsvielfalt, sowie den teilweise erheblichen Unterschieden in den verwendeten Geschäftsmodellen wird hier ein kurzer Überblick gegeben.

Elektronische Plattformen an sich sind Intermediäre, durch deren Zwischenschaltung in Transaktionen zwischen Partnern die Anzahl der erforderlichen Verbindungen im

---

[95] Vgl. Möhrstädt, Detlef / Bogner, Philipp / Paxian, Sascha (2001) S. 70
Vgl. Wannenwetsch, Helmut (2002) S. 8
[96] Vgl. Straube, Frank (2001) S. 177-178
[97] Vgl. Kurbel, Karl (2005) S. 263-264
[98] Vgl. Möhrstädt, Detlef / Bogner, Philipp / Paxian, Sascha (2001) S. 70
Vgl. Amor, Daniel (2001) S. 67
[99] Vgl. Kurbel, Karl (2005) S. 263-264
[100] Vgl. Straube, Frank (2001) S. 184-187

Netz der Transaktionsbeziehungen reduziert wird. Wie Abbildung 2.13 zeigt, wird aus einer n-zu-m-Struktur eine n-zu-1-zu-m-Struktur, das heißt, die Anzahl der Verbindungen sinkt von n*m auf n+m. Diese Reduktion von Transaktionsbeziehungen durch Zentralisierung wird als Sarnoff's Gesetz bezeichnet.[101]

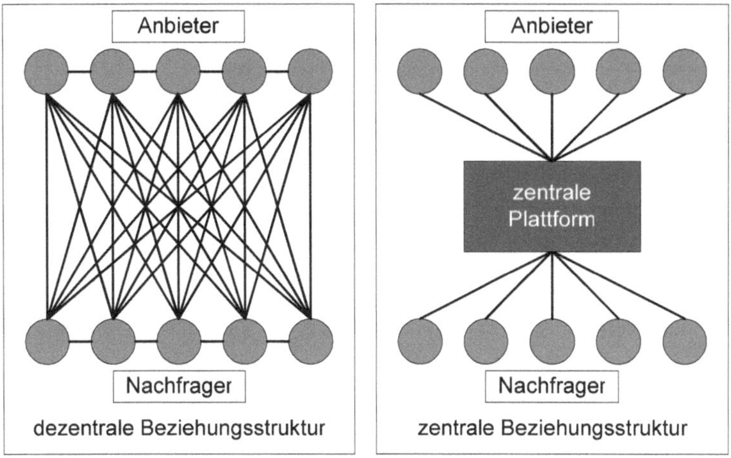

Abbildung 2.13: Reduktion der Transaktionsbeziehungen durch elektronische Plattformen[102]

Elektronische Plattformen stellen eine Infrastruktur dar, die zur elektronischen Abwicklung von Transaktionen dient.[103] Die Prozesse, denen diese Transaktionen zugehörig sind, können verschiedenartig sein, das heißt, es können sowohl Informationsaustauschprozesse als auch Handelsprozesse über elektronische Plattformen abgewickelt werden.

Eine andere mögliche Variante stellen elektronische Portale dar, die als Zugangspunkt zu Informationen, aber auch zur Abwicklung von Transaktionen mit Partnern verstanden werden.[104] Die Besonderheit an Portalen ist, dass an einem Portal in der Regel auf einer Seite nur ein Partner (oder ein Zusammenschluss) beteiligt ist. Ein

---

[101] Vgl. Müller, Günter / Eymann, Torsten / Kreutzer, Michael (2003) S. 326
Vgl. Thome, Rainer (2006) S. 85-86
Vgl. Müller, Holger (2003) S. 29
[102] Vgl. Fromm, Hansjörg / Saedltler, Dietmar (2001) S. 143
Vgl. Müller, Holger (2003) S. 30
Vgl. Thome, Rainer (2006) S. 85
[103] Vgl. Müller, Holger (2003) S. 29
[104] Vgl. Schmitz, Björn (2002 A) S. 78

Portal stellt also eine n-zu-1-Struktur dar, mit entsprechend n Transaktionsbeziehungen.[105] Diese Konstellation ist allerdings auch ohne den Einsatz eines elektronischen Portals gegeben. Der durch den Einsatz eines Portals erzielte Nutzen resultiert folglich nicht aus einer Reduktion der Transaktionsbeziehungen, sondern aus der Standardisierung des Informationsaustauschs. In diesem Sinne können viele Arten der elektronischen Interaktion mit Geschäftspartnern als Portal betrachtet werden, zum Beispiel ein E-Shop wäre in diesem Sinne auch ein Portal.[106]

Ein Markt ist definiert als das Zusammentreffen von Anbietern und Nachfragern eines Gutes.[107] Ein elektronischer Markt ist demzufolge ein Markt, bei dem das Zusammentreffen von Anbietern und Nachfragern elektronisch herbeigeführt und ein Vertragsabschluss ermöglicht wird, was aufgrund der einen regulären Markt konstituierenden Vielzahl von Transaktionsbeziehungen zentral erfolgen muss. Die Vorteile eines elektronischen Marktes entstehen durch die von der Zentralisierung herbeigeführte Transparenz, die eine bessere Zusammenführung von Angebot und Nachfrage als ein regulärer Markt erlaubt.[108] Dies erleichtert die Informationsbeschaffung und führt zu niedrigeren Transaktionskosten für über den Markt durchgeführte Transaktionen. Weiterhin sind elektronische Märkte ubiquitär, das heißt, durch ihre Anbindung ans Internet allgegenwärtig, und können somit unabhängig von räumlichen Gegebenheiten genutzt werden. Ziel ist es, Einkäufern und Verkäufern Zugriff auf möglichst viele potentielle Geschäftspartner zu bieten und das Zustandekommen der Geschäfte zu optimieren.[109] Es wäre extrem aufwendig, in der physischen Welt genügend Einkäufer und Verkäufer zusammenzubringen, um eine vergleichbare Plattform zu starten; ein virtuelles Zusammentreffen hingegen kann unabhängig von räumlichen Gegebenheiten stattfinden.[110]

Elektronische Märkte werden auf elektronischen Plattformen abgebildet. Jeder elektronische Markt baut auf einer Plattform auf, aber nicht jede Plattform stellt einen e-

---

[105] Vgl. Reindl, Martin / Oberniedermaier, Gerhard (2002) S. 79-80
[106] Vgl. Schulte, Christof (2005) S. 317
[107] Vgl. Mankiw, Gregory (2001) S. 70
[108] Vgl. Bogaschewsky, Ronald (2002) S. 751-754
Vgl. Bauer, Hans / Hammerschmidt, Maik (2004) S. 92-93
Vgl. Müller, Holger (1999) S. 213-215
Vgl. Schulte, Christof (2005) S. 317-318
[109] Vgl. Schögel, Marcus / Birkhofer, Ben / Jazbec, Mirko / Tomczak, Torsten (2002) S. 18
Vgl. Aust, Eberhard et al. (2000) S. 48
[110] Vgl. Hoffmann & Zachau Unternehmensberatung (2000) S. 23

lektronischen Markt dar. Dies ist darin begründet, dass ohne die Vorteile der Zentralisierung durch eine Plattform die Transparenz verloren ginge, die die Zusammenführung von Angebot und Nachfrage ermöglicht, aber auf Plattformen auch Informationen ausgetauscht werden können, die nicht der Anbahnung einer Geschäftstransaktion dienen.

Bei der Betrachtung der am Markt präsenten elektronischen Marktplätze lässt sich erkennen, dass die einzelnen Plattformen in ihrer Produktpalette, ihrer Orientierung an Käufer- oder Verkäuferseite und ihren Zugangsbedingungen erhebliche Unterschiede aufweisen. Die einzelnen möglichen Kriterien zur Systematisierung von elektronischen Marktplätzen sind in Abbildung 2.14 dargestellt:[111]

[111] Vgl. Reindl, Martin / Oberniedermaier, Gerhard (2002) S. 89
Vgl. Müller, Holger (2003) S. 45

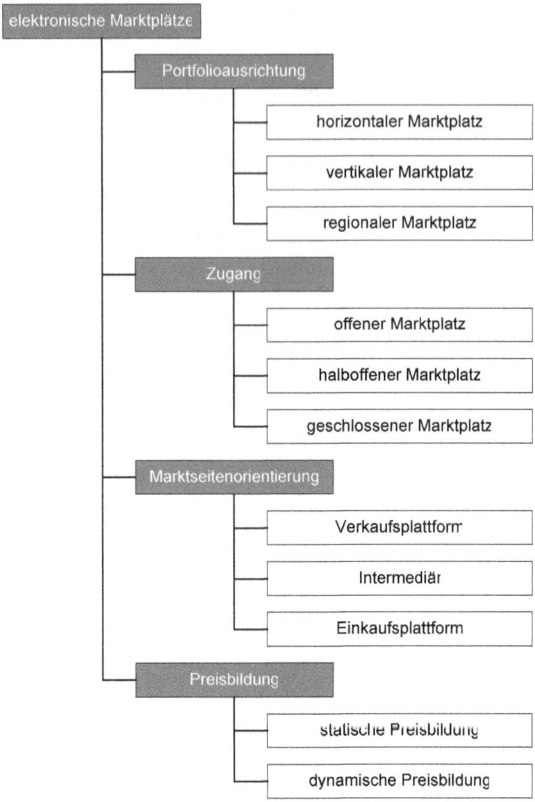

Abbildung 2.14: Kriterien zur Systematisierung von elektronischen Marktplätzen[112]

- Ausrichtung der gehandelten Güter: Für das Portfolio der auf einer Plattform gehandelten Produkte gibt es im Wesentlichen drei Ausrichtungen: Horizontale, vertikale und regionale Plattformen. Horizontale Plattformen bieten eine bestimmte Kategorie von Produkten, zum Beispiel Elektronik, branchenübergreifend, das heißt für sämtliche Marktteilnehmer, an. Diese Plattformen werden auch Contentportale genannt, weil ihre Ausrichtung durch ihr Produktportfolio, den Content, erfolgt. Vertikale Plattformen versuchen den gesamten Bedarf einer Branche zu handeln, zum Beispiel der Automobilindustrie. Sie werden auch Communityportale genannt, weil ihr Produktportfolio von ihrer Branche, der

[112] Vgl. Reindl, Martin / Oberniedermaier, Gerhard (2002) S. 89

Community, bestimmt wird. Regionale Plattformen handeln Produkte nur für eine bestimmte Region. Sie sind meistens im Agrar- und Lebensmittelbereich zu finden.[113]

- Orientierung: Je nachdem von welcher Seite, Einkauf oder Verkauf, eine Plattform ursprünglich initiiert wurde, ist eine Orientierung an den Bedürfnissen der jeweiligen Partei erkennbar. Marktplätze der Einkäuferseite verfügen in der Regel über gute Mechanismen zur Erzeugung von Wettbewerb und Suchmöglichkeiten, Marktplätze auf Verkäuferseite sind dazu konstruiert, den Vertrieb der Produkte zu vereinfachen und das Angebot an Produkten optimal darzustellen. Der primitivste Fall ist jeweils die Veröffentlichung des Angebots oder der Nachfrage auf der eigenen Homepage. Für große Unternehmen ist die Eröffnung einer eigenen Plattform eine gute Option, um ihre Bedürfnisse optimal bedienen zu können und, vor allem auf Einkaufsseite, ihre Einkaufsmacht ausüben zu können. In diesem Fall ist ein Übergang von einem Marktplatz zu einem Portal zu erkennen. Intermediäre Marktplätze wurden von neutralen Dritten initiiert. Sie bedienen Käufer und Verkäufer gleichberechtigt und finanzieren sich in der Regel über Transaktionsgebühren.[114]

- Zugang: Der Zugang zu einem Marktplatz kann entweder offen oder auf einen bestimmten Nutzerkreis beschränkt sein. Ein offener Zugang ist typisch für intermediäre Marktplätze. Da sie über Transaktionsgebühren finanziert werden, wird angestrebt, möglichst viele Kunden zu bekommen. Bei reinen Einkaufs- oder Verkaufsmarktplätzen ist der Zugang in der Regel eingeschränkt, die betreibenden Unternehmen wollen verhindern, dass Informationen über ihre Lieferanten bzw. Abnehmer öffentlich werden, und Wettbewerber von der Nutzung ihrer Plattform ausschließen.[115]

---

[113] Vgl. Bretzke, Wolf-Rüdiger / Ploenes, Patrick / Gesatzki, Roman (2001) S. 4
Vgl. Bogaschewsky, Ronald (2002) S. 758
Vgl. Wirtz, Bernd (2001) S. 334

[114] Vgl. Eßig, Michael / Kärner, Heinzpeter (2001) S. 3
Vgl. Arndt, Tobias (2002) S. 70-71
Vgl. Reindl, Martin / Oberniedermaier, Gerhard (2002) S. 94

[115] Vgl. Reindl, Martin / Oberniedermaier, Gerhard (2002) S. 95
Vgl. Müller, Holger (2003) S. 43

- Preisfindung: Es sollte beachtet werden, dass der Begriff Marktplatz in diesem Fall nicht unbedingt die Methode der Preisbildung meint. Preisbildung nach der Marktplatzmethode bedeutet, dass der Preis eines Produkts durch reines Aufeinandertreffen von Angebot und Nachfrage ermittelt wird. Dies ist bei der statischen Preisbildung der Fall, bei der die Preise für die, auf dem Marktplatz gehandelten, Güter von den Anbietern fest vorgegeben werden und das Zustandekommen von Geschäften zur Regulierung der Preise ausreicht. Dies ist in der Regel bei standardisierten Gütern mir relativ niedrigen Preisen, typischerweise C-Gütern, der Fall. Insbesondere bei hochpreisigen, einzeln angefertigten Gütern und Leistungen reicht dieser Effekt allerdings nicht aus, um einen Marktpreis zu bilden, es sind spezielle Verfahren zur Preisfindung erforderlich. Die Preisfindung auf dem Marktplatz durch entsprechende Verfahren, zum Beispiel Börsen oder Auktionen, wird als dynamische Preisbildung bezeichnet.[116]

Da die verschiedenen Möglichkeiten der Gestaltung eines elektronischen Marktplatzes die Transaktionsabwicklung und somit den erzielbaren Nutzen erheblich beeinflussen können, ist die Auswahl eines für die angestrebten Transaktionen geeigneten elektronischen Marktplatzes von kritischer Bedeutung.

2.3 E-Supply-Management

Wie bereits in Kapitel 2.2 dargestellt, haben sich im Rahmen des Einsatzes von elektronischen Werkzeugen in der Versorgung aufgrund der unterschiedlichen möglichen Betrachtungsweisen verschiedene Partialkonzepte gebildet.[117] Die bekanntesten Konzepte zur Verknüpfung von E-Business mit Elementen der Versorgung sind E-Procurement, E-Logistics, Supply Chain Management, Supplier Relationship Management und E-Collaboration. Diese Partialkonzepte werden im Folgenden betrachtet, um ihre Eignung zu prüfen und den Stand der wissenschaftlichen Diskussion aufzuzeigen.

---

[116] Vgl. Butscher, Stephan / Krohn, Felix (2001) o. S.
Vgl. Arndt, Tobias (2002) S. 15-16

[117] Vgl. Bogaschewsky, Ronald (2003) S. 32-33
Vgl. Eyholzer, Kilian / Kuhlmann, Walter / Münger, Thomas (2002) S. 70-71

2.3.1 Das Konzept E-Procurement

Die Betrachtung aus Beschaffungssicht sieht beim Einsatz von elektronischen Werkzeugen den Beschaffungsprozess im Vordergrund, wobei die Aufgaben der Einkaufsabteilung besonders im Fokus stehen. Zum Begriff E-Procurement werden in der Literatur zahlreiche abweichende Definitionen angegeben.[118] Um dies zu verdeutlichen, sollen einige Beispiele betrachtet werden:

„E-Procurement bezeichnet die Unterstützung der Beschaffungsprozesse durch das Internet mit dem Ziel der effizienten Versorgung eines Unternehmens mit Gütern und Dienstleistungen."[119]

„Electronic Procurement ist die Integration der Informations- und Kommunikationstechnologie zur Unterstützung der operativen Tätigkeiten sowie der strategischen Aufgaben in den Beschaffungsbereichen von Unternehmen."[120]

„E-Procurement hilft Unternehmen, Waren und Dienstleistungen zu den geringsten Gesamtkosten zu beschaffen, wobei der gesamte Einkaufsprozess von der Planung über die Beschaffung bis zur Bezahlung automatisiert wird."[121]

„Unter dem Stichwort Electronic Procurement versteht man die Nutzung von Informations- und Kommunikationstechnologien zur elektronischen Unterstützung und Integration von Beschaffungsprozessen."[122]

„Unter E-Procurement versteht man die Nutzung von Informations- und Kommunikationstechnologien zur elektronischen Unterstützung und Optimierung von Beschaffungsprozessen."[123]

Es fällt auf, dass die Definitionen voneinander abweichen, je nachdem welcher Kostentreiber, Produktkosten oder Prozesskosten, als vorrangig betrachtet wird.[124] Es lässt sich erkennen, das E-Procurement aus zwei Teilbereichen besteht, die jeweils auf unterschiedliche Bereiche fokussiert sind. Diese Bereiche sind die strategische

---

[118] Vgl. Weiber, Rolf / Meyer, Jörg / Ebert, Holger (2001) S. 1653
[119] Eyholzer, Kilian (2002) S. 63
[120] Wirtz, Bernd (2001) S. 309
[121] Nekolar, Alexander-Philip (2003) S. 1
[122] Nenninger, Michael (1999) S. 6
[123] Podbelsek, Hans et al. (2000) S. 12
[124] Vgl. Weiber, Rolf / Meyer, Jörg / Ebert, Holger (2001) S. 1654

und die operative Beschaffung. Eine Definition, die geeignet ist, das Konzept des E-Procurement in seiner Gesamtheit zu fassen, muss diese Teilung und ihre Ursache entsprechend berücksichtigen.[125]

2.3.2 Das Konzept E-Logistics

Die Betrachtung aus Logistiksicht rückt die logistischen Prozesse und Ziele in den Vordergrund, was zur Folge hat, dass die optimale Planung und Abwicklung von Transport und Lagerung, als die primäre Aufgabe gesehen werden. Transport und Lagerung sind jedoch physische Aktivitäten, die nicht an sich elektronisch abgewickelt werden können.[126] Eine Ausnahme bilden hier digitale Güter wie zum Beispiel Software. Diese Ausnahme kann allerdings bei der folgenden Betrachtung vernachlässigt werden.

Die Logistik hat sich, wie in Kapitel 2.1.2 dargestellt, über die physischen Aufgaben hinaus entwickelt,[127] so dass der für die Planung und Steuerung der Güteraustauschprozesse erforderliche Informationsaustausch ebenfalls der Logistik zugeordnet wird.[128] Dieser Informationsaustausch kann in jedem Fall durch elektronische Unterstützung erheblich vereinfacht und standardisiert werden, weswegen das Konzept E-Logistics keinen Widerspruch in sich selbst darstellt. Die Unterstützung des Informationsflusses ist entsprechend Gegenstand des Ansatzes von E-Logistics.

Insbesondere wird durch den Einsatz von elektronischen Werkzeugen die Neugestaltung logistischer Prozesse ermöglicht, da durch die optimale Bereitstellung von Informationen die Planung und Steuerung der logistischen Aktivitäten erheblich verbessert werden kann.[129] Unter E-Logistics wird daher die „strategische Planung und Entwicklung aller für die elektronische Geschäftsabwicklung erforderlichen Logistiksysteme und –prozesse sowie deren administrative und operative Ausgestaltung für die physische Abwicklung“ verstanden.[130]

[125] Vgl. Weiber, Rolf / Meyer, Jörg / Ebert, Holger (2001) S. 1654
[126] Vgl. Arndt, Tobias (2002) S. 154
[127] Vgl. Baumgarten, Helmut (2001) S. 9
[128] Vgl. Reindl, Martin / Oberniedermaier, Gerhard (2002) S. 172
[129] Vgl. Straube, Frank / Butz, Christian (2005) S. 671
[130] Baumgarten, Helmut (2001) S. 27

2.3.3 Das Konzept Supply Chain Management

Eine unternehmensübergreifende Sichtweise stellt das Konzept des Supply Chain Management (SCM) dar. Supply Chain Management stellt die Kooperation der Unternehmen entlang der Versorgungskette (Supply Chain) im Hinblick auf die optimale Versorgung des Endkunden in den Vordergrund.[131] Durch die Verbesserung der Transparenz entlang der Versorgungskette sollen Informationsasymmetrien und davon verursachte Schwankungen entlang der Versorgungskette, der so genannte Bullwhip-Effekt,[132] abgebaut werden, was Lagerhaltungskosten verringert und eine Optimierung der Transporte ermöglicht.[133] An der Orientierung an der Versorgung über Transport und Lagerung ist die Entwicklung des SCM aus der Logistik zu erkennen.[134]

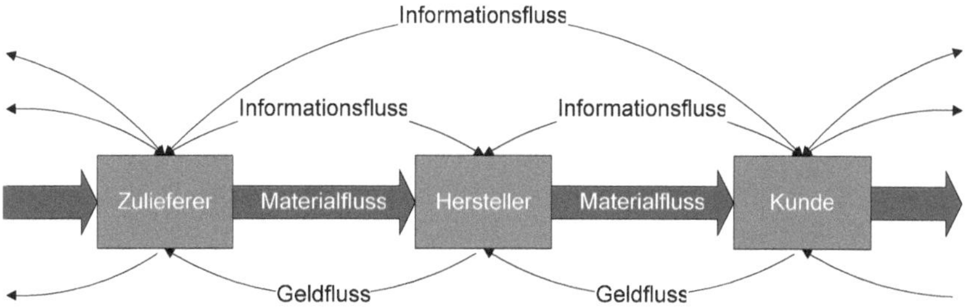

Abbildung 2.15: Material-, Informations- und Geldflüsse im SCM[135]

Durch den für eine Umsetzung dieses Konzepts notwendigen schnellen Informationsaustausch ist das Konzept des SCM per se ohne Einsatz elektronischer Werkzeuge nicht denkbar.[136] Dennoch wird gelegentlich der Einsatz elektronischer Werk-

Straube, Frank (2001) S. 187
131 Vgl. Straube, Frank / Butz, Christian (2005) S. 671
Vgl. Buscher, Udo (2003) S. 56
132 Vgl. Corsten, Daniel / Gabriel, Christoph / Felde, Jan (2002) S. 803
Vgl. Göpfert, Ingrid (2004) S. 206
133 Vgl. Schulte, Christof (2005) S. 15
Vgl. Kurbel, Karl (2005) S. 338
Vgl. Buscher, Udo (2003) S. 57
134 Vgl. Pfohl, Hans-Christian (2000) S. 7
Vgl. Buscher, Udo (2003) S. 56
135 Kurbel, Karl (2005) S. 339
136 Vgl. Buchholz, Wolfgang / Werner, Hartmut (2001 A) S. 2

zeuge bei der Umsetzung von SCM explizit betont.[137] SCM wird definiert als „die vollständige Integration aller Partner zu einem gemeinsamen logistischen Prozess. Dies erfolgt durch partnerschaftliche Gestaltung, Integration, Planung und Steuerung aller Elemente in durchgängigen Wertschöpfungsketten – von der Rohstoffbeschaffung bis zur Auslieferung an den Endkunden. Oberstes Ziel ist dabei die Optimierung der Kosten und logistischen Leistungsgrößen über alle Glieder der Supply Chain hinweg."[138] Diese Betrachtungsweise der Versorgungskette ist in Abbildung 2.15 dargestellt:

2.3.4 Das Konzept Supplier Relationship Management:

Analog zum Customer Relationship Management, der Betrachtung der Kundenbeziehungen eines Unternehmens, betrachtet das Konzept Supplier Relationship Management die Lieferantenbeziehungen eines Unternehmens.[139] Supplier Relationship Management (SRM) kann folglich als die Betrachtung der Beschaffung aus Beziehungssicht verstanden werden.

Mit der steigenden Bedeutung der Beschaffung durch die sinkende Fertigungstiefe steigt auch die Bedeutung des Lieferantenportfolios als Erfolgsfaktor für die Unternehmen.[140] Durch eine entsprechende Beziehung zu einem Lieferanten können Unternehmen Nutzen erzielen, der nicht in einer traditionellen Preisbetrachtung[141] zu greifen ist; der Gesamtwert des erzielbaren Nutzens über die Dauer der Beziehung wird als Lieferantenwert bezeichnet. Aus Aufgaben um den Lieferantenwert leiten sich die Aufgaben des SRM ab:[142]

- Lieferantenanzahloptimierung: Lieferantenanzahloptimierung ist die Optimierung der Anzahl der Lieferanten im Hinblick auf Bündelung von Bedarf einerseits und Wettbewerb unter den Lieferanten andererseits.

Vgl. Werner, Hartmut (2001) S. 22
137 Vgl. Buchholz, Wolfgang / Werner, Hartmut (2001 B) S. 324
138 Schmidt, Carsten (2002) S. 514
139 Vgl. Appelfeller, Wieland / Buchholz, Wolfgang (2005) S. 4
140 Vgl. Dangelmaier, Wilhelm / Pape, Ulrich / Rüther, Michael (2004) S. 520
Vgl. Riemer, Kai / Klein, Stefan (2002) S. 6-7
141 Vgl. Riemer, Kai / Klein, Stefan (2002) S. 7
142 Vgl. Voegele, Andreas (2004) S. 215
Vgl. Dangelmaier; Wilhelm / Pape, Ulrich / Rüther, Michael (2004) S. 522

- Lieferantenentwicklung: Lieferantenentwicklung ist die Aufgabe, durch Unterstützung des Lieferanten dessen Leistungsfähigkeit, und damit deinen Lieferantenwert zu steigern.
- Lieferantenintegration: Lieferantenintegration ist die Intensivierung der Zusammenarbeit mit im Rahmen der Lieferantenentwicklung ausgewählten Partnern.
- Lieferantencontrolling: Lieferantencontrolling ist die Messung und Bewertung der Leistung der Lieferanten, woraus der Lieferantenwert nach vorgegebenen Parametern berechnet wird.

Die übrigen Beschaffungsaktivitäten haben kritischen Einfluss auf die Lieferantenbeziehungen, so dass bei einer getrennten Betrachtung unweigerlich Zielkonflikte entstehen. Entsprechend wird, um die Aufgaben des SRM optimal erfüllen zu können, in der Regel die gesamte Gestaltung der Beschaffungsprozesse dem SRM zugeordnet.[143] SRM wird folglich verstanden als „die Optimierung der Beschaffungsprozesse durch elektronisch unterstützte Analyse- und Controllingwerkzeuge und die enge Einbindung von Lieferanten in die Geschäftsprozesse“.[144]

2.3.5 Das Konzept E-Collaboration

Das Konzept E-Collaboration betrachtet elektronische Werkzeuge in der Versorgung aus dem Blickwinkel der elektronisch unterstützten Zusammenarbeit mit Partnern. Ein Indikator, dass in der Tat eine Zusammenarbeit, und nicht nur eine Handelsbeziehung besteht, ist das Entstehen von über den Handel hinausgehendem Nutzen, die so genannte Win-Win-Situation.[145]

Die Zusammenarbeit in der Beschaffung ist mit zwei Arten von Partnern möglich: horizontale Kooperationen mit Partnern auf derselben Wertschöpfungsstufe wie das

[143] Vgl. Appelfeller, Wieland / Buchholz, Wolfgang (2005) S. 5
Vgl. Bogaschewsky, Ronald (2003) S. 37-38
Vgl. Nissen, Volker / Mauß, Andreas (2002) S. 57

[144] Budde, Kerstin et al. (2006) S. 10

[145] Vgl. Koppelmann, Udo (2004) S. 6

eigene Unternehmen, und vertikale Kooperationen mit Lieferanten, das heißt, Partnern auf einer vorhergehenden Wertschöpfungsstufe. [146]

Zusammenarbeit mir Partnern kann an sich nicht in das Konzept des Supply Management eingeordnet werden. Es ist jedoch je nach der Art des entstehenden Nutzens eine Zuordnung der einzelnen Arten der Zusammenarbeit zu den Teilbereichen des Supply Management möglich.

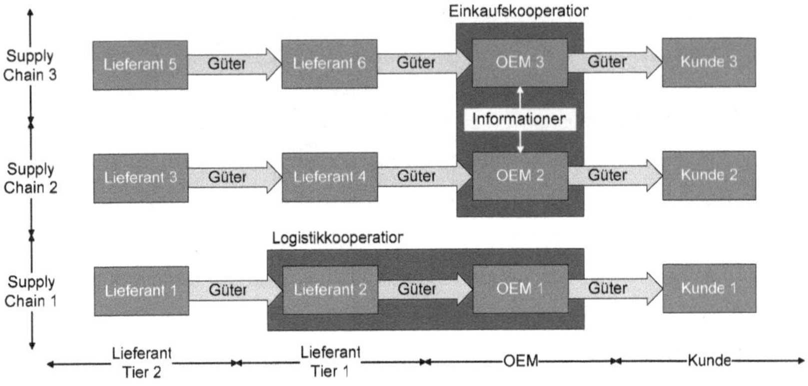

Abbildung 2.16: Einkaufskooperationen und Logistikkooperationen in Supply Chains[147]

Horizontale Kooperationen sind im Bezugssystem des Supply Management der Beschaffung zuzuordnen, da zwischen Unternehmen derselben Wertschöpfungsstufe kein Güteraustausch, sondern nur ein Informationsaustausch stattfindet. Vielmehr dienen horizontale Kooperationen der Bündelung von Einkaufsvolumen zur Realisierung von Preisvorteilen. Diese Kooperationsform wird daher auch als Einkaufskooperation bezeichnet; die beteiligten Unternehmen bilden ein Einkaufskonsortium.[148]

Vertikale Kooperationen sind je nach Intensität und Ausgestaltung der Zusammenarbeit der Logistik oder der Materialwirtschaft zuzuordnen. Eine vertikale Kooperation tangiert die Beschaffung nur insofern, als dass Auswahl und Vereinbarung mit einem geeigneten Partner Aufgabe der Beschaffung ist. Sobald eine Vereinbarung besteht,

---

146 Vgl. Bogaschewsky, Ronald (1999) S. 27-28
Vgl. Buscher, Udo (2003) S. 56

147 Eigene Darstellung

148 Vgl. Bogaschewsky, Ronald / Kracke, Uwe (1999) S. 178
Vgl. Appelfeller, Wieland / Buchholz, Wolfgang (2005) S. 83
Vgl. Peukert, Jürgen / Read, David (2003) S. 183-184

wird der Aufgabenbereich der Beschaffung verlassen. Dient die Kooperation zur Vereinfachung der Abwicklung des Güteraustauschs zwischen den Partnern, so liegt eine Logistikkooperation vor. Werden Informationen zur Bedarfsplanung ausgetauscht, so liegt eine Kooperation der Materialwirtschaft vor.[149]

Diese Kooperationen können jeweils durch geeignete elektronische Werkzeuge unterstützt werden. Elektronisch unterstützte Kooperationen werden als E-Collaborations bezeichnet.[150] E-Collaborations könne analog in horizontale und vertikale E-Collaborations unterteilt werden. Bei horizontalen E-Collaborations wird von E-Consortia gesprochen. Hier wird der Bedarf der einzelnen Partner über einen elektronischen Markt gebündelt beschafft, wodurch Mengenvorteile realisiert werden.[151] Vertikale E-Collaborations werden in der Regel durch Integration der ERP-Systeme der beteiligten Unternehmen realisiert. Je nachdem, ob diese Integration dem Austausch konkreter Einzelaufträge oder allgemeiner Planungsdaten dient, ist die E-Collaboration der Logistik oder der Materialwirtschaft zuzurechnen.[152]

2.3.6 E-Supply-Management als integratives Gesamtkonzept

Es ist zu erkennen, dass die Verwendung der vorgestellten Konzepte zur Untersuchung des Einsatzes von elektronischen Werkzeugen in der Beschaffung konzeptionelle Probleme verursacht, von denen folgend einige beispielhaft dargestellt werden:

- Durch Konsensbildung aus den vorliegenden Definitionen des E-Procurement lässt sich eine Definition angeben. Es würde also bereits ein Konzept des E-Procurement, also eine Betrachtung aus Sicht der Beschaffung vorliegen, jedoch kann dieses Konzept nicht ohne weiteres als trennscharf und überschneidungsfrei angesehen werden, da die Schritte des Beschaffungsprozesses, wie in Kapitel 2.1.1 gezeigt, mehrere Aufgabe erfüllen (z. B. rechtliche und logisti-

---

149 Vgl. Bogaschewsky, Ronald / Kracke, Uwe (1999) S. 180
Vgl. Peukert, Jürgen / Read, David (2003) S. 183-187

150 Vgl. Bogaschewsky, Ronald (2003) S. 39

151 Vgl. Corsten, Daniel / Gabriel, Christoph / Felde, Jan (2002) S. 814-815

152 Vgl. Schmitz, Björn (2002 C) S. 187-188
Vgl. Bogaschewsky, Ronald (2002) S. 756

sche Aufgaben) und mehrere Unternehmensbereiche tangieren (z. B. Beschaffung und Finanzen).[153]

- Bei einer Alleinstellung der Definition von E-Logistics entsteht das bereits dargestellte Problem, dass Kompetenzen und IT-Landschaft anderer Unternehmensbereiche tangiert werden, in diesem Fall hauptsächlich Beschaffung und Produktion.

- Bei der Verwendung des Konzepts des Supply Chain Management entsteht das Problem, dass die elektronische Beschaffung als Schritt in der Versorgungskette klar eine Unterbereich des SCM darstellt, jedoch in der Beschaffung auch wettbewerbsorientierte Ansätze, wie zum Beispiel elektronische Auktionen, existieren, die eindeutig der elektronischen Beschaffung zuzurechnen sind, dem kooperativen Ansatz des SCM jedoch zuwiderlaufen. Weiterhin ist zu beachten, dass die Konzepte SCM und E-Logistics in weiten Teilen deckungsgleich sind, und konzeptionell ohne Einschränkungen nicht getrennt oder zusammengeführt werden können.

Der Ansatz, durch Zusammenfassen der Partialkonzepte zu einem Gesamtkonzept zu gelangen, ist bereits verfolgt worden.[154] Das Problem bei dieser Vorgehensweise ist, da die Partialkonzepte nicht überschneidungsfrei vorliegen, dass eine Einteilung der in der Praxis vorhandenen Werkzeuge in die Partialkonzepte sehr willkürlich erfolgen muss und nicht immer deckungsgleich mit den Definitionen ist.[155]

Quintessenz der vorangegangenen Betrachtungen der existierenden Konzepte ist, dass eine deduktive Ableitung eines für die angestrebten Untersuchungen geeigneten Begriffs des E-Procurement durch Abgrenzung aus den vorliegenden Konzepten nicht möglich ist. Eine überschneidungsfreie und einheitliche Arbeitsdefinition ist jedoch Vorraussetzung um Missverständnisse und Unklarheiten zu vermeiden.[156]

---

[153] Vgl. Bogaschewsky, Ronald (1999) S. 14
Vgl. Bogaschewsky, Ronald (2003) S. 47
Vgl. Backhaus, Manuel (1999) S. 62

[154] Vgl. Bogaschewsky, Ronald (2003) S. 27-28 und S. 45-47
Vgl. Blasovich, John / Goffre, Jules (2003) S. 65, S. 67 und S. 69

[155] Vgl. Bogaschewsky, Ronald (2003) S. 47

[156] Vgl. Aust, Eberhard et al. (2001) S. 14

Ein alternativer Ansatz ist die induktive Definition von E-Procurement; das heißt, eine Definition durch Aufzählung aller Elemente:[157] „Mit dem Begriff E-Procurement fassen wir alle Systeme zusammen, die durch die Nutzung vernetzter Technologien die Beschaffung unterstützen. Dies können zum einen Katalogmanagement-Systeme und zum anderen elektronische Marktplätze sein.“[158] Das Problem bei einer induktiven Definition ist, das die Zusammenstellung zum einen unter Umständen willkürlich ausfällt, zum anderen, dass Lösungen, die identisch funktionieren, aber in der Definition nicht aufgeführt sind, vernachlässigt werden. Der Einsatz einer induktiven Definition ist somit sehr kritisch zu sehen.

Für eine Lösung dieser Problematik ist der Zwischenschritt einer Verknüpfung von E-Business und Versorgung erforderlich. Diese Verknüpfung bildet das Konzept des E-Supply-Management. Von diesem Ausgangspunkt aus ist eine deduktive Herangehensweise an den Begriff des E-Procurement als Teilbereich des E-Supply-Management überschneidungsfrei möglich. Unter E-Supply-Management soll die Gesamtheit der elektronischen Werkzeuge verstanden werden, die dazu dienen, die Versorgung eines Unternehmens derart zu unterstützen, dass durch die Prozesse der Versorgung optimale Ergebnisse erbracht werden.

Diese Herangehensweise bringt jedoch mit sich, dass die vorhandenen Partialkonzepte teilweise nicht in ihrer Gesamtheit in das E-Supply-Management eingeordnet werden können, sondern aufgespaltet werden müssen. Das Konzept E-Collaboration beispielsweise wird analog zu der Einteilung in Beschaffung, Logistik und Materialwirtschaft je nach Art der E-Collaboration auf diese Unterkonzepte verteilt. Die Zuteilung der einzelnen elektronischen Werkzeuge zu den Unterkonzepten jedoch kann dann, wie in Abbildung 2.17 dargestellt, überschneidungsfrei und trennscharf erfolgen, was die Konzeption E-Supply-Management für die Praxis geeignet erscheinen lässt.

---

[157] Vgl. Aust, Eberhard et al. (2000) S. 30
Vgl. Arthur Andersen Business Consulting (2002) S. 2

[158] Arthur Andersen Business Consulting (2001) S. 2

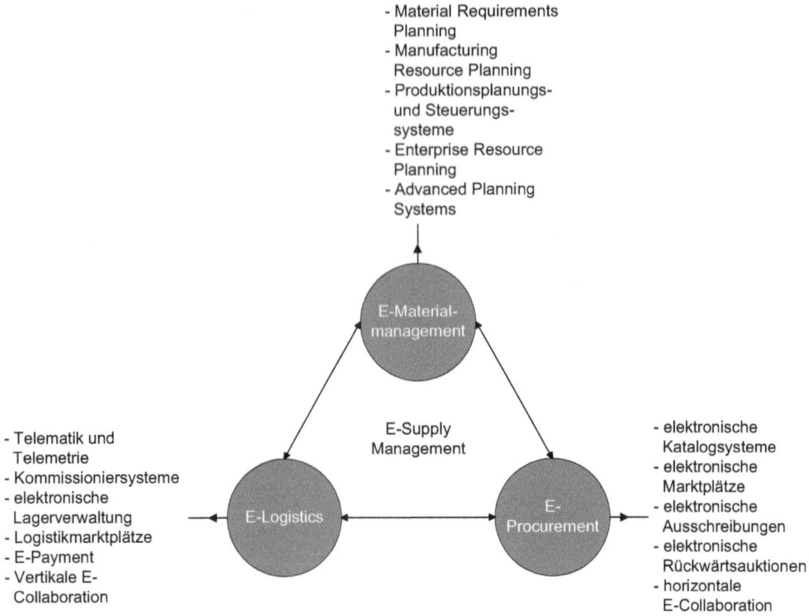

Abbildung 2.17: Einordnung von elektronischen Werkzeugen im E-Supply-Management[159]

Wie Abbildung 2.17 entnommen werden kann, wird im E-Supply–Management analog zum Supply Management eine Unterteilung in drei Elenente, nämlich E-Procurement, E-Logistics und E-Material-Management vorgenommen. Diese Unterkonzepte werden im Folgenden einzeln genauer betrachtet.

2.4 E-Procurement

E-Procurement ist der Teilbereich des E-Supply-Management, der grob als die elektronische Unterstützung der Beschaffung bezeichnet werden kann. Im Folgenden wird der Begriff des E-Procurement dargestellt und die dem E-Procurement zuzuordnenden zugehörigen elektronischen Werkzeuge untersucht.

---

[159] Eigene Darstellung

2.4.1 Definition

Den Ausgangspunkt für eine Betrachtung des Begriffs des E-Procurement bildet wie bereits beschrieben die Beschaffung. Zentrales Anliegen einer Definition des Begriffs des E-Procurement muss daher die Übereinstimmung mit den Begriffen der Beschaffung sein, mit dem Ziel, Inkonsistenzen zu vermeiden. Das einem Begriff vorgestellte E- meint die elektronische Unterstützung des jeweiligen Vorgangs.

Werden der Beschaffungsprozess[160] und der Transaktionsprozess[161] auf (elektronischen) Märkten verglichen, so kann eine Übereinstimmung in weiten Teilen festgestellt werden. Hieraus kann abgeleitet werden, dass elektronische Märkte eine direkte Unterstützung des Beschaffungsprozesses darstellen:[162]

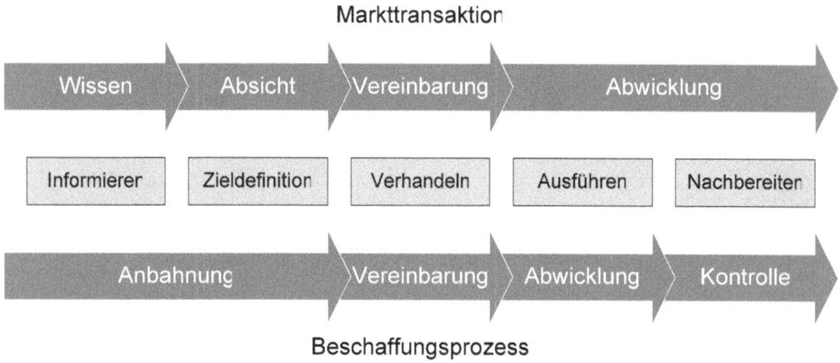

Abbildung 2.18: Gegenüberstellung von Markttransaktion und Beschaffungsprozess[163]

Entsprechend ist der operative Beschaffungsprozess, also die Abwicklungs- und Kontrollphase ebenfalls Element einer Markttransaktion, auch wenn hier, wie Abbildung 2.19 zeigt, in der Regel andere elektronische Werkzeuge zum Einsatz kommen.[164]

---

[160] Vgl. Nenninger, Michael (1999) S. 12
Vgl. Wirtz, Bernd (2001) S. 305
[161] Vgl. Schmid, Beat (2002) S. 217
[162] Vgl. Arthur Andersen Business Consulting (2001) S. 14
[163] Eigene Darstellung
[164] Vgl. Arthur Andersen Business Consulting (2002) S. 6

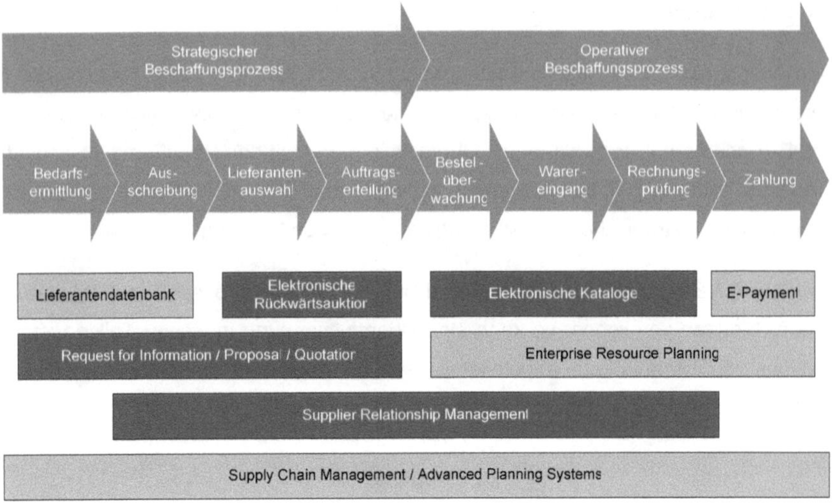

Abbildung 2.19: Einsatz von elektronischen Werkzeugen entlang des Beschaffungsprozesses[165]

Diese Unterteilung in Werkzeuge für die strategische Beschaffung und Werkzeuge für die operative Beschaffung liegt in den unterschiedlichen Kostentreibern begründet. Die unterschiedlichen Schwerpunkte von elektronischen Werkzeugen für die strategische und operative Beschaffung lassen sich den folgenden Abbildungen entnehmen. Es werden die Einsparungen an Produktkosten und Prozesskosten von elektronischen Marktplätzen, Auktionsplattformen und Katalogmanagementsystemen verglichen.[166]

---

[165] Vgl. Aust, Eberhard et al. (2001) S. 10
Vgl. Puschmann, Thomas / Alt, Rainer (2001) S. 16
Vgl. Appelfeller, Wieland / Buchholz, Wolfgang (2005) S. 18
Vgl. Eyholzer, Kilian / Kuhlmann, Walter / Münger, Thomas (2002) S. 70

[166] Vgl. Arthur Andersen Business Consulting (2002) S. 30

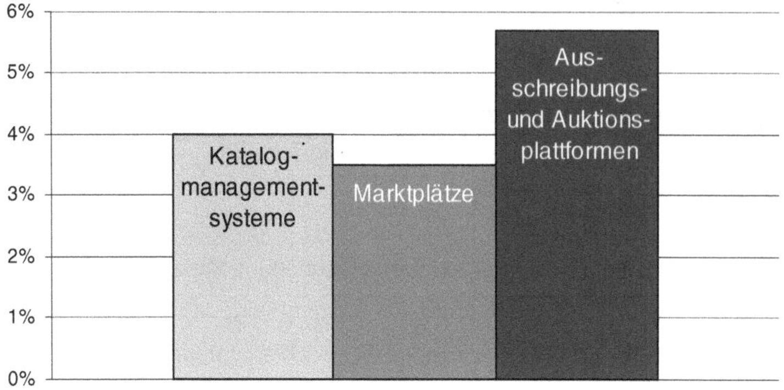

Abbildung 2.20: Einsparungen an Produktkosten[167]

Es lässt sich feststellen, dass bei E-Sourcing-Lösungen die Einsparung von Produktkosten im Vordergrund steht, während bei E-Ordering-Lösungen vorrangig Prozesskosten eingespart werden.

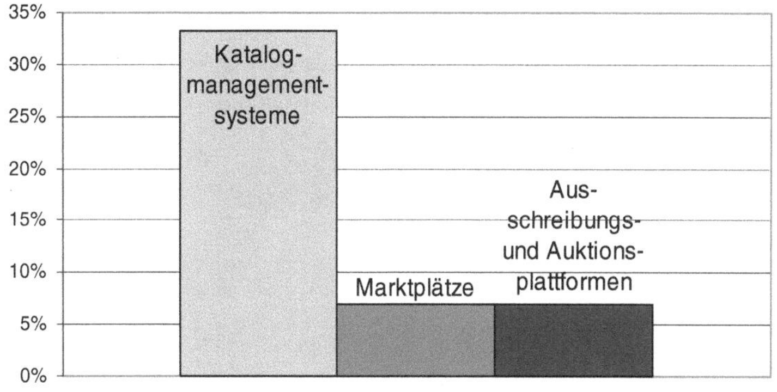

Abbildung 2.21: Einsparungen an Prozesskosten[168]

In der strategischen Beschaffung ist folglich das Prozessergebnis, also das zur Verfügung stehende Gut mit dem zugehörigen Preis als der ausschlaggebende Faktor

---

[167] Arthur Andersen Business Consulting (2002) S. 30
[168] Arthur Andersen Business Consulting (2002) S. 30

zu betrachten. Mit der Auftragserteilung, also dem Abschluss der strategischen Beschaffung steht dieser Faktor fest. In der operativen Beschaffung, also der Abwicklung der geschlossenen Vereinbarung, stehen die Prozesskosten im Vordergrund. Dies liegt, wie in Kapitel 2.1.1 beschrieben, an der oftmals häufigeren Iteration des operativen Beschaffungsprozesses, beispielsweise durch Abrufe aus einem vereinbarten Rahmenvertrag.[169]

Demzufolge unterstützt E-Procurement den Beschaffungsprozess elektronisch, umfasst sowohl strategische als auch operative Beschaffung, und trägt den unterschiedlichen Kostentreibern Rechnung. Auf Basis dieser Überlegungen kann nun eine Definition angegeben werden: E-Procurement unterstützt die strategische und operative Beschaffung derart durch elektronische Hilfsmittel, dass der Beschaffungsprozess im Hinblick auf die Kenngrößen Prozesskosten und Prozessergebnis optimal wird.

Entsprechend eingeordnet werden die Begriffe E-Purchasing, E-Sourcing und E-Ordering. Wie auch die Begriffe Einkauf und Beschaffung wird E-Purchasing oft synonym für E-Procurement verwendet, das heißt, die oben genannte Definition kann auch für E-Purchasing verwendet werden. E-Sourcing und E-Ordering bezeichnen jeweils die elektronische Unterstützung für die strategische bzw. operative Beschaffung mit den entsprechenden Schwerpunkten. Aus der Matrix der kombinierten ABC-/XYZ-Analyse[170] lässt sich für jedes Gut eine Beschaffungsstrategie ableiten und eine geeignete E-Procurement-Lösung auswählen:

---

[169] Vgl. Backhaus, Manuel (1999) S. 59-62
Vgl. Aust, Eberhard et al. (2001) S. 14-16

[170] Vgl. Kapitel 2.1.4

<table>
<tr><th rowspan="2">Vorhersagegenauigkeit</th><th></th><th colspan="3">Wertigkeit</th></tr>
<tr><th></th><th>A</th><th>B</th><th>C</th></tr>
<tr><td></td><td>X</td><td>geeignet für E-Collaboration</td><td rowspan="3">geeignet für elektronische Ausschreibungen</td><td rowspan="2">Abwicklung über käuferseitigen Katalog</td></tr>
<tr><td></td><td>Y</td><td rowspan="2">geeignet für elektronische Ausschreibungen und Auktionen</td></tr>
<tr><td></td><td>Z</td><td>Abwicklung über katalogbasierten Marktplatz</td></tr>
</table>

Abbildung 2.22: Auswertung der kombinierten ABC-XYZ-Analyse[171]

A-Güter eignen sich zur Beschaffung über elektronische Ausschreibungen und Auktionen, um die Produktkosten zu reduzieren. Besondere Beachtung verdienen die AX-Güter: Hier kann aufgrund der regelmäßigen Beschaffung eine elektronisch unterstützte Partnerschaft angedacht werden. B-Güter sind ebenfalls zur Beschaffung über elektronische Ausschreibungen geeignet, jedoch sind elektronische Auktionen aufgrund des geringeren Einkaufswertes nur bedingt sinnvoll. C-Güter werden am besten über elektronische Kataloge beschafft. Die regelmäßig beschafften CX- und CY-Güter können zur optimalen Abwicklung über einen Käuferseitigen Katalog beschafft werden. CZ-Güter sollten in eine eigene Kataloglösung hingegen nicht aufgenommen werden – hier rechnet sich das erforderliche Content-Management[172] im Vergleich zu den eingesparten Prozesskosten nicht.[173]

Ein dem E-Procurement zuzuordnendes Element, das nur implizit der Definition des E-Procurement entnommen werden kann, sind elektronische Werkzeuge des Lieferantenmanagements. Auch wenn unter Umständen Logistik und Materialwirtschaft sehr stark tangiert werden, so ist jedoch die Gestaltung der Lieferantenbeziehung als Aufgabe der Beschaffung zu sehen. Entsprechend sind die zugehörigen elektronischen Werkzeuge dem E-Procurement zuzuordnen.[174] Die Zuordnung zu E-Sourcing oder E-Ordering ist wie folgt zu sehen: in der strategischen Beschaffung wird eine Lieferantenauswahl getroffen. Mit den ausgewählten Lieferanten werden Transaktio-

---

[171] Eigene Darstellung
[172] Vgl. Kapitel 3.3.2
[173] Vgl. Brenner, Walter / Lux, Andreas (2000) S. 64-65
Vgl. Bogaschewsky, Ronald (2004) S. 173-175
Vgl. Rast, Christian / Scholz, Michael (2004) S. 178
[174] Vgl. Backhaus, Manuel (1999) S. 65

nen durchgeführt, bei deren Abwicklung über die Lieferanten Informationen erfasst werden (Liefertreue, Qualität, Preis) die die Lieferantenauswahl in einer neuen Iteration der strategischen Beschaffung wiederum beeinflussen usw.. Jedoch werden die Lieferantenbeziehungen hauptsächlich in der strategischen Beschaffung gestaltet, weswegen das Supplier Relationship Management dem E-Sourcing zuzuordnen ist.

2.4.2 E-Sourcing

Unter E-Sourcing wird die Unterstützung der strategischen Beschaffung durch elektronische Werkzeuge verstanden. Ziel dieser Unterstützung ist, wie bereits beschrieben, die Optimierung des Prozessergebnisses, was bedeutet, dass Verbesserungen am strategischen Beschaffungsprozess nicht der Einsparung von Prozesskosten, sonder der Verbesserung des Prozessergebnis dienen.[175]

Die technische Grundlage von E-Sourcing sind in der Regel elektronische Märkte, im Fall von Unternehmen mit großer Marktmacht ist auch ein Portal möglich.[176] Eine allgemeine Betrachtung von elektronischen Märkten und Portalen ist in Kapitel 2.2.4 bereits erfolgt, hier werden deshalb die einzelnen Transaktionsmechanismen für die elektronische Beschaffung betrachtet.

Kern der verschiedenen Transaktionsmechanismen ist das Matching, das heißt, die Auswahl und Zusammenführung geeigneter Handelspartner auf dem elektronischen Markt. Damit eine Transaktion zwischen Partnern zustande kommt, müssen zwei Bedingungen erfüllt sein: Erstens muss der Gegenstand der Transaktion, im Regelfall das gehandelte Gut, zwischen den Partnern abgestimmt sein, und zweitens muss ein Preis, mit dem beide Partner einverstanden sind, gefunden sein. Jedoch kann nur bei sehr standardisierten Gütern die Abstimmung der Partner über das Gut automatisiert werden, je spezifischer das Gut ist, desto mehr manueller Aufwand ist erforderlich. Wenn hingegen das Gut spezifiziert ist, kann die Preisfindung relativ gut automatisiert werden, indem über möglicht viele gleichartige Angebote und Gesuche ein Marktpreis gebildet wird.

---

[175] Vgl. Minahan, Tim (2004) S. 2
[176] Vgl. Appelfeller, Wieland / Buchholz, Wolfgang (2005) S. 41
Vgl. Bogaschewsky, Ronald (2002) S. 757

Zentrales Element der verschiedenen E-Sourcing-Werkzeuge ist folglich die Methode der Preisfindung als Transaktionsmechanismus. Festpreisangebote, die keine Preisfindung erfordern, treten nur im Rahmen elektronischer Kataloge auf, die eher dem E-Ordering zuzuordnen sind.[177] Die einzelnen Mechanismen zur Preisfindung sind elektronische Börsen oder Exchanges für hoch standardisierte Güter, elektronische Ausschreibungen für Güter bei denen, eine genauere Spezifikation erforderlich ist und elektronische Auktionen als Äquivalent von Preisverhandlungen.[178]

Ablauf und Ergebnis von strategischen Beschaffungsprozessen hängen entscheidend von der Art und Anzahl potentieller Lieferanten ab. Als Steuerung und Unterstützung der Beziehungen zu den Lieferanten auf elektronischen Märkten ist Supplier Relationship Management somit ebenfalls Element von E-Sourcing.

2.4.2.1 elektronische Börsen

Die Preisfindung nach dem Auktionsprinzip ist die älteste Methode der Preisfindung auf elektronischen Märkten. Bei diesem Verfahren werden die Kauf- und Verkaufangebote nach Preisen sortiert, und der Preis gewählt, bei dem das größtmögliche Transaktionsvolumen umgesetzt werden kann.[179] Dies ist auch der zentrale Vorteil dieses Systems. Der Nachteil ist, dass dieses Verfahren sich nur für sehr fungible und standardisierte Güter eignet, weil ansonsten die für eine effektive Preisfindung erforderliche Anzahl an Geboten nicht zustande kommt, bzw. die Gebote für diese Art der Preisfindung nicht genügend vergleichbar sind.[180]

Elektronische Marktplätze, die dieses Verfahren anwenden, werden auch als echte Marktplätze oder Börsen bezeichnet. Im angloamerikanischen Raum werden für diese Form des elektronischen Handels die Bezeichnungen E-Trading oder Dynamic Exchange verwendet. Hauptsächlich wird dieses Verfahren bei unraffinierten Rohstoffen eingesetzt.[181] Aus diesem Grund sind Plattformen die mit diesem System ar-

---

[177] Vgl. Hoffmann & Zachau Unternehmensberatung (2000) S. 25
[178] Vgl. Johnson, Fraser / Klassen, Robert (2005) S. 7
[179] Vgl. Flicker, Alexandra / Höller, Johann (2001) S. 15
Vgl. Reindl, Martin / Oberniedermaier, Gerhard (2002) S. 110
[180] Vgl. Weiber, Rolf / Meyer, Jörg / Ebert, Holger (2001) S. 1659
Vgl. Schmitz, Björn (2002 A) S. 74
[181] Vgl. Müller, Holger (1999) S. 225

beiten nur für einen kleinen Bereich der Sourcingaktivitäten eines Unternehmens geeignet, weil in der Regel nur ein geringer Teil der eingekauften Güter auf diesen Bereich entfällt.

2.4.2.2 elektronische Ausschreibungen

Das Ziel einer Ausschreibung ist es, nach der Feststellung des Bedarfs, die Situation am entsprechenden Markt festzustellen, gegebenenfalls neue Lieferanten zu finden, neue und bekannte Lieferanten vergleichbar zu machen und für die anschließende Verhandlung Preisdruck aufzubauen, indem mehrere Lieferanten dazu gebracht werden, um den Auftrag zu konkurrieren.

Hierzu werden Lieferanten aus dem Markt ausgewählt, die Ausschreibung erstellt und an sie verschickt. Nachdem die, an der Ausschreibung teilnehmenden, Lieferanten ihre Angebote erstellt haben, werden die Einsendungen ausgewertet, um die Angebote vergleichbar zu machen (siehe Abbildung 2.23). Im strategischen Beschaffungsprozess dienen Ausschreibungen also dazu, geeignete Lieferanten ausfindig zu machen und die Verhandlungen, die einer Auswahl eines Lieferanten vorangehen, vorzubereiten.

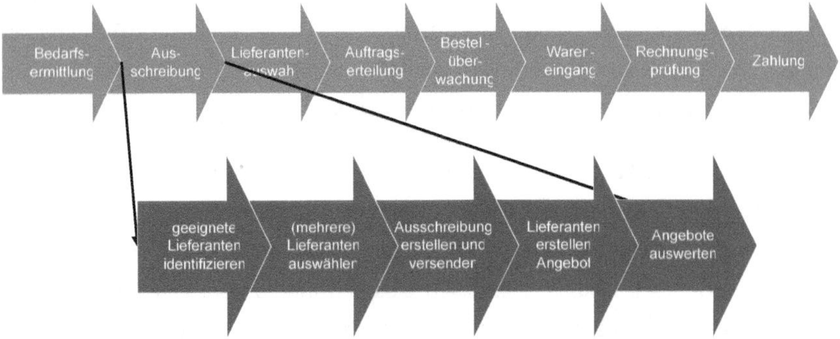

Abbildung 2.23: Ausschreibungsprozess[182]

182 Eigene Darstellung

Für elektronische Umsetzung von Ausschreibungen ist der einfachste Fall die passive Publikation des Bedarfs im Internet, um Reaktionen von Lieferanten anzustoßen.[183] Diese Vorgehensweise ist relativ ineffizient, weswegen auf elektronischen Marktplätzen höher entwickelte Verfahren zur aktiven Publikation der Ausschreibung eingesetzt werden.[184]

Elektronische Ausschreibungen auf elektronischen Märkten erfolgen in mehreren Stufen, um einerseits die Auswahl potentieller Lieferanten zu erleichtern und andererseits chancenlose Lieferanten in einem möglichst frühen Stadium auszusortieren, um den Aufwand für beide Seiten zu reduzieren. Diese Stufen sind Request for Information, Request for Proposal und Request for Quatation.[185]

- Request for Information: Beim Request for Information werden Lieferanten um eine relativ allgemeine Selbstauskunft gebeten. Dies dient dazu, bei einem unbekannten Lieferanten schnell einen Überblick über das Potential des Lieferanten zu gewinnen. Wird eine Ausschreibung nur an bekannte Lieferanten verschickt, ist dieser Schritt überflüssig.

- Request for Proposal: Als nächster Schritt werden von den Lieferanten konkrete Vorschläge für den ausgeschriebenen Bedarf verlangt. Dieser Zwischenschritt bietet sich vor allem bei sehr komplexen und sehr teuren Ausschreibungsobjekten an, da in diesem Fall durch die schrittweise Annäherung an das konkrete Angebot die spätere Transparenz verbessert wird, da der Einkauf in die Lösungsfindung einbezogen wird.

- Request for Quatation: Beim Request for Quotation schließlich wird der Lieferant zur Abgabe eines konkreten Angebotes mit Preisen seiner Leistungen aufgefordert. Bei unkomplizierten oder wiederholten Ausschreibungen wird in der Regel auf Request for Information und Request for Proposal verzichtet, da die Preiskalkulation der Ausschreibung keine aufwendigen Vorbereitungen erfordert.

---

[183] Vgl. Brenner, Walter / Lux, Andreas (2000) S. 121-131
[184] Vgl. Wirtz, Bernd (2001) S. 460
[185] Vgl. Bogaschewsky, Ronald (2002) S. 765-766
Vgl. Aust, Eberhard et al. (2001) S. 16-17
Vgl. Müller, Holger (2003) S. 57-58
Vgl. Appelfeller, Wieland / Buchholz, Wolfgang (2005) S. 16

Eine elektronische Ausschreibung soll also die gleichen Ziele erreichen wie eine konventionelle Ausschreibung. Der Vorteil besteht darin, dass der Prozess durch elektronische Unterstützung schneller und einfacher ablaufen kann.[186] Es ist zu beachten, dass, wie Abbildungen 2.19 und 2.23 zeigen, der Ausschreibungsprozess die Lieferantenauswahl nicht mit einschließt. Auf eine Ausschreibung folgt in der Regel noch eine Preisverhandlung mit mehreren Lieferanten, das heißt, die Ausschreibungsergebnisse führen in der Regel eine Entscheidung nicht unmittelbar herbei.[187]

2.4.2.3 elektronische Auktionen

Grundsätzlich existieren zwei Arten von elektronischen Auktionen, Verkaufsauktionen, auch Forward Auctions genannt, und Einkaufsauktionen, sog. Reverse Auctions. Einkaufsauktionen funktionieren dabei logischerweise umgekehrt wie die entsprechenden Verkaufsauktionen, daher auch die englischen Bezeichnungen.[188] Hier soll im Folgenden nur auf elektronische Einkaufsauktionen eingegangen werden. Der Grund, warum konventionelle Auktionen auf Beschaffungsseite bisher eher selten verwendet werden, ist der Aufwand, der erforderlich ist, um die Bieter am Ort der Auktion zusammen zu bringen.[189] Findet die Auktion auf einer elektronischen Plattform statt, fallen diese Beschränkungen weg, so dass auf elektronischen Plattformen über Auktionen optimale Preise erzielt werden können. Dies geschieht, indem die Bieter innerhalb einer vorher festen Zeitspanne nach einem ebenfalls vorher festgelegten Schema, dem so genannten Auktionsdesign, Preisgebote abgeben. Die Gebote sind für die Bieter untereinander sichtbar, so dass Preisdruck aufgebaut wird. Das nach Ablauf der Auktion beste abgegeben Gebot erhält den Zuschlag.[190]

---

[186] Vgl. Corsten, Daniel / Gabriel, Christoph / Felde, Jan (2002) S. 814
Vgl. Aust, Eberhard et al. (2001) S. 58-59
[187] Vgl. Schulte, Christof (2005) S. 319
[188] Vgl. Beall, Stewart et al. (2003) S. 22
Vgl. Arndt, Tobias (2002) S. 89
Vgl. Schulte, Christof (2005) S. 319
[189] Vgl. Aust, Eberhard et al. (2000) S. 31
[190] Vgl. Beall, Stewart et al. (2003) S. 22
Vgl. Aust, Eberhard et al. (2000) S. 31-32

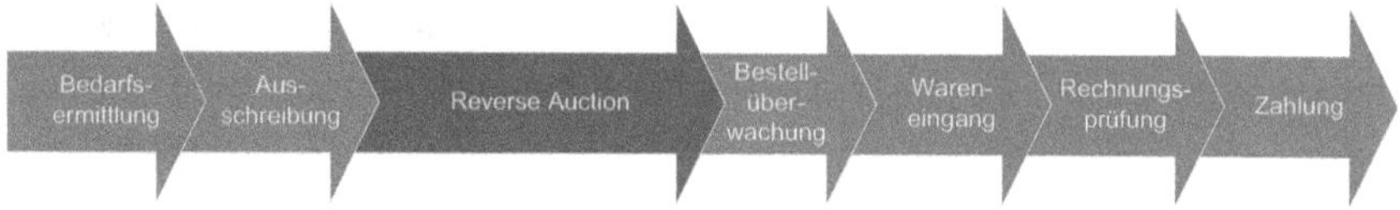

Abbildung 2.24: Reverse Auctions im Beschaffungsprozess|[191]

Eine Auktion dient als Ersatz für die konventionellen Preisverhandlungen im Beschaffungsprozess. In einer Auktion kann erheblich mehr Preisdruck aufgebaut werden als durch konventionelle Verhandlungen, da die Bieter gezwungen sind, unmittelbar auf Gebote ihrer Konkurrenten zu reagieren.[192]

Für das Auktionsdesign, also das Verfahren, nach dem die Bieter ihre Gebote abgeben, haben sich verschiedene Arten mit eigenen Ergebnisprofilen etabliert, von denen die vier wichtigsten in Abbildung 2.25 dargestellt sind.

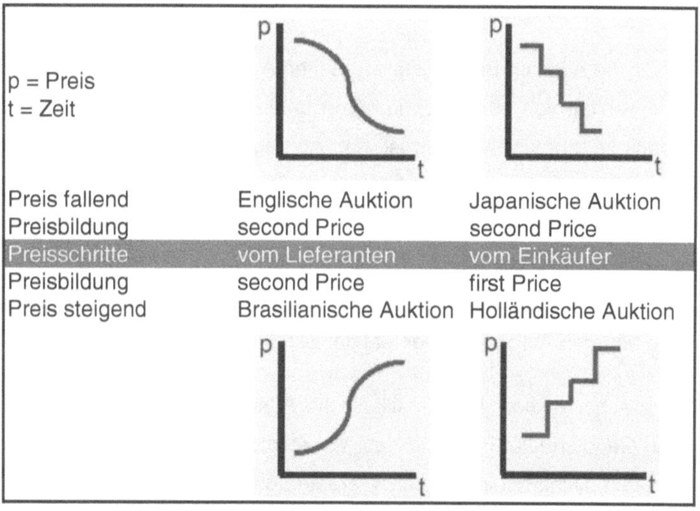

Abbildung 2.25: Vergleich der verschiedenen Auktionsformen[193]

[191] Eigene Darstellung
[192] Vgl. Bogaschewsky, Ronald (2002) S. 767
Vgl. Aust, Eberhard et al. (2001) S. 17
Vgl. Appelfeller, Wieland / Buchholz, Wolfgang (2005) S. 140
Vgl. Soltmann, Bernhard (o. J.) S. 7
[193] Vgl. Soltmann, Bernhard (o. J.) S. 9

Die bekanntesten Auktionsdesigns sind die englische, holländische, japanische und brasilianische Auktion, die im Folgenden näher betrachtet werden sollen, da die Auswahl des geeigneten Auktionsdesigns für den Erfolg mit entscheidend sein kann.[194]

- Englische Auktion: Die Englische Auktion ist die älteste und bekannteste Auktionsform. Die Lieferanten geben für einen vorher festgelegten Auftrag Gebote ab, die sie immer weiter verbessern. Der Lieferant, der das letzte und somit das niedrigste Gebot abgegeben hat, bekommt den Zuschlag.

- Japanische Auktion: Die Japanische Auktion erfolgt rundenbasiert. In jeder Runde muss der Lieferant mit dem schlechtesten Gebot das beste Angebot unterbieten, oder aus der Auktion ausscheiden. Die Schrittweite wird in der Regel vom Einkäufer festgelegt. Es werden so viele Runden durchlaufen, bis nur noch ein Lieferant übrig ist.

- Holländische Auktion: Bei der Holländischen Auktion erfolgt die Annäherung an den Preis nicht von oben, sondern von unten. Der Einkäufer gibt dazu einen Startpreis an, zu dem er bereit ist, den Auftrag zu vergeben. Dieser Preis wird schrittweise erhöht. Der erste Lieferant, der bereit ist, den genannten Preis zu akzeptieren, bekommt den Zuschlag. Der besondere Vorteil dieser Auktionsform ist, dass der Endpreis bei der Zahlungsbereitschaft des Auktionsgewinners liegt, also bei dem Preis, den er gerade noch bereit ist zu akzeptieren, nicht wie bei den anderen Auktionsformen bei der Zahlungsbereitschaft des Zweitbesten.

- Brasilianische Auktion: Die Brasilianische Auktion erfolgt ebenfalls mit aufsteigenden Geboten. Der Einkäufer legt vor Auktionsbeginn seine Zahlungsbereitschaft offen. Dann beginnen die Lieferanten um den Auftrag zu steigern, indem sie das Auftragsvolumen immer weiter verbessern. Der Lieferant, der für den festgelegten Betrag das größte Volumen anbietet, bekommt den Zuschlag.

---

[194] Vgl. Lein, Udo (2004) S. 15-30
Vgl. Amor, Daniel (2000) S. 47-51
Vgl. Müller, Holger (1999) S. 222-223
Vgl. Müller, Holger (2003) S. 61
Vgl. Flicker, Alexandra / Höller, Johann (2001) S. 15
Vgl. Wirtz, Bernd (2001) S. 455-459

- Sonderformen: Es existieren unzählige Sonderformen von Auktionen, die jedoch entweder Variationen oder Kombinationen der genannten Auktionsformen sind. Der wichtigste bisher nicht betrachtete Sonderfall ist qualitatives statt quantitatives Ranking, d.h. die Auktionsteilnehmer bekommen die Gebote ihrer Gegner nicht gezeigt, sondern nur ihre relative Position, also ihren Rang in der Auktion. Daher werden Auktionen mit qualitativem Ranking auch Rangauktionen genannt.

2.4.2.4 Supplier Relationship Management

Wie bereits erwähnt, sind Anzahl und Qualität der zur Verfügung stehenden Lieferanten ein entscheidender Faktor für die strategische Beschaffung. Elektronische Werkzeuge zum Management der Lieferantenbeziehungen, bilden somit, wie dargestellt, ein weiteres Element von E-Sourcing.[195] Wie in Kapitel 2.3.4 gezeigt, stellt das Konzept des Supplier Relationship Management bereits ein IT-basiertes Konzept dar, weswegen Werkzeuge des SRM entsprechend elektronische Werkzeuge darstellen.[196] Der Begriff des Supplier Relationship Management soll daher als die Unterstützung des Managements der Lieferantenbeziehungen eines Unternehmens durch elektronische Werkzeuge verstanden werden.[197]

Supplier Relationship Management kann technisch im ERP-System des Unternehmens oder über die Software eines elektronischen Marktes umgesetzt werden. In der Praxis sind In der Praxis sind SRM und die übrigen Werkzeuge des E-Sourcing eng verzahnt; als Beispiel wird bei einer elektronischen Ausschreibung über einen elektronischen Markt wird das SRM in der Regel über ein Lieferantenverzeichnis des Marktplatzes abgewickelt, das entweder vom Marktplatzbetreiber oder vom einkaufenden Unternehmen gepflegt wird.

---

[195] Vgl. Voegele, Andreas (2004) S. 215
[196] Vgl. Appelfeller, Wieland / Buchholz, Wolfgang (2005) S. 3
Vgl. Riemer, Kai / Klein, Stefan (2002) S. 19
[197] Vgl. Budde, Kerstin et al. (2006) S. 10

2.4.3 E-Ordering

Im Vordergrund von E-Ordering-Lösungen steht die Unterstützung und Automatisierung des Bestellprozesses bei C-Gütern. Preisverhandlungen und Konditionen werden nicht berücksichtigt.[198] E-Ordering-Lösungen basieren in der Regel auf elektronischen Produktkatalogen, aus denen der Besteller das benötigte Produkt auswählt. Die entstandene Bestellung, der so genannte Warenkorb[199], wird dann automatisch an den Lieferanten übertragen, verbucht und die Bezahlung veranlasst (siehe Abbildung 2.26). Die Funktionalität der Lösung umfasst den gesamten operativen Bestellprozess, einschließlich Verfügbarkeitsprüfung, Genehmigungen, Wareneingang und Rechnungsprüfung.[200]

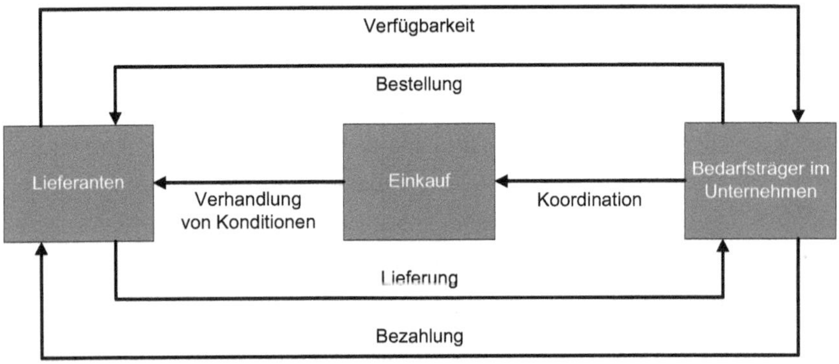

Abbildung 2.26: Ablauf E-Ordering[201]

Elektronische Kataloge im Sinne des E-Procurement sollten jedoch nicht mit den so genannten Webkatalogen, das heißt, Katalogen mit Internetadressen verwechselt werden.[202] Wenn im Folgenden von elektronischen Katalogen gesprochen wird, so sind darunter elektronische Produktkataloge zu verstehen. Diese Kataloge enthalten

---

[198] Vgl. Aust, Eberhard et al. (2000) S. 40
Vgl. Amor, Daniel (2001) S. 357
[199] Vgl. Amor, Daniel (2001) S. 333
[200] Vgl. Appelfeller, Wieland / Buchholz, Wolfgang (2005) S. 187
Vgl. Brenner, Walter / Lux, Andreas (2000) S. 167
Vgl. Kurbel, Karl (2005) S. 419-420
Vgl. Kleineicken, Andreas (2002) S. 50-51
[201] Vgl. Nenninger, Michael (1999) S. 14
[202] Vgl. Heinzmann, Peter (2002) S. 68

in der Regel neben Produktbeschreibungen, Bildern und Preisangaben auch Schlüsselinformationen[203], die die elektronische Verarbeitung der Katalogdaten ermöglichen.[204]

Katalogbasierte Beschaffungswerkzeuge können anhand von zwei Kriterien systematisiert werden. Diese Kriterien sind die Erstellung und Pflege des Kataloginhalts, das so genannte Content-Management, und die Bereitstellung der erforderlichen Software, der so genannten Katalogengine. Diese beiden Aufgaben können jeweils von Kunde, Lieferant, oder einem Intermediär beziehungsweise Dienstleister wahrgenommen werden.[205] Durch Aufspannen der verschiedenen Kombinationsmöglichkeiten entsteht eine 3 x 3 Matrix:

		Content-Management		
Softwarebereitstellung		Lieferant	Kunde	Intermediär / Dienstleister
	Lieferant	E-Shop / Sell-Side-Lösung	E-Shop für kundenspezifische Spezialteile	E-Shop mit externem Produktdaten-management
	Kunde	Desktop Purchasing mit externen Katalogen	Desktop Purchasing / Buy-Side-Lösung	Desktop Purchasing mit Content-Broker
	Intermediär / Dienstleister	katalogbasierter Marktplatz mit externen Katalogen	Desktop Purchasing über Application Service Provider	katalogbasierter Marktplatz / Intermediär

Abbildung 2.27: Mögliche Ausgestaltungen einer E-Ordering-Lösung[206]

Am weitesten verbreitet haben sich die drei in Abbildung 2.27 markierten Möglichkeiten zur Umsetzung von E-Ordering: Einkauf über eine externe Lösung auf Verkäuferseite (Sell-Side), Erstellung einer eigenen Lösung unternehmensintern (Buy-Side), und Einkauf auf einem katalogbasierten Marktplatz (Intermediär).[207] Dies liegt daran,

---

[203] Vgl. Kapitel 3.2.1
[204] Vgl. Appelfeller, Wieland / Buchholz, Wolfgang (2005) S. 187
Vgl. Bogaschewsky, Ronald / Kracke, Uwe (1999) S. 117
Vgl. Schulte, Christof (2005) S. 321
Vgl. Hentrich, Johannes (2001) S. 26
Vgl. Thome, Rainer (2006) S. 83
[205] Vgl. Von Dahlen, Rüdiger (2003) S. 353-355
[206] Eigene Darstellung
[207] Vgl. Dorloff, Frank-Dieter / Leukel, Jörg / Schmitz, Volker (2002) S. 372-373
Vgl. Bogaschewsky, Ronald (1999) S. 26
Vgl. Brenner, Walter / Lux, Andreas (2000) S. 160
Vgl. Nekolar, Alexander-Philip (2003) S. 7-8
Vgl. Kleineicken, Andreas (2002) S. 49

dass eine Spezialisierung auf entweder Content-Management oder Softwarebereitstellung erst in letzter Zeit erfolgt ist, und in der Frühphase der Entwicklung von E-Procurement diese Aufgaben in der Regel beide von derselben Seite wahrgenommen wurden.

Aus technischer Sicht werden Kataloginformationen über eine Kette von in der Regel sechs Informationssystemen vom Lieferanten bis zum Kunden transferiert. Diese Elemente sind:

- Ein Back-End-System auf Seite des Lieferanten, in dem der Lieferant die Grunddaten seiner Produkte verwaltet.
- Ein Produktinformationsmanagement (PIM) –System, in dem die Produktinformationen des Lieferanten angereichert und konsolidiert werden.
- Der zwischen den Unternehmen ausgetauschte Katalog selbst.
- Eine Katalog-Engine, die den Inhalt des Katalogs für den Besteller aufbreitet.
- Ein Bestellsystem, dass aus den aus dem Katalog bestellten Artikeln von der Katalog-Engine eine Bestellung generiert.
- Ein Back-End-System auf Seite des Kunden, in dem der Kunde seine Bestelldaten verwaltet.

Die Verteilung der einzelnen Elemente auf Lieferant, Kunde und gegebenenfalls Intermediär bei verschiedenen möglichen Arten von E-Ordering wird in Abbildung 2.28 gezeigt:

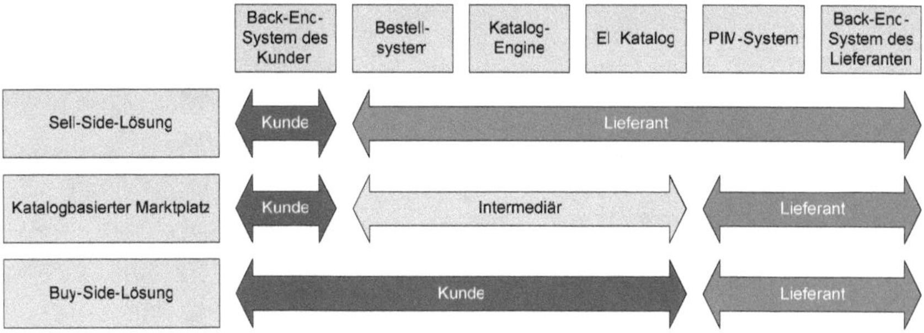

Abbildung 2.28: Technischer Aufbau der Übertragung von Katalogen bei verschiedenen Arten von E-Ordering[208]

Es ist anzumerken, dass der Bereich E-Ordering auch mit einiger Berechtigung dem Konzept E-Logistics zugeordnet werden könnte, da beim E-Ordering in der Regel aus Rahmenverträgen abgerufen wird, und die Datenerfassung somit hauptsächlich zur Steuerung der Lieferungen erfolgt. Zentrale Aufgabe des E-Ordering ist allerdings die nach einer Beschaffungsentscheidung notwendige Abwicklung des Beschaffungsprozesses, daher ist E-Ordering dem E-Procurement zuzuordnen.

2.4.3.1 Lösung auf Verkäuferseite

Am weitesten verbreitet ist die Lösung auf Verkäuferseite oder Sell-Side-Lösung, da mit der Entwicklung des Handels über das Internet vor allem auf Vertriebsseite nach Möglichkeiten gesucht wurde, das Internet als Transaktionskanal zu nutzen. Bei dieser Lösungsart liegt der Katalog beim Verkäufer, und wird auch vom Verkäufer erstellt und gepflegt.[209] Der Zugang zum Katalog kann entweder offen (E-Shop), oder geschlossen, das heißt auf bestimmte Partner beschränkt sein.[210] Offener Zugang erfordert keine Vorbereitungen wie Rahmenverträge oder ähnliches, aber nur bei geschlossenem Zugang können zum Beispiel spezielle Konditionen aus Rahmenverträgen eingebunden werden.[211]

[208] Eigene Darstellung
[209] Vgl. Nekolar, Alexander-Philip (2003) S. 8
[210] Vgl. Flicker, Alexandra / Höller, Johann (2001) S. 8
[211] Vgl. Renner, Thomas (1999) S. 120-122

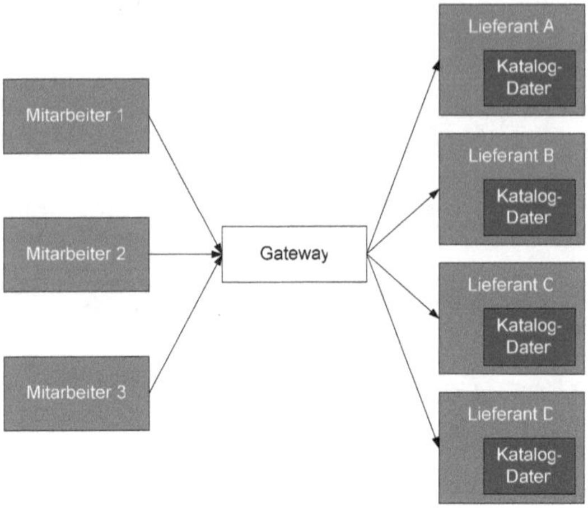

Abbildung 2.29: Sell-Side-Lösung[212]

Vorteil dieser Lösung ist, dass für das einkaufende Unternehmen keine zusätzlichen Kosten entstehen, da sämtliche Arbeit auf Verkäuferseite erfolgt. Für sehr spezielle, anpassbare oder konfigurierbare Produkte ist diese Lösung die beste. Nachteil ist, dass beim Einkauf bei mehreren Anbietern kein direkter Vergleich möglich ist, vom einkaufenden Mitarbeiter bei mehreren Lieferanten verschiedene Oberflächen navigiert werden müssen, und die Suche nach Produkten deshalb sehr aufwendig wird. Darüber hinaus ist in der Regel keine Anbindung an das Back-End-System des Einkäufers vorgesehen, was in diesem Bereich eine Automatisierung unmöglich macht.[213]

2.4.3.2 Lösung auf Käuferseite

Das Gegenstück zur Lösung auf Verkäuferseite ist die Lösung auf Käuferseite oder auch Buy-Side-Lösung. Hierbei bekommt das Unternehmen vorab die Kataloge mit den Produktdaten seiner Lieferanten zur Verfügung gestellt, erstellt aus ihnen einen Multi-Lieferanten-Katalog, und stellt diesen seinen Bestellern über ein internes Sys-

[212] Vgl. Nekolar, Alexander-Philip (2003) S. 8
[213] Vgl. Hoffmann & Zachau Unternehmensberatung (2000) S. 22
Vgl. Brenner, Walter / Lux, Andreas (2000) S. 161
Vgl. Eyholzer, Kilian (2002) S. 71

tem, oft Desktop Purchasing System genannt, zur Verfügung. Bei einer Bestellung werden die benötigten Güter zu einem Warenkorb zusammengestellt, der Warenkorb vom Desktop Purchasing System an den Lieferanten übermittelt und die Bestellung im Back-End-System verbucht.[214]

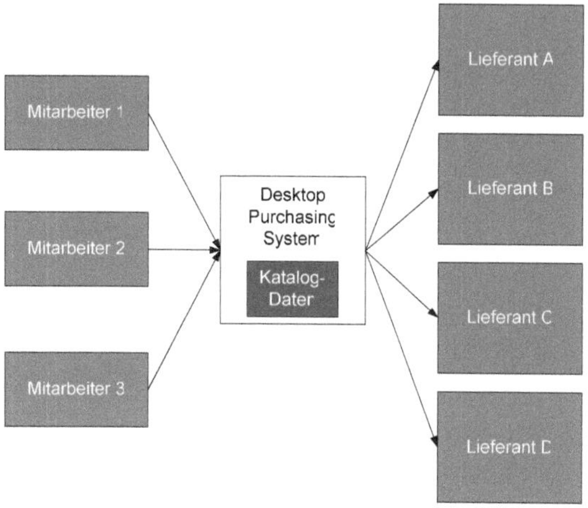

Abbildung 2.30: Buy-Side-Lösung[215]

Der Vorteil von Lösungen auf Einkaufsseite besteht darin, dass die Produkte aller Lieferanten in einem System gehalten werden, und von den Mitarbeitern nur eine Oberfläche navigiert werden muss, was die Suche und den Vergleich von Produkten unterstützt. Weiterhin bietet die Lösung über den Multi-Lieferanten-Katalog hinaus zusätzliche Funktionalität, wie zum Beispiel Suchfunktionen und Back-End-Anbindung. Der hauptsächliche Nachteil einer Buy-Side-Lösung sind die erheblichen Kosten, da die gesamte Realisierung und Datenpflege beim beschaffenden Unternehmen liegen. Die Einführung einer solchen Lösung kann deshalb einen erheblichen Aufwand an Zeit und Know-how erfordern.[216]

---

[214] Vgl. Flicker, Alexandra / Höller, Johann (2001) S. 7-8
Vgl. Nekolar, Alexander-Philip (2003) S. 36
Vgl. Schäfer, Harald / Schäfer, Burkhard (2001) S. 78
Vgl. Dolmetsch, Ralph (2000) S. 154-155
Vgl. Hentrich, Johannes (2001) S. 57-59

[215] Vgl. Nekolar, Alexander-Philip (2003) S. 9

[216] Vgl. Brenner, Walter / Lux, Andreas (2000) S. 162
Vgl. Renner, Thomas (1999) S. 129

2.4.3.3 Lösung über einen Intermediär

Katalogbasierte Marktplätze funktionieren im Prinzip wie Sell-Side-Lösungen, nur dass hier nicht jeder Anbieter separat seine Katalogdaten hält, sondern die Katalogdaten von einem unabhängigen Anbieter gesammelt werden und zentral im Internet zur Verfügung stehen. Der Zugang zum Marktplatz kann wie bei der Sell-Side-Lösung entweder offen oder geschlossen sein. Im Gegensatz zu den übrigen elektronischen Marktplätzen sind katalogbasierte Marktplätze für den Einkauf von C-Gütern gedacht und somit eher dem E-Ordering als dem E-Sourcing zuzuordnen. Dies lässt sich auch daran festmachen, dass auf katalogbasierten Marktplätzen in der Regel keinerlei Mechanismus zur Preisfindung vorgesehen ist, da die dort verkauften Güter in der Regel C-Güter sind.[217] Ein Intermediär, der einen katalogbasierten Marktplatz betreibt, kann also im Prinzip als ein Einkaufsdienstleister für C-Teile betrachtet werden.[218]

Zu beachten ist, dass das von einem katalogbasierten Marktplatz angebotene Spektrum an Gütern in der Regel deutlich breiter ist als dar Multi-Lieferanten-Katalog eines Unternehmens, jedoch aufgrund der großen Anzahl an Artikeln auf niedrigerem Niveau aggregiert und natürlich nicht an das einzelne einkaufende Unternehmen angepasst ist.

---

[217] Vgl. Eyholzer, Kilian (2002) S. 72
Vgl. Arndt, Tobias (2002) S. 63-64
Vgl. Hentrich, Johannes (2001) S. 40
Vgl. Flicker, Alexandra / Höller, Johann (2001) S. 8
Vgl. Christ, Oliver / Bach, Volker (2002) S. 31
Vgl. Bogaschewsky, Ronald (2002) S. 761-762

[218] Vgl. Pintz, Raimund (2005) S. 40

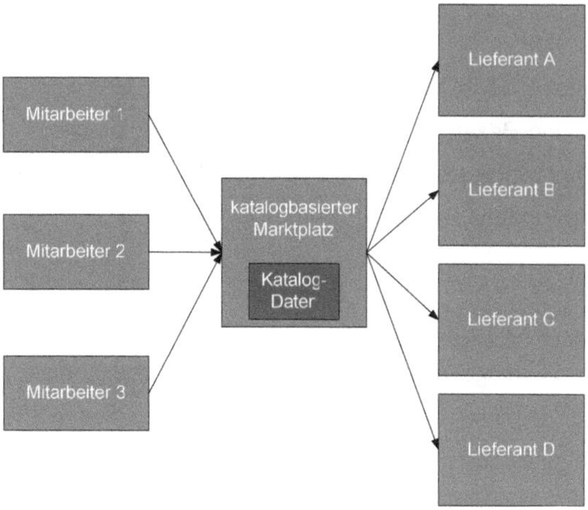

Abbildung 2.31: Katalogbasierter Marktplatz[219]

Der Vorteil eines katalogbasierten Marktplatzes ist, dass das einkaufende Unternehmen ohne großen Aufwand Zugriff auf eine breite Palette von gut vergleichbaren Produkten erhält, und von den Bestellern nur eine Oberfläche navigiert werden muss. Die Abwicklung über einen katalogbasierten Marktplatz hat weiter den Vorteil, dass der Katalog eines Lieferanten, den mehrere einkaufende Unternehmen benötigen, nur einmal gepflegt werden muss, und hierdurch Einsparungen möglich sind. Wie auch bei der Sell-Side-Lösung entstehen wenig zusätzliche Kosten. Nachteil ist, dass auch hier in der Regel keine Anbindung an das Back-End-System des Einkäufers vorgesehen ist.[220]

2.5 E-Logistics

Der Teilbereich des E-Supply-Managements, der sich mit der elektronischen Unterstützung der Logistik befasst, wird als E-Logistics bezeichnet. Im Folgenden wird das Konzept E-Logistics hergeleitet und die E-Logistics zuzuordnenden elektronischen Werkzeuge betrachtet.

---

[219] Vgl. Nekolar, Alexander-Philip (2003) S. 10
[220] Vgl. Eyholzer, Kilian (2002) S. 75

2.5.1 Definition

Mit dem Aufkommen des Konzepts des Supply Chain Managements[221] sind auch Informationsfluss und Bezahlfluss in den Fokus der Logistik gerückt, da entlang der Supply Chain durch enge Kopplung von Warenflüssen mit Informations- und Geldflüssen erhebliche Potentiale realisiert werden können.

Die Entwicklung von Informations- und Kommunikationstechnologien beeinflusst auch die Logistik. Der Einsatz von elektronischen Werkzeugen betrifft anders als bei der Beschaffung allerdings nicht den direkten Vorgang, sondern den zugehörigen Informations- und Geldfluss, da konkrete Güterflüsse, abgesehen von digitalen Gütern, unmittelbar einleuchtend nicht elektronisch abgewickelt werden können. Die Bereitstellung der richtigen beziehungsweise nötigen Informationen ist aber ebenfalls als Aufgabe der Logistik zu betrachten, die durch elektronische Unterstützung optimiert werden kann.[222]

Die phasenspezifische Unterteilung der Logistik in Beschaffungs-, Produktions- und Distributionslogistik ist in diesem Fall, obwohl nahe liegend, nicht zielführend, weil elektronische Werkzeuge zur Unterstützung der Logistik in der Regel nicht an Beschaffung, Produktion oder Distribution gebunden sind, und somit keine konkrete Zuweisung zu einzelnen Phasen möglich ist. Ein elektronisches Werkzeug wie zum Beispiel Radio Frequency Identification kann keiner konkreten Phase der Logistik im Unternehmen zugeteilt werden.[223] Diese Einteilung ist folglich nur dann sinnvoll, wenn einzelne Elemente der Supply Chain im Unternehmen voneinander abgegrenzt werden sollen.

Die Zuordnung von elektronischen Werkzeugen zu Elementen der Logistik wird folglich, wie in Abbildung 2.32 gezeigt, auf Basis der Einteilung der Logistik in verrichtungsspezifische Subsysteme vorgenommen. Elemente der Logistik bei einer verrichtungsspezifischen Einteilung sind Auftragsabwicklung, Lagerhaltung, Lagerhaus, Verpackung und Transport. Diesen Elementen können jeweils geeignete elektronische Werkzeuge zugeordnet werden. Da die Logistik in diesem Fall als Querschnitts-

---

[221] Vgl. Kapitel 2.3.3
[222] Vgl. Straube, Frank / Butz, Christian (2005) S. 670
Vgl. Reindl, Martin / Oberniedermaier, Gerhard (2002) S. 83
Vgl. Pfohl, Hans-Christian (2004) S. 8
[223] Vgl. Ebel, Dietmar / Figgener, Olaf (2005) S. 35-36

funktion des Unternehmens betrachtet wird, ist diese Systematisierung geeignet, weil die einzelnen Verrichtungsschritte phasenunabhängig sind.

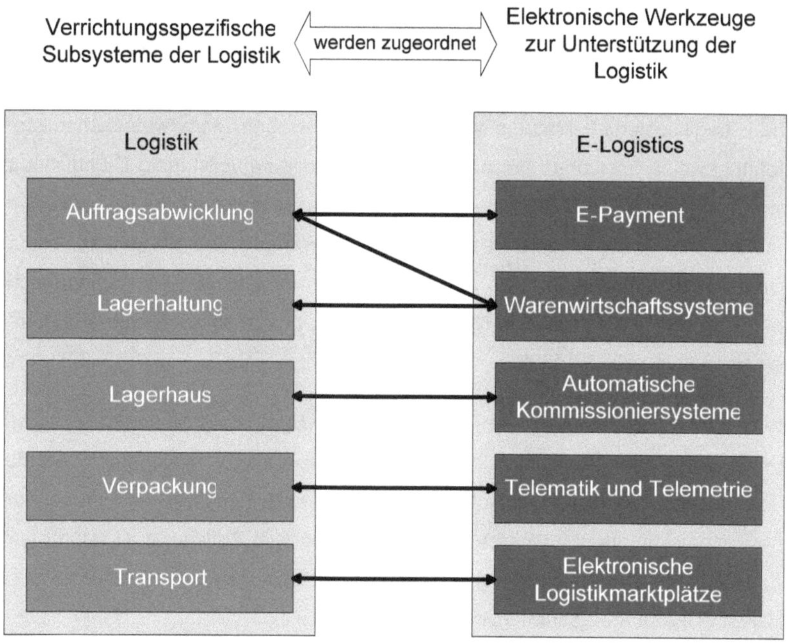

Abbildung 2.32: Zuordnung von elektronischen Werkzeugen zu verrichtungsspezifischen Subsystemen der Logistik[224]

Elektronische Werkzeuge, die geeignet sind, Prozesse der Logistik zu unterstützen, umfassen Warenwirtschaftssysteme, Systeme zur automatischen Identifikation, elektronisch unterstützte Kommissioniersysteme, elektronische Bezahlsysteme und elektronische Logistikmarktplätze.[225] Diese werden wie in Abbildung 2.32 dargestellt den Subsystemen der Logistik zugeordnet.

Die Zuordnung des Geldflusses zur Logistik ist mit dem Konzept des Supply Chain Managements explizit erfolgt,[226] ist aber auch bereits vorher implizit mit der Zuord-

---

224 Eigene Darstellung
225 Vgl. Pieringer, Matthias (2006 D) S. 50
Vgl. Vahrenkamp, Richard / Siepermann, Christoph (2003) S. 35
226 Vgl. Kapitel 2.3.3

nung der Fakturierung zur Auftragsabwicklung geschehen.[227] Entsprechend ist E-Payment E-Logistics, genauer der Auftragsabwicklung zuzuordnen.

Die Zuordnung von Warenwirtschaftssystemen zu einem Element von E-Logistics wirft insofern Probleme auf, als dass Überschneidungen mit dem Bereich E-Material-Management vorliegen. In aller Regel erfolgt in der Literatur keine Abgrenzung zwischen E-Logistics und E-Material-Management, weswegen Warenwirtschaftssysteme beziehungsweise Enterprise Resource Planning-Systeme vollständig E-Logistics zugeordnet werden.[228] E-Logistics werden damit teilweise erheblich mehr Aufgabenfelder zugeordnet, insbesondere in den Bereichen Planung und Steuerung, als dem traditionellen Logistikbegriff, was der in dieser Arbeit angestrebten definitorischen Übereinstimmung zwischen dem Ursprungskonzept der Logistik und seiner elektronischen Umsetzung zuwiderläuft.

Warenwirtschaftssysteme sind im Rahmen einer Abgrenzung zwischen E-Logistics und E-Material-Management folglich nur insofern E-Logistics zuzuordnen, als dass die logistischen Prozesse der Auftragsabwicklung und der Lagerverwaltung durch diese Systeme unterstützt werden. Diese konzeptionelle Aufteilung ist unproblematisch, da auch in den tatsächlichen Systemen entsprechende Schnittstellen zwischen Logistik und Materialwirtschaft erkennbar sind.

Zu beachten ist, dass ein Konzept von E-Logistics auch Elemente des B2C-Bereichs enthalten kann; diese betreffen hauptsächlich Transaktionen mit den Endkunden, welche nicht betrachtet werden, da für das Endkundengeschäft keine Beschaffungssicht existiert. Entsprechend werden elektronische Werkzeuge, die für den B2C-Bereich entwickelt wurden, nicht weiter betrachtet.

Von diesen Überlegungen ausgehend, kann unter E-Logistics also nicht, wie in der Literatur angegeben, lediglich die Anpassung der konventionellen Logistik an die Erfordernisse elektronischer Geschäftsabschlüsse, insbesondere im Hinblick auf das Endkundengeschäft verstanden werden.[229] E-Logistics soll vielmehr definiert werden als die Gesamtheit aller elektronischen Werkzeuge, die geeignet sind, logistische

[227] Vgl. Pfohl, Hans-Christian (2004) S. 86
[228] Vgl. Straube, Frank (2001) S. 190
[229] Vgl. Straube, Frank (2001) S. 177-178

Prozesse durch elektronische Abwicklung von Informations- und Geldflüssen zu unterstützen und zu optimieren.

2.5.2 E-Payment

Wenn ein Lieferant für jede einzelne Beschaffungstransaktion eine separate Rechnung zum Lieferschein stellt, so verursacht dies insbesondere bei der Beschaffung von C-Gütern einen erheblichen Aufwand zur Prüfung und Begleichung der entsprechend anfallenden Anzahl an einzelnen Rechnungen:[230]

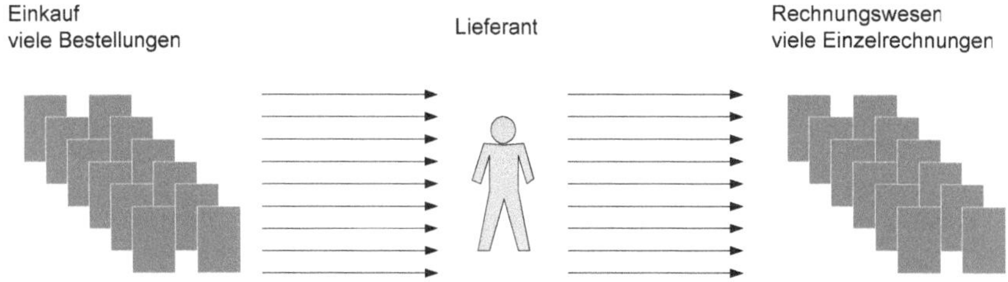

Abbildung 2.33: Konventionelle Rechnungsstellung[231]

Daher bietet sich vor allem bei geringwertigen Gütern mit hoher Bestellfrequenz (CX- und CY-Güter) und bei Produktionsgütern mit konstanten Losgrößen eine teilweise oder vollständige Automatisierung der Rechnungsprüfung und Bezahlung an.[232] Der Vorteil einer elektronischen Abwicklung der Bezahlung besteht neben den Einsparungen an Prozesskosten darin, dass durch die enge Koppelung des Geldflusses an den Auftragsfluss gebundenes Kapital schneller freigesetzt wird, was die Kapitalkosten reduziert.

Zu beachten ist hierbei, dass die durch elektronische Rechnungsprüfung und Bezahlung erzielten Verbesserungen sich in relativ engen Grenzen bewegen, wenn die Auftrags- und Lieferdaten nicht elektronisch vorliegen, da in diesem Fall ein manuel-

---

[230] Vgl. Basili, Joe / Bharadwaj, Sudy / Saia, Rick (2006) S. 4-7
Vgl. Wälde, Stefan (2005) S. 28
Vgl. Handfield, Rob (2006) S. 3
[231] Eigene Darstellung
[232] Vgl. Ruzicka, Marc (2000) S. 7-8
Vgl. Aberdeen Group / Purchasing Magazine (2005) S. 14

ler Abgleich erforderlich ist.[233] Die Erfassung dieser Daten ist jedoch nicht dem E-Payment, sondern dem E-Ordering zuzuordnen, und wird daher an dieser Stelle nicht weiter betrachtet.

Weiterhin sind im Zusammenhang dieser Arbeit nur E-Payment-Systeme für den Einsatz zwischen Unternehmen von Bedeutung, Überschneidungen mit E-Payment-Systemen aus dem Endkundenbereich sind vorhanden, jedoch ist für Bezahlvorgänge zwischen Unternehmen nur ein sehr viel kleineres Spektrum an E-Payment-Systemen im Einsatz. Als Beispiel für E-Payment-Systeme, die im Endkundenbereich eingesetzt werden, aber für Transaktionen zwischen Unternehmen ungeeignet sind, können folgende E-Payment-Systeme angeführt werden:

- Prepaid-Systeme eignen sich für Transaktionen zwischen Unternehmen nicht, weil durch die erforderlichen Vorauszahlungen zuviel Kapital gebunden werden würde.
- Verfahren, die an Mobiltelefone gebunden sind eignen sich für den B2B-Bereich nicht, weil die Geräte für die Mitarbeiter in der Anschaffung teurer wären, als die möglichen Einsparungen.
- Verfahren, die spezielle Hardware erfordern, wie zum Beispiel die Kartenleser für die Geld Karte, sind ungeeignet, weil die entsprechende Hardware nicht vorhanden ist, und in der Regel hohe Anschaffungskosten verursachen würde.

Es haben sich gegenwärtig drei Arten von Verfahren zur elektronischen Abwicklung von Bezahlvorgängen zwischen Unternehmen durchgesetzt: Electronic Bill Presentment and Payment, Purchasing Cards und Gutschriftsverfahren.[234]

2.5.2.1 Electronic Bill Presentment and Payment

Electronic Bill Presentment and Payment (EBPP) ist die elektronische Integration von Geschäftspartnern zur Weitergabe von Rechnungs- und Zahlungsinformationen.

---

[233] Vgl. Basili, Joe / Bharadwaj, Sudy / Saia, Rick (2006) S. 7

[234] Vgl. Möhrstädt, Detlef / Bogner, Philipp / Paxian, Sascha (2001) S. 133-135
Vgl. Pikulik, Jeff / Keene, Lesley (2005) S. 14-16

EBPP kann als eine Form von EDI,[235] oder auf Basis eines XML-Protokolls[236] aufgebaut werden. Für die Umsetzung von EBPP existieren zwei Modelle, Direct Billing und Bill Consolidation. [237]

Beim Direct Billing werden sämtliche anfallenden Einzelrechnungen vom Lieferanten zum Kunden elektronisch übermittelt, und können daher beim Kunden ohne manuellen Aufwand elektronisch verarbeitet und beglichen werden.[238]

Bill Consolidation wird über die elektronische Plattform eines Intermediär realisiert, der die Verbindungen zu den einzelnen Lieferanten unterhält, und die anfallenden Rechnungen für den Kunden zusammenfasst.[239] Der Vorteil hierbei ist die reduzierte Anzahl an erforderlichen Verbindungen.[240]

EBPP bietet zwar das größte Automatisierungspotential, da alle Rechnungsdaten elektronisch vorliegen, jedoch ist für den Aufbau und die Wartung der EBPP-Verbindung zwischen den Partnern ein erheblicher Aufwand erforderlich. Weiterhin muss jeder Lieferant separat an das einkaufende Unternehmen angebunden werden.[241]

2.5.2.2 Purchasing Cards

Zur Vereinfachung und Automatisierung der Bezahlungsabwicklung können auch Purchasing Cards eingesetzt werden. Eine Purchasing Card funktioniert im Prinzip wie eine Firmenkreditkarte, nur dass auch die Abwicklung von Bestellungen in größerem Umfang vorgesehen ist, nicht nur Bagatellzahlungen wie bei herkömmlichen Firmenkreditkarten. Die meisten Purchasing Cards existieren nicht mehr als Plastikkarte/Smartcard, sondern nur noch über ihre Kartennummer. Für jede Karte können,

---

[235] Vgl. Kapitel 3.1.2
[236] Vgl. Kapitel 3.1.3
[237] Vgl. Schanz, Tina (2002) S. 89
Vgl. Reindl, Martin / Oberniedermaier, Gerhard (2002) S. 66-67
[238] Vgl. Möhrstädt, Detlef / Bogner, Philipp / Paxian, Sascha (2001) S. 135
Vgl. Schmitz, Björn (2002 B) S. 210
[239] Vgl. Schanz, Tina (2002) S. 89
[240] Vgl. Kapitel 2.2.4
[241] Vgl. Reindl, Martin / Oberniedermaier, Gerhard (2002) S. 69

wie bei normalen Kreditkarten auch, individuell Kreditlimits festgelegt werden; um einen möglichen Missbrauch zu beschränken.[242]

Wenn der Inhaber einer Purchasing Card eine Bestellung aufgibt, autorisiert das Kreditinstitut, das die Karte ausgegeben hat, automatisch die Zahlung und sammelt die einzelnen Rechnungen. Am Monatsende erhält das Unternehmen eine Sammelrechnung über die Purchasing Cards mit den einzelnen Posten. Über diese Rechnung können die Kosten, falls gewünscht, auf die einzelnen Mitarbeiter aufgeschlüsselt werden.[243]

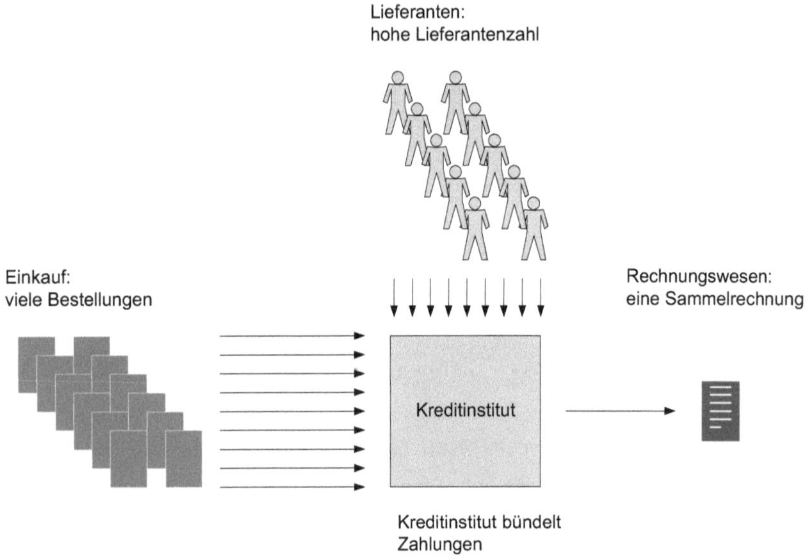

Abbildung 2.34: Zahlungsabwicklung mit Purchasing Cards[244]

Der Vorteil von Purchasing Cards besteht in der einfachen Abwicklung des Vorgangs für die Mitarbeiter und dem geringen Einführungsaufwand. Weiterhin ermöglichen

[242] Vgl. Nekolar, Alexander-Philip (2003) S. 143-144
Vgl. Schmitz, Björn (2002 B) S. 210-211
Vgl. Möhrstädt, Detlef / Bogner, Philipp / Paxian, Sascha (2001) S. 134-135
[243] Vgl. Stroborn, Karsten / Heitmann, Annika / Frank, Gerda (2002) S. 38-39
Vgl. Bogaschewsky, Ronald / Kracke, Uwe (1999) S. 168
Vgl. Böhle, Knud (2002) S. 47
Vgl. Schulz-Rohde, Sabine (2005 B) S. 51
[244] Eigene Darstellung

Purchasing Cards bei Ad-hoc-Beschaffungsvorgängen eine korrekte Abwicklung ohne großen Rückverfolgungsaufwand.[245]

2.5.2.3 Gutschriftsverfahren

Gutschriftsverfahren sind, obwohl hier der Geldtransfer selbst oft auf konventionellem Weg erfolgt, ebenfalls den elektronischen Bezahlverfahren zuzuordnen, da hier die Transaktionsdaten, die die Grundlage der Zahlung bilden, elektronisch erfasst und gehalten werden müssen, da sonst die Vorteile des Gutschriftsverfahrens nicht realisiert werden können.

Beim Gutschriftsverfahren wird davon ausgegangen, dass alle bestellten Waren korrekt geliefert worden sind, weswegen der Wareneingang ohne Prüfung automatisch gebucht werden kann.[246] Dem Lieferanten werden von seinem Kunden die ihm zustehenden Beträge gutgeschrieben, ohne dass zuvor eine Rechnung vorliegt. Eine Gutschrift muss unter folgenden Voraussetzungen wie eine Rechnung anerkannt werden:[247]

- Der Lieferant muss zum gesonderten Ausweis der Steuer berechtigt sein
- Das Gutschriftverfahren muss vorher vereinbart worden sein
- Die Gutschrift muss dem Lieferanten zugeleitet worden sein
- Formale Vorschriften UStG §14

Zum im System hinterlegten angekündigten Liefertermin wird dem Lieferanten der einzelne Rechnungsbetrag gutgeschrieben, wodurch der Lieferant ermächtigt wird, diesen Betrag einzuziehen. Am Monatsende wird das Konto des Lieferanten aufsummiert und der Betrag an den Lieferanten überwiesen. Falls Waren nicht oder feh-

---

[245] Vgl. Wälde, Stefan (2005) S. 28-29
[246] Vgl. Möhrstädt, Detlef / Bogner, Philipp / Paxian, Sascha (2001) S. 135
Vgl. Roos, Dietmar / Nettler, Jens (2001) S. 256
[247] Vgl. Konhäuser, Christian (1999) S. 89-90
Vgl. Roos, Dietmar / Nettler, Jens (2001) S. 256

lerhaft geliefert werden, wird dies vom Bedarfsträger gemeldet und die Gutschrift um den entsprechenden Betrag berichtigt.[248]

Der Vorteil des Gutschriftsverfahrens besteht darin, dass das beschaffende Unternehmen lediglich eine monatliche Rechnung prüfen und begleichen muss, wodurch erhebliche Prozesskosten eingespart werden können.[249] Dies geschieht, ohne dass übermäßige Risiken entstehen, da der Wert der beschafften Waren in der Regel nicht erheblich ist, bzw. bei Produktionsgütern die Fehlbeträge ohne Probleme reklamiert werden können.

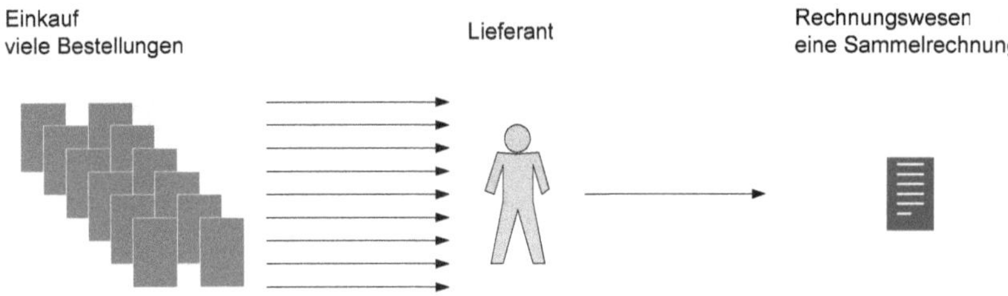

Abbildung 2.35: Rechnungsstellung mit Gutschriftsverfahren

Ein Gutschriftsverfahren wird meistens in Verbindung mit einem elektronischen Bestellsystem oder einem Warenwirtschaftssystem betrieben, da in diesem Fall die Erstellung von Gutschriften automatisiert erfolgen kann. Andernfalls müsste die Erstellung der einzelnen Gutschriften von Hand erfolgen, wodurch das Problem der manuellen Erfassung der einzelnen Bestellungen lediglich verlagert werden würde.[250]

2.5.3 Elektronische Warenwirtschaftssysteme in der Logistik

Elektronische Warenwirtschaftssysteme haben in der Logistik zwei hauptsächliche Funktionen: Verwaltung und Steuerung von Lagerbeständen und elektronische Abwicklung von Aufträgen. Soweit diese beiden Bereiche betroffen sind, sind auch e-

---

248 Vgl. Möhrstädt, Detlef / Bogner, Philipp / Paxian, Sascha (2001) S. 135-136
Vgl. Konhäuser, Christian (1999) S. 89

249 Vgl. Roos, Dietmar / Nettler, Jens (2001) S. 256-257

250 Vgl. Möhrstädt, Detlef / Bogner, Philipp / Paxian, Sascha (2001) S. 136

lektronische Warenwirtschaftssysteme beziehungsweise Enterprise Resource Planning (ERP) Systeme der Logistik zuzurechnen.[251]

Die Verwaltung von Lagern und Steuerung der Lagerbestände erfolgt durch Abbildung der Lager und der jeweils enthaltenen Güter im Warenwirtschaftssystem.[252] Als Beispiel für die Vorteile elektronischer Lagerverwaltung kann die Verfügbarkeitsprüfung dienen: Eine Verfügbarkeitsprüfung ohne elektronische Unterstützung würde im schlechtesten Fall eine manuelle Suche im Lager erfordern; bei einer papierbasierten Lagerverwaltung ist ebenfalls noch eine Überprüfung von Hand erforderlich. Bei einer elektronischen Lagerverwaltung im ERP-System ist im Idealfall die Information in Echtzeit verfügbar.[253]

Die Lagerverwaltung erfordert also aktuelle, präzise und korrekte Daten über die Lagerbestände, was wiederum eine permanente Datenerfassung im Lagerhaus nötig macht. Die Gestaltung der Lagerverwaltung bietet folglich im Hinblick auf die Datenerfassung erhebliches Automatisierungspotential.[254] Die automatische Identifikation von Gütern kann als Schnittstelle zwischen der Lagerverwaltung und der Informationsfunktion der Verpackung gesehen werden.[255]

Die Auftragsabwicklung ist ein Teilbereich der Logistik, der sich besonders für elektronische Umsetzung eignet, da die Auftragsdaten nacheinender für die einzelnen Stationen des Auftrags aufbereitet und ihnen zugeführt werden müssen. Der Auftragsfluss ist also einerseits als Informationsfluss zu sehen, der elektronisch abgebildet werden kann.[256] Weiterhin muss die Bereitstellung und der Transport der für den Auftrag notwendigen Güter gesteuert werden, das heißt, der Auftragsabwicklung

[251] Vgl. Ebel, Dietmar / Figgener, Olaf (2005) S. 34
[252] Vgl. Pfohl, Hans-Christian (2004) S. 91-92
[253] Vgl. Kurbel, Karl (2005) S. 303
Vgl. Reindl, Martin / Oberniedermaier, Gerhard (2002) S. 198
[254] Vgl. Pfohl, Hans-Christian (2004) S. 142
Vgl. Füßler, Andreas (2001) S. 90
Vgl. Schmitz, Björn (2002 D) S. 27-28
[255] Vgl. Kurbel, Karl (2005) S. 428
[256] Vgl. Pfohl, Hans-Christian (2004) S. 87-88
Vgl. Schulte, Christof (2005) S. 474-475
Vgl. Kurbel, Karl (2005) S. 8

kann auch ein physischer Güterfluss zugeordnet werden, der elektronisch gesteuert wird.[257]

2.5.4 Automatische Kommissioniersysteme

Kommissionieren wird verstanden als das Zusammenstellen von Teilmengen von Gütern aus einer zur Verfügung stehenden Gesamtmenge nach vorgegebenen Bedarfsinformationen.[258] Das Kommissionieren stellt also als die Umsetzung der Umschlagsfunktion eines Lagerhauses dar.[259] Kommissioniervorgänge betreffen also unmittelbar physische Güter, jedoch ist für das Kommissionieren die Bereitstellung der Kommissionsinformationen erforderlich. Werden diese Informationen in geeigneter Weise standardisiert, so ist eine zumindest teilweise Automatisierung der Kommissioniervorgänge möglich.[260] Automatische Kommissioniersysteme können folglich als Teil von E-Logistics betrachtet werden, weil erst durch die elektronische Bereitstellung der Kommissionierinformationen der Medienbruch zwischen Mensch und Maschine vermieden wird.

Grundsätzlich werden zwei Arten von Kommissioniersystemen unterschieden: Mensch-zur-Ware- und Ware-zu-Mensch-Systeme. Bei Mensch-zur-Ware-Systemen stellt ein Mitarbeiter nach vorgegebenen Anweisungen eine Lieferung aus dem Lager zusammen, indem er sich durch das Lager bewegt. Bei Ware-zu-Mensch-Systemen wird die Ware durch Fördersysteme zum Mitarbeiter befördert, der dann wiederum nach Vorgabe die benötigten Güter entnimmt.[261] Entsprechend können automatische Kommissioniersysteme unterteilt werden: Mensch-zur-Ware-Systeme werden in der Regel als teilautomatische Systeme realisiert, während bei Ware-zu-Mensch-Systemen eine Vollautomatisierung möglich ist.

Teilautomatische Systeme sind solche, die die Kommissionierinformationen für den Mitarbeiter geeignet darstellen, so dass der Mitarbeiter möglichst wenig durch Informationssuche und –aufnahme gebunden wird. Die hauptsächliche Aufgabe des Mit-

[257] Vgl. Schulte, Christof (2005) S. 166-168
[258] Vgl. Schulte, Christof (2005) S. 246
[259] Vgl. Pfohl, Hans-Christian (2004) S. 124-125
[260] Vgl. Pfohl, Hans-Christian (2004) S. 144
Vgl. Schulte, Christof (2005) S. 246
[261] Vgl. Schulte, Christof (2005) S. 251-252

arbeiters sind in der Regel Greifvorgänge, die, wenn die Totzeiten für Infomationssuche entfallen, erheblich beschleunigt ablaufen können. Hierzu müssen die benötigten Informationen dem Mitarbeiter dargestellt werden, ohne dass er Papierdokumente mitführen muss. Dies kann über gesprochene Sprache (Pick-by-Voice) oder optische Anzeigen (Pick-by-Light) geschehen. Bei Pick-by-Voice-Systemen wird dem Mitarbeiter über ein Headset der nächste Artikel angesagt, während bei Pick-by-Light-Systemen eine Leuchtanzeige am jeweiligen Lagerort den nächsten Artikel anzeigt. [262]

Zu den vollautomatischen Kommissioniersystemen sind automatische Lagersysteme und Kommissionierroboter zu zählen. Bei diesen Systemen wird der gesamte Gütertransport von automatischen Förderzeugen übernommen, das heißt, die Aufgabe der Mitarbeiter beschränkt sich im Idealfall auf die Überwachung und Steuerung der Systeme.[263]

2.5.5 Telematik und Telemetrie

Weil Güter in logistischen Systemen in ständiger Bewegung sind, ist zur Automatisierung von Informationserfassung und –austausch ein mobiler, beziehungsweise drahtloser Datenaustausch notwendig.[264] Diese Art des Datenaustauschs wird unter den Begriffen Telematik und Telemetrie zusammengefasst. Unter Telematik wird „die Steuerung von Maschinen und Anlagen über große Entfernungen“[265] verstanden, während Telemetrie „die automatische Übertragung von Messwerten über große Entfernungen“[266] bezeichnet.

Telematik und Telemetrie sind im Hinblick auf die Logistik der Informationsfunktion der Verpackung zuzuordnen, da die abgerufene Information in der Regel über die

---

[262] Vgl. Schulte, Christof (2005) S. 256-260
Vgl. Pieringer, Matthias (2006 C) S. 40-42
Vgl. Pieringer, Matthias (2006 A) S. 38

[263] Vgl. Barck, Rainer (2006) S. 43
Vgl. Kranke, Andre (2006) S. 49
Vgl. Schulte, Christof (2005) S. 253

[264] Vgl. Fleisch, Elgar (2002) S. 127

[265] Wirtz, Bernd (2001) S. 366

[266] Wirtz, Bernd (2001) S. 366

Verpackung bereitgestellt wird.[267] Das logistische Objekt als Zusammensetzung aus Gut und Verpackung ist also auch Träger von elektronischen Informationen.[268] Informationen werden also nicht mehr zentral in einer Datenbank, sondern dezentral in den einzelnen Objekten gespeichert.[269] Die aktuell für Tracking und Tracing bedeutendsten Technologien sind die Radio Frequency Identification (RFID) und das Global Positioning System (GPS).

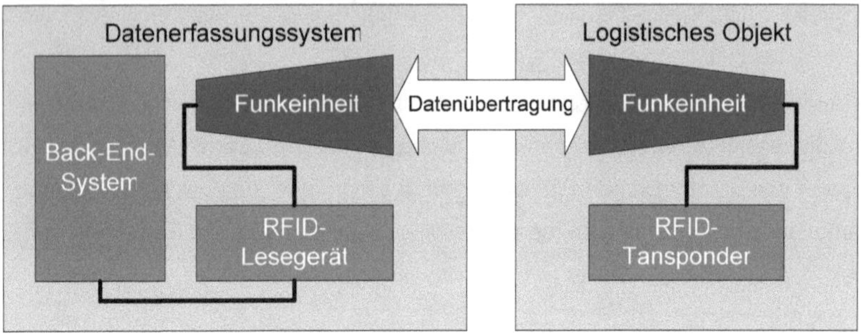

Abbildung 2.36: Aufbau eines RFID-Systems[270]

RFID-Systme basieren auf miniaturisierten elektronischen Speicherchips mit Funkeinheit, den so genannten Transpondern, die auf dem jeweiligen Gut angebracht werden. Die auf dem Transponder gespeicherten Informationen werden per Funk über entsprechende Lesegeräte ausgelesen und können medienbruchfrei elektronisch weiterverarbeitet werden.[271] GPS ist ein auf Satelliten basierendes Lokalisierungssystem, bei dem Satteliten ihnen zuzuordnende Positionsangaben aussenden. Ein GPS-Endgerät, welches von drei oder mehr Satelliten Signale empfängt, kann durch Triangulatuion seine exakte Position bestimmen.[272] Der wesentliche Unterschied zwischen RFID und GPS sind Reichweite, Größe und Preis der Empfänger beziehungsweise Transponder. RFID-Transponder haben Reichweiten im einstelligen Meterbereich, haben aber relativ kleine Abmaße und sind sehr preisgünstig.

[267] Vgl. Pfohl, Hans-Christian (2004) S. 147 ff
Vgl. Schulte, Christof (2005) S. 480-481
[268] Vgl. Buchholz, Wolfgang / Werner, Hartmut (2001 B) S. 326
Vgl. Heinrich, Claus (2004) S. 227
[269] Vgl. Lammert, Uwe / Grauer, Manfred (2005) S. 38-39
[270] Vgl. Finkenzeller, Klaus (2002) S. 7
[271] Vgl. Finkenzeller, Klaus (2002) S. 6-7
Vgl. Reindl, Martin / Oberniedermaier, Gerhard (2002) S. 281-282
Vgl. Werner, Hartmut (2001) S. 21
[272] Vgl. Wirtz, Bernd (2001) S. 52

GPS-Empfänger sind weltweit erreichbar, sind aber deutlich größer und teuerer. Weiterhin ist zu beachten, dass RFID-Transponder wie in Abbildung 2.36 gezeigt, Sender und Empfänger von Informationen sein können, während GPS-Empfänger reine Empfänger sind, das heißt, es ist eine weitere Infrastruktur nötig, um die Positionsdaten eines GPS-Empfängers weiterzutransportieren.

In der Logistik werden RFID und GPS zur Automatisierung der Datenerfassung eingesetzt.[273] GPS dient zur unmittelbaren Sendungsverfolgung, indem Transportfahrzeuge ihre Position erfassen und weitermelden.[274] Mit RFID-Systemen kann präzise erfasst werden, welche einzelnen Güter sich in der Logistik des Unternehmens befinden. Dies dient zwei Zwecken: Akkurate Messung der Bestände des Unternehmens und Rückverfolgbarkeit von einzelnen logistischen Einheiten. Eine Bestandsmessung stellt in dieser Hinsicht eine Querschnittsbetrachtung dar, das heißt, es wird erfasst, welche Güter sich zu einem bestimmten Zeitpunkt in einem Lager befinden. Eine Sendungsverfolgung stellt hingegen eine Längsschnittbetrachtung dar, bei der protokolliert wird, wann eine konkrete Einheit sich wo befunden hat.[275]

2.5.6 Logistikmarktplätze

Die Aufgabe des Transports in der Logistik ist die Überbrückung von räumlichen Distanzen durch Einsatz von Transportmitteln. Der Einsatz dieser Transportmittel wird gesteuert durch den Transportprozess.[276] Die Aufgabe des Transports wird von ca. 70 % aller Unternehmen an externe Dienstleister vergeben,[277] was eine Koordination mit dem jeweiligen Partner notwendig macht. Die Gestaltung der Elemente des Transportprozesses zur Optimierung der einzelnen Transporte wird auch als Trans-

---

273 Vgl. Schulte, Christof (2005) S. 85-86
274 Vgl. Bogaschewsky, Ronald / Kracke, Uwe (1999) S. 136
Vgl. Werner, Hartmut (2001) S. 21
Vgl. Reindl, Martin / Oberniedermaier, Gerhard (2002) S. 287-289
275 Vgl. Ebel, Dietmar / Figgener, Olaf (2005) S. 36
Vgl. Müller, Günter / Eymann, Torsten / Kreutzer, Michael (2003) S. 347
Vgl. Bogaschewsky, Ronald / Kracke, Uwe (1999) S. 137
Vgl. Schulz-Rohde, Sabine (2005 A) S. 74
276 Vgl. Pfohl, Hans-Christian (2004) S. 162
277 Vgl. Straube, Frank (2001) S. 181-182
Vgl. Pfohl, Hans-Christian (2004) S. 282

portproblem bezeichnet.[278] Die hauptsächliche Schwierigkeit bei der Lösung des Transportproblems ist die Intransparenz der vorliegenden Transportdaten.[279]

Die Lösung des Transportproblems wird durch den Einsatz von elektronischen Plattformen, den so genannten Logistikmarktplätzen, erheblich erleichtert, da durch die elektronische Abwicklung die Transparenz der Transportdaten erhöht und somit die Koordinationskosten gesenkt werden.[280] Logistikmarktplätze sind elektronische Plattformen, die dazu dienen, Angebot und Nachfrage an Transportkapazitäten zusammenzuführen. Logistikmarktplätze nutzen hierzu dieselben Mechanismen wie die übrigen elektronischen Marktplätze.[281] Die optimale Gestaltung des Transportprozesses hat entsprechend durch die verbesserten Möglichkeiten von Logistikmarktplätzen stark an Bedeutung gewonnen.[282]

Es lassen sich zwei Arten von Logistikmarktplätzen unterscheiden: Logistikmarktplätze für Einzeltransaktionen und Logistikmarktplätze zum Abschluss von Rahmenverträgen für Logistikleistungen.[283] Logistikmarktplätze für Einzeltransaktionen dienen zur Deckung von kurzfristig auftretendem Bedarf, während Logistikmarktplätze für Rahmenverträge zur Auswahl langfristiger Partner dienen. Über Logistikmarktplätze für Rahmenverträge werden darüber hinaus die einzelnen Transporte innerhalb der Rahmenverträge gesteuert.[284]

2.6 E-Material-Management

Der bisher noch nicht betrachtete Teilbereich des E-Supply-Managements, umfasst die elektronische Unterstützung der Materialwirtschaft und wird im Folgenden als E-

[278] Vgl. Pfohl, Hans-Christian (2004) S. 163
[279] Vgl. Sass, Egbert (2006) S. 28
[280] Vgl. Hoffmann, Christoph / Klose, Martina (2002) S. 536
Vgl. Reindl, Martin / Oberniedermaier, Gerhard (2002) S. 174
Vgl. Schulte, Christof (2005) S. 181-182
Vgl. Bogaschewsky, Ronald / Kracke, Uwe (1999) S. 138
[281] Vgl. Bretzke, Wolf-Rüdiger / Ploenes, Patrick / Gesatzki, Roman (2001) S. 4-6
Vgl. Reindl, Martin / Oberniedermaier, Gerhard (2002) S. 295-296
Vgl. Bölzing, Dieter (2000) S. 114
[282] Vgl. Pieringer, Matthias (2006 D) S. 52
[283] Vgl. Pieringer, Matthias (2006 B) S. 41
Vgl. Bretzke, Wolf-Rüdiger / Ploenes, Patrick / Gesatzki, Roman (2001) S. 4
Vgl. Reindl, Martin / Oberniedermaier, Gerhard (2002) S. 296
[284] Vgl. Vahrenkamp, Richard / Siepermann, Christoph (2003) S. 32-33

Material-Management bezeichnet. Die elektronischen Werkzeuge des E-Material-Managements werden häufig als Warenwirtschaftssysteme bezeichnet.[285]

2.6.1 Definition

Hauptsächliches Problem der Materialwirtschaft ist die betrieblichen Materialflüsse derart zu gestalten, dass die Bedürfnisse der Kunden des Unternehmens im Sinne des materialwirtschaftlichen Optimums bedient werden.[286] Die Verfolgung des materialwirtschaftlichen Optimums führt jedoch zu Zielkonflikten zwischen den einzelnen Dimensionen des materialwirtschaftlichen Optimums.[287] Die Grundlage sämtlicher Lösungsansätze ist die Erfassung und Auswertung der Betriebsdaten, sowie die entsprechende Steuerung der Prozesse des Unternehmens anhand der gewonnenen Informationen. Die hierfür erforderliche Datenverarbeitung ist am effizientesten möglich, wenn sie durch geeignete elektronische Werkzeuge erfolgt und Medienbrüche zwischen den einzelnen Elementen möglichst vermieden werden. E-Material-Management soll folglich verstanden werden als die Integration von Datenflüssen und Datenhaltung des Unternehmens in elektronische Systeme mit dem Ziel, die Materialwirtschaft durch optimale Bereitstellung aller notwendigen Informationen zu unterstützen. Das materialwirtschaftliche Optimum wird also um dir Komponente Information erweitert: Die Bereitstellung der richtigen Güter zur richtigen Zeit in der richtigen Menge am richtigen Ort mit den richtigen Informationen ist erforderlich, um im Hinblick auf die Materialwirtschaft optimale Ergebnisse zu erzielen.

Die Schnittstellen des E-Material-Managements zu E-Procurement und E-Logistics ergeben sich entsprechend immer dort, wo von Warenwirtschaftssystemen bereitgestellte oder gehaltene Daten zum Einsatz kommen. Die aus dem Bedarf des Kunden ermittelten Materialbedarfe bilden den Übergang zum E-Proucurement, während die von der Beschaffung veranlassten Gütertransfers als vom Warenwirtschaftssystem verwaltete Aufträge E-Logistics zuzurechnen sind. Eine Ausnahme bilden vollautomatische Warenabrufe aus dem Warenwirtschaftssystem, die ohne weitere Bearbei-

[285] Vgl. Thome, Rainer (2006) S. 37-39
[286] Vgl. Kapitel 2.1.3
[287] Vgl. Kurbel, Karl (2005) S. 10 und S. 34

tung direkt an den Lieferanten weitergegeben werden.[288] Diese Abrufe sind dem E-Material-Management zuzurechnen.

Die unter dem Begriff Warenwirtschaftssysteme zusammengefassten elektronischen Werkzeuge lassen sich anhand der ihnen zugrunde liegenden Paradigmen in Material Requierements Planning (MRP), Manufacturing Resource Planning (MRP II), Enterprise Resource Planning (ERP), Extended Enterprise Resource Planning (XRP) und Advanced Planning and Scheduling (APS) Systeme.[289]

2.6.2 Material Requirements Planning

Die ältesten elektronischen Werkzeuge zur Unterstützung der Materialwirtschaft sind die Material Requirements Planning (MRP) Systeme. Die Aufgabe dieser Systeme ist die Planung des von der Beschaffung zu deckenden Materialbedarfs der Unternehmen. Hierzu überführen MRP-Systeme den Bedarf des Unternehmens an Fertigerzeugnissen, den so genannten Primärbedarf, durch Auflösung von Stücklisten in Sekundärbedarf und Tertiärbedarf. [290] Sekundärbedarfe sind Materialien, die direkt in das Fertigerzeugnis eingehen, während Tertiärbedarfe Hilfs- und Betriebsstoffe darstellen, die durch den Produktionsprozess verbraucht werden. Sekundärbedarf und Tertiärbedarf sind Materialien, die vom Unternehmen nicht selbst hergestellt werden, und daher aus einer externen Quelle bezogen werden müssen.[291] Eine Stückliste ist eine Auflistung aller Elemente, die zur Fertigung eines bestimmten Produktionsgutes erforderlich sind. Stücklisten können anhand von Tabellen oder Graphenstrukturen dargestellt werden. [292]

---

[288] Vgl. Herrmann, Frank (2002) S. 77-79
Vgl. Appelfeller, Wieland / Buchholz, Wolfgang (2005) S. 14
Vgl. Hartmann, Detlef (1999) S. 43
Vgl. Renner, Thomas (1999) S. 112

[289] Vgl. Kurbel, Karl (2005) S. 1-4

[290] Vgl. Kurbel, Karl (2005) S. 1-2, S. 105-106 und S. 121-122
Vgl. Spath, Dieter et al. (2001) S. 18 und S. 105
Vgl. Pfohl, Hans-Christian (2004) S. 102-105
Vgl. Gerber, Sandra (2002) S. 129-130
Vgl. Schulte, Christof (2005) S. 442

[291] Vgl. Pfohl, Hans-Christian (2004) S. 102
Vgl. Schulte, Christof (2005) S. 376

[292] Vgl. Kurbel, Karl (2005) S. 66-71
Vgl. Schulte, Christof (2005) S. 377-381

Das Problem bei dieser Vorgehensweise ist, dass die Kapazitäten der Produktionsanlagen des Unternehmens nicht mit berücksichtigt werden. Das bedeutet, für eine Planung, die von einem MRP-System erstellt wurde, sind zwar die benötigten Materialien erfasst worden, jedoch ist nicht sichergestellt, dass die benötigten Fertigerzeugnisse innerhalb der vorgesehenen Zeit auch produziert werden, können. Die Realisierbarkeit der erstellten Planung wird also nicht geprüft.[293]

2.6.3 Manufacturing Resource Planning

Aufgrund der Vernachlässigung der Kapazitätsplanung wurde das Konzept des Material Requirements Planning (MRP) zum Manufacturing Resource Planning (MRP II) erweitert. Bei der Kapazitätsplanung werden über die Bearbeitungs- und Liegezeiten der einzelnen Aufträge Durchlaufzeiten ermittelt, aus denen Fertigstellungstermine abgeleitet werden können. Mit dem so berechneten Kapazitätsbedarf kann ein erstellter Plan verglichen werden, um die Realisierbarkeit zu prüfen.[294]

---

[293] Vgl. Kurbel, Karl (2005) S. 2 und S. 135
Vgl. Spath, Dieter et al. (2001) S. 18 und S. 105
[294] Vgl. Wirtz, Bernd (2001) S. 350
Vgl. Kurbel, Karl (2005) S. 139-140
Vgl. Spath, Dieter et al. (2001) S. 106

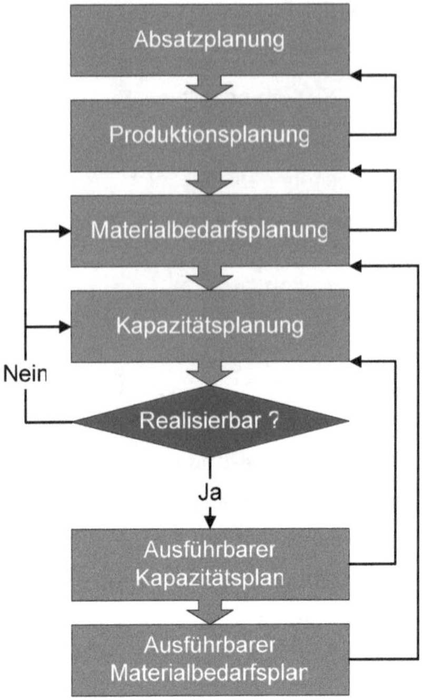

Abbildung 2.37: Closed Loop MRP[295]

Der so genannte Closed Loop MRP-Ansatz verwendet dieses Prüfverfahren, um einen einmal erstellten Plan so lange anzupassen, bis die Kapazitätsanforderungen des Plans erfüllbar sind. Bei einer von einem MRP II-System erstellten Planung ist folglich sichergestellt, dass die Planung auch innerhalb der Zeitvorgaben realisierbar ist.[296]

2.6.4 Enterprise Resource Planning

Zur Umsetzung des MRP II-Ansatzes ist die zentrale Haltung der Daten von Produktion und Materialwirtschaft erforderlich. Wird das System zur Verwaltung aller Unter-

[295] Kurbel, Karl (2005) S. 136
[296] Vgl. Kurbel, Karl (2005) S. 2 und S. 135-136
Vgl. Gerber, Sandra (2002) S. 130

nehmensdaten erweitert, so spricht man von einem Enterprise Resource Planning (ERP) –System.[297]

Ursache für diese Entwicklung ist die zunehmende Orientierung der Unternehmen an ihren Geschäftsprozessen und die Abbildung dieser Prozesse in elektronischen Systemen. Das Problem bei der Abbildung von Geschäftsprozessen in unabhängigen Systemen, so genannten Insellösungen, sind Redundanzen und Inkonsistenzen in den Datenbeständen des Unternehmens sowie Medienbrüche bei der Übertragung von Informationen zwischen den explizit abgebildeten Prozessen. Kerngedanke hinter der Erweiterung von MRP II-Systemen zu ERP-Systemen ist folglich die Integration der einzelnen unabhängigen Datenbestände des Unternehmens, um doppelte Datenhaltung und Widersprüche zu vermeiden. Hierzu werden die Prozesse und zugehörigen Datenbestände im ERP-System des Unternehmens integriert, was eine medienbruchfreie Datenverarbeitung ermöglicht.[298]

2.6.5 Extended Enterprise Resource Planning

Für eine reibungslose Versorgung des Endkunden ist eine möglichst hohe Transparenz entlang der Supply Chain erforderlich. Daten über Kundenbedarf, Bestände und Kapazitäten müssen möglichst zeitnah verfügbar sein.[299] Das hauptsächliche Problem bei konventionellen ERP-Systemen ist in diesem Fall der an den Unternehmensgrenzen auftretende Medienbruch. Bei allen Transaktionen mit Partnern werden Daten ausgetauscht, die von Hand in das ERP-System übertragen werden müssen. ERP-Systeme sind zur Steuerung der Wertschöpfungskette unentbehrlich, jedoch ist

[297] Vgl. Kurbel, Karl (2005) S. 2-3 und S. 241
Vgl. Gerber, Sandra (2002) S. 132

[298] Vgl. Kurbel, Karl (2005) S. 241-247
Vgl. Wirtz, Bernd (2001) S. 351
Vgl. Nekolar, Alexander-Philip (2003) S. 51
Vgl. Hentrich, Johannes (2001) S. 97
Vgl. Amor, Daniel (2001) S. 173
Vgl. Weidenhaun, Jochen / Rhensius, Tobias (2005) S. 14-15

[299] Vgl. Göpfert, Ingrid (2004) S. 207
Vgl. Thome, Rainer (2006) S. 46
Vgl. Kim, Kyung / Umanath, Narayan (2005) S. 819

ohne eine Integration zwischen den Unternehmen eine reibungslose Steuerung der Abläufe entlang der Supply Chain unmöglich.[300]

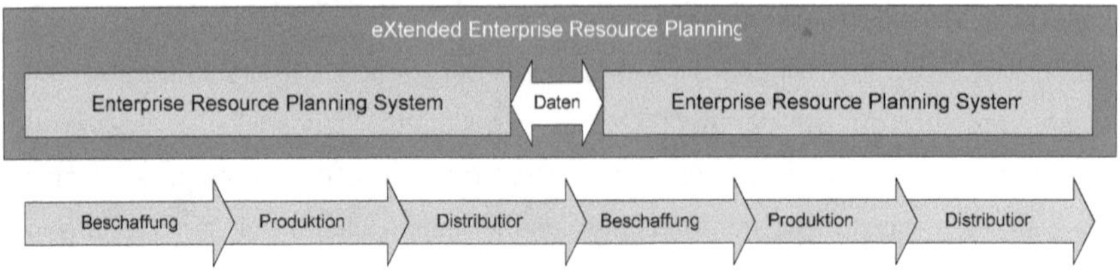

Abbildung 2.38: Integration zwischen Unternehmen über ERP-Systeme[301]

Die logische Konsequenz ist die Integration der ERP-Systeme der einzelnen Unternehmen entlang der Supply Chain für einen automatischen Austausch der notwendigen Daten.[302] Die Integration der ERP-Systeme entlang der Supply Chain wird als Extended Enterprise Resource Planning (XRP) bezeichnet.[303] Hierzu ist die Vereinbarung geeigneter Schnittstellen und Standards für den Datenaustausch zwischen den Partnerunternehmen erforderlich, da die ERP-Systeme stark unterschiedlich gestaltet sein können.[304] Haupthindernisse für eine Integration sind nicht nur im technischen Bereich zu suchen, sondern auch in Abweichenden Absichten und Zielsetzungen der beteiligten Unternehmen.[305]

2.6.6 Advanced Planning and Scheduling

Werden auf MRP II basierende ERP-Systeme miteinender integriert, so wird dies, wie bereits beschrieben, als XRP bezeichnet. Das Problem einer XRP-Systematik ist, dass die einzelnen ERP-Systeme zwar Daten austauschen können, die von Ihnen erstellte Planung aber immer noch auf MRP II-Basis erfolgt, und nur ein einzelnes

---

[300] Vgl. Müller, Martin (2005) S. 720-721
Vgl. Gerber, Sandra (2002) S. 134
Vgl. Lammert, Uwe / Grauer, Manfred (2005) S. 37
Vgl. Hoffmann, Christoph / Klose, Martina (2002) S. 543-544
[301] Eigene Darstellung
[302] Vgl. Bogaschewsky, Ronald (1999) S. 27
Vgl. Wirtz, Bernd (2001) S. 361-364
[303] Vgl. Heinrich, Claus (2004) S. 222
[304] Vgl. Buscher, Udo (2003) S. 76
[305] Vgl. Pfohl, Hans-Christian (2000) S. 16

Unternehmen in die Planung einbezogen wird. Folglich sind gekoppelte ERP-Systeme nur bedingt geeignet, eine Supply Chain zu verwalten, da keine unternehmensübergreifende Planung möglich ist.[306]

Zur Erstellung einer realisierbaren Planung für die Versorgungsflüsse entlang einer Supply Chain ist daher eine zusätzliche Komponente erforderlich, die auf Basis von Daten aus den einzelnen ERP-Systemen eine unternehmensübergreifende Planung erstellen kann. Diese Komponente wird als Advanced Planning and Scheduling (APS) -System bezeichnet. APS-Systeme bieten eine restriktions- und engpassorientierte Planung auf Basis moderner mathematischer Verfahren. Die hierfür erforderlichen Daten werden von den ERP-Systemen der beteiligten Unternehmen an das APS-System übertragen:[307]

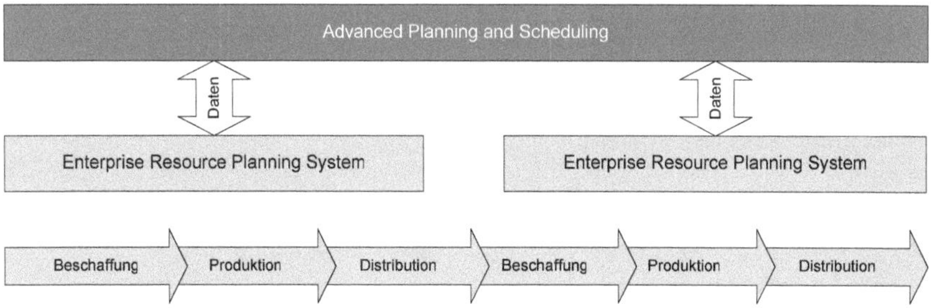

Abbildung 2.39: Unternehmensübergreifende Planung mit APS-Systemen[308]

[306] Vgl. Brauner, Sylvia (2006) S. 38
Vgl. Buscher, Udo (2003) S. 76-77
Vgl. Böhnlein, Claus-Burkard (2005) S. 224
Vgl. Werner, Hartmut (2001) S. 22-23

[307] Vgl. Kurbel, Karl (2005) S. 367-368
Vgl. Buscher, Udo (2003) S. 79
Vgl. Gesatzki, Roman (2002) S. 2-5
Vgl. Pieringer, Matthias (2006 E) S. 46
Vgl. Böhnlein, Claus-Burkard (2005) S. 224
Vgl. Werner, Hartmut (2001) S. 23

[308] Eigene Darstellung

3 Situation in der Praxis

Nachdem durch die in Kapitel 2 angestellten konzeptionellen Überlegungen eine Grundlage für weitere Betrachtungen geschaffen wurde, werden als nächstes die für den Einsatz von E-Procurement relevanten Technologien und Verfahren näher betrachtet. Einführung und Einsatz von E-Procurement in Unternehmen wirft fünf Arten von Problemen auf:[1]

- Technische Probleme
- Standardisierungsprobleme
- Rechtliche Probleme
- Sicherheitsprobleme
- Organisationale Probleme

Besonderes Augenmerk wird somit auf die aktuell auftretenden Probleme beim Einsatz von E-Procurement gelegt. Für diese Problemstellungen haben sich in der Praxis Lösungen etabliert, die im Folgenden betrachtet werden. Die Lösbarkeit der festgestellten Probleme wird also durch Vorstellung der entsprechenden Lösung nachgewiesen.

---

1 Vgl. Puschmann, Thomas / Alt, Rainer (2001) S. 7 und S. 14-15
Vgl. Hoffmann & Zachau Unternehmensberatung (2000) S. 37-39, S. 45 und S. 55-56
Vgl. Flicker, Alexandra / Höller, Johann (2001) S. 28, S. 31 und S. 37
Vgl. Zschorn, Lars / Kahlert, Dirk / Levin, Andre (2005) S. 20
Vgl. Arthur Andersen Business Consulting (2002) S. 9-11 und S. 19-24

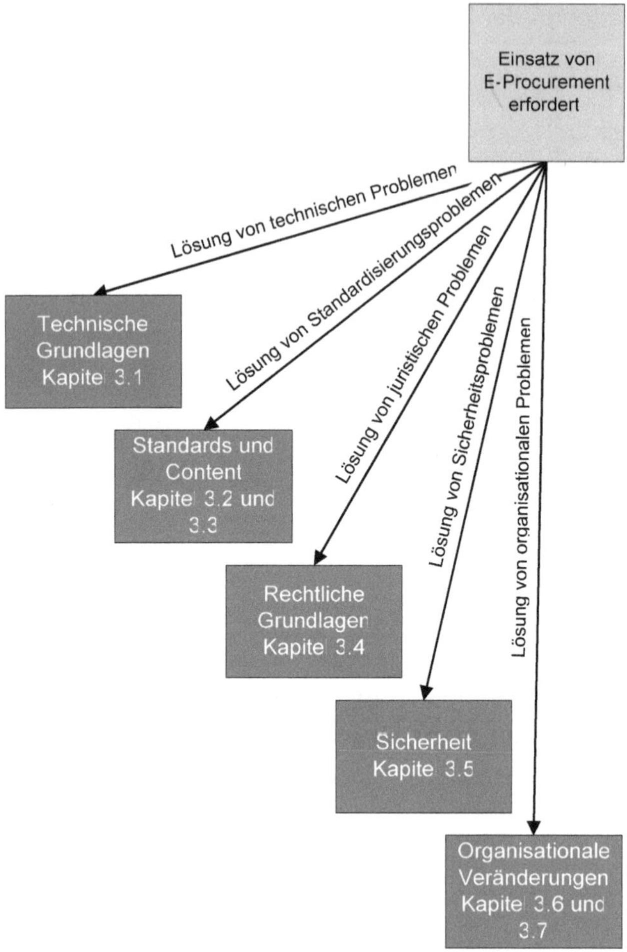

Abbildung 3.1: Vorgehensweise Kapitel 3[2]

3.1 Technische Grundlagen

Die Basis allen Handels ist die Interaktion zwischen den einzelnen Handelspartnern. Im konventionellen Handel stehen sich hier menschliche Partner gegenüber. Durch

---

[2] Eigene Darstellung

das Aufkommen elektronisch unterstützter Handelsbeziehungen mit automatisierter Abwicklung der einzelnen Transaktionen[3] sind drei verschiedene Interaktionsformen möglich geworden:[4]

- Mensch zu Mensch: Bei Handelstransaktionen zwischen Menschen finden die Kontakte persönlich oder über ein reguläres Kommunikationsmedium wie zum Beispiel Telefon oder E-Mail statt, was hohe Transaktionskosten verursacht.
- Mensch zu Maschine: Bei Transaktionen von Mensch zu Maschine, zum Beispiel bei elektronischen Bestellungen bei einem Lieferanten, ist das Interface sehr wichtig für den Erfolg. Hier sind geringe Kosten pro Transaktion erzielbar.
- Maschine zu Maschine: Transaktionen ohne menschlichen Eingriff direkt zwischen Maschinen abzuwickeln, ist in der Praxis nur möglich, wenn entsprechende Infrastruktur und Standards[5] vorhanden sind, da ansonsten der Aufbau einer Verbindung enorme Kosten verursachen würde. Die Grenzkosten einer Einzeltransaktion sind bei Transaktionen Maschine zu Maschine praktisch Null.

Die Grundlage ganz oder teilweise elektronisch abgewickelter Transaktionen, also von Transaktionen, bei denen mindestens ein Partner eine Maschine ist, ist entsprechende Infrastruktur mit geeigneter Unterstützung des elektronischen Datenaustauschs. Dieses Unterkapitel behandelt die notwendige Infrastruktur, die grundlegend für E-Procurement erforderlich ist. Dies lässt sich unter anderem daran erkennen, dass die Verwendung dieser Infrastruktur zur Unterstützung der Beschaffung explizit in einigen Definitionen von E-Procurement erwähnt ist, zum Beispiel: „Die internetbasierte Beschaffung wird als E-Procurement bzw. E-Purchsing bezeichnet."[6]

Das bekannteste Referenzmodell zu Systematisierung von Computernetzwerken wie dem Internet ist das ISO/OSI 7-Schichten Modell. In diesem Modell wird das betrachtete Netzwerk, wie in Abbildung 3.2 gezeigt, in 7 Schichten eingeteilt, die jeweils abstraktere Teilaufgaben der Datenübertragung erfüllen.[7]

---

3 Vgl. Möhrstädt, Detlef / Bogner, Philipp / Paxian, Sascha (2001) S. 8
4 Vgl. Müller, Günter / Eymann, Torsten / Kreutzer, Michael (2003) S.185
5 Vgl. Kapitel 3.2
6 Eyholzer, Kilian (2002) S. 1
7 Vgl. Tanenbaum, Andrew (2003) S. 54-55

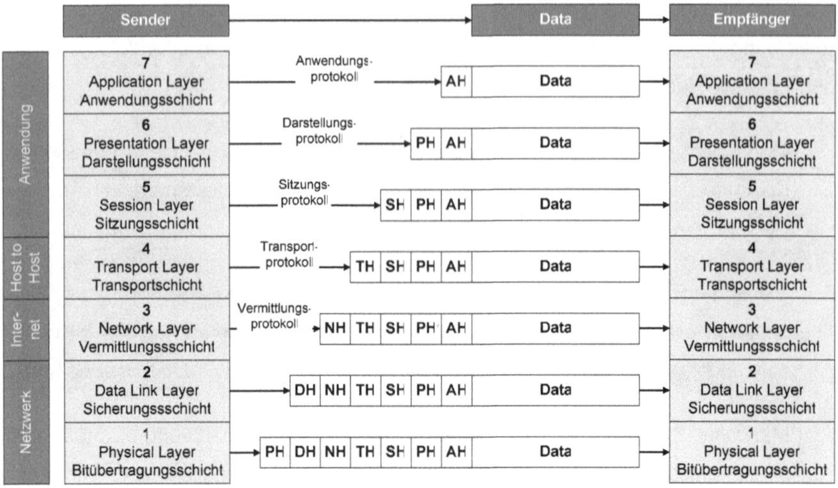

Abbildung 3.2: ISO/OSI 7-Schichten-Modell[8]

Für die Betrachtung von E-Business wird dieses Modell, wie Abbildung 3.3 zeigt, um eine achte Schicht erweitert, die über die bisherigen sieben Schichten gelegt wird. In dieser Schicht erfolgt die Integration der Prozesse der Partner, eine Aufgabe, die noch abstrakter ist als der reine Datenaustausch.[9] Dies deckt sich mit der entsprechenden Definition von E-Business, der „integrierten Ausführung aller digitalisierbaren Bestandteile ökonomischer Prozesse“.[10]

---

8 Vgl. Müller, Günter / Eymann, Torsten / Kreutzer, Michael (2003) S. 31-34
Vgl. Tanenbaum, Andrew (2003) S. 56
Vgl. Müller, Günter / Eymann, Torsten / Kreutzer, Michael (2003) S. 32

9 Vgl. Thome, Rainer (2002) o. S.

10 Thome, Rainer (2002) o. S.

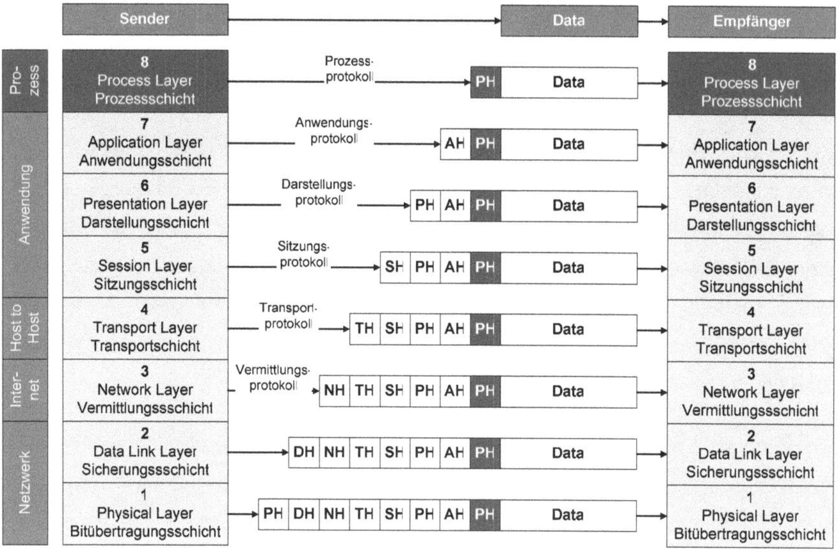

Abbildung 3.3: Um Prozessintegration erweitertes ISO/OSI 7-Schichten-Modell[11]

Im Folgenden werden Netzwerke, speziell das Internet, als grundlegende Infrastruktur für E-Procurement, sowie die wesentlichen Verfahren zum Austausch von Transaktionsdaten zwischen Unternehmen, Electronic Data Interchange und die Extensible Markup Language, betrachtet. Diese können wie folgt in das ISO/OSI 7-Schichten-Modell eingeordnet werden: Netzwerke[12] bilden die Grundlage des Datenaustauschs, sie sind in Schicht 1-3 anzusiedeln. Die Verfahren für den Datenaustausch[13] bilden Schicht 5-7. Die konkret für Prozesse im E-Business beziehungsweise E-Procurement entwickelten Standards[14] bilden, wie schon erläutert, die achte Schicht.

3.1.1 Netzwerke

Wenn Unternehmen, die über ihre jeweiligen Supply Chains miteinender in Beziehung stehen, elektronische Verbindungen zueinender aufbauen, entsteht zwangsläu-

[11] Vgl. Tanenbaum, Andrew (2003) S. 56
Vgl. Müller, Günter / Eymann, Torsten / Kreutzer, Michael (2003) S. 32
[12] Vgl. Kapitel 3.1.1
[13] Vgl. Kapitel 3.1.2 und Kapitel 3.1.3
[14] Vgl. Kapitel 3.2

fig eine netzwerkartige Struktur. An dieser Stelle werden die grundlegenden Begriffe dieser Netzwerke erklärt, zur Geschichte und tieferen Funktionsweise von Netzwerken, speziell des Internets, sei auf die entsprechende Literatur verwiesen.[15]

Das für E-Business entscheidende Netzwerk ist das Internet. Dies hängt vor allem damit zusammen, dass in der Frühphase von E-Business und E-Commerce die Entwicklung durch die Ausbreitung des Internet mit vorangetrieben wurde, während vor allem E-Commerce im Endkundenbereich seinerseits mit die Ausbreitung des Internets beschleunigte. Es liegt hier also eine Wechselwirkung vor, die zwar mit dem Ende des Internet-Hypes ihre Wirkung teilweise verloren hat, aber die enge Verbindung von Internet und E-Business, auch in der Literatur, erklärt.[16]

Ein wichtiges Element zur Anbindung der einzelnen Benutzer an eine E-Business-Anwendung ist der Webbrowser, eine Software, die zum Aufruf und zur Anzeige von Webseiten dient.[17] Abgesehen von den individuellen Oberflächen von Back-End-Systemen, findet ein Zugang zu E-Business-Systemen in der Regel über einen Webbrowser statt. Das heißt, das entsprechende System stellt die erforderlichen Inhalte in einer für Browser geeigneten Form bereit, wodurch der Benutzer auf sie zugreifen kann. Der zentrale Vorteil dieser Vorgehensweise ist, dass keine zusätzliche Software zur Anbindung der Benutzer notwendig ist, und somit die E-Business-Systeme sehr leicht skaliert werden können.[18]

Die für das Internet entwickelten Technologien können von der technischen Infrastruktur des Internets entkoppelt und auch in Verbindung mit anderen Netzwerken eingesetzt werden.[19] In Anlehnung an die Architektur des Internets begannen Unternehmen, einfache Geschäftsprozesse durch Netzwerke im Unternehmen, so genannte Intranets, zu unterstützen. Diese Netzwerke nutzen die gleiche Technologie wie das Internet, sind aber entsprechend auf einem lokalen Netz des Unternehmens aufgebaut.[20]

---

15 Z. B. Tanenbaum, Andrew (2003)
16 Vgl. Müller, Günter / Eymann, Torsten / Kreutzer, Michael (2003) S. 1
Vgl. Bogaschewsky, Ronald / Kracke, Uwe (1999) S. 87
Vgl. Corsten, Daniel / Gabriel, Christoph / Felde, Jan (2002) S. 802
17 Vgl. Bogaschewsky, Ronald / Kracke, Uwe (1999) S. 62
18 Vgl. Bogaschewsky, Ronald / Kracke, Uwe (1999) S. 65 und S. 75
19 Vgl. Bogaschewsky, Ronald / Kracke, Uwe (1999) S. 84
20 Vgl. Müller, Günter / Eymann, Torsten / Kreutzer, Michael (2003) S. 29

Um die Verbindungen zwischen Unternehmen abzusichern, die, wenn sie über das Internet abgewickelt werden würden, Sicherheit nicht garantieren könnten, sind so genannte Virtuelle Private Netzwerke entstanden. Sie realisieren ein Netzwerk zwischen Unternehmen über verschiedene Infrastrukturen, das über entsprechende Sicherheitsmaßnahmen[21] so abgesichert wird, dass nur die beteiligten Partner auf die übertragenen Informationen zugreifen können. Derartige Netze zwischen Unternehmen werden auch als Extranets bezeichnet.[22] Der Zusammenhang zwischen Internet, Intranet und Extranet wird in Abbildung 3.4 dargestellt:

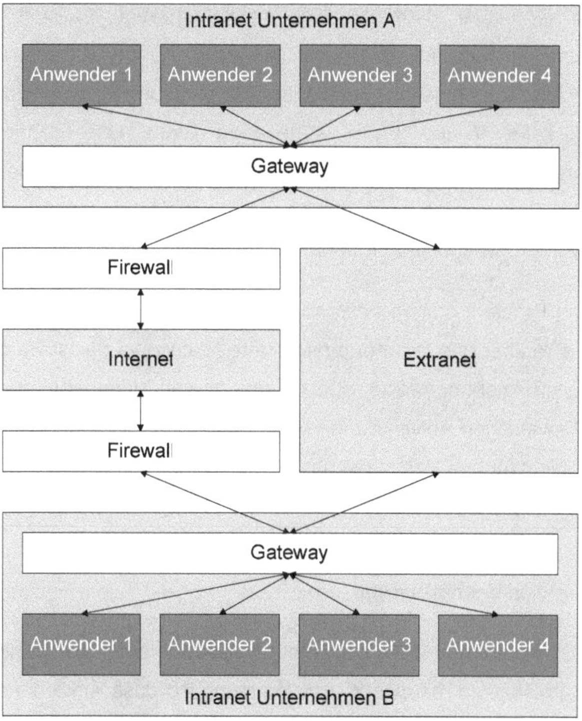

Abbildung 3.4: Internet, Intranet, Extranet[23]

Vgl. Brenner, Walter / Lux, Andreas (2000) S. 74-75
Vgl. Schulte, Christof (2005) S. 123

21 Vgl. Kapitel 3.5

22 Vgl. Müller, Günter / Eymann, Torsten / Kreutzer, Michael (2003) S. 412
Vgl. Brenner, Walter / Lux, Andreas (2000) S. 75-77

23 Vgl. Heinzmann, Peter (2002) S. 53

Es sollte im Hinblick auf die neueren Entwicklungen im Bereich der drahtlosen Kommunikation noch angemerkt werden, dass die Anwendung der Internet-Technologien nicht auf feste Netze beschränkt ist, sondern auch Funknetze zur Anbindung von Teilnehmern an E-Business-Systeme verwendet werden können.[24] Diese Möglichkeit ist jedoch hauptsächlich für die Bereiche E-Commerce und E-Logistics relevant, aktuell hat sich E-Procurement über drahtlose Netze wenig verbreitet.

Es kann also festgestellt werden, dass der Begriff „internetbasiert“ in Bezug auf E-Business und E-Procurement vorsichtig verwendet werden muss: Die gleichen Konzepte können auch über alternative Kommunikationswege realisiert werden, beispielsweise über ein Extranet, das nicht über einen Tunnel via Internet aufgebaut wird, sondern als Grundlage das konventionelle Telefonnetz verwendet. Hier wird das Internet in keiner Weise berührt, abgesehen davon, dass Technologien angewendet werden, die ursprünglich für das Internet entwickelt wurden. Die Konzepte E-Business und E-Procurement sind also von der technischen Infrastruktur, über die sie realisiert werden, weitgehend unabhängig.[25]

Das technische Problem der Vernetzung von Unternehmen mit physischen Verbindungen kann also über das Internet oder andere Netzwerke gelöst werden.[26] Die für eine Verbindung beziehungsweise eine Integration von Unternehmen auf elektronischem Weg notwendigen Aufwendungen werden also für die Integration der Prozesse notwendig, nicht für das Herstellen der technischen Verbindung.

3.1.2 Electronic Data Interchange

Electronic Data Interchange (EDI) bedeutet wörtlich übersetzt „elektronischer Datenaustausch“. Das Problem mit dieser Umschreibung ist, dass wirklich jeder elektronische Austausch von irgendwie strukturierten Geschäftsdaten darunter fallen würde, selbst der Versand eines Word-Dokuments per E-Mail. (Tatsächlich existiert ein Versuch, Electronic Data Interchange auf E-Mail-Basis umzusetzen, EDI-Mail, der sich

Vgl. Bogaschewsky, Ronald / Kracke, Uwe (1999) S. 84
[24] Vgl. Schulte, Christof (2005) S. 115
[25] Vgl. Hermanns, Arnold / Gampenrieder, Ariane (2002) S. 73
Vgl. Bogaschewsky, Ronald / Kracke, Uwe (1999) S. 84
[26] Vgl. Buchholz, Wolfgang / Werner, Hartmut (2001 B) S. 333

jedoch nicht durchgesetzt hat.)[27] In der Praxis wird unter Electronic Data Interchange der Austausch von Daten über Verbindungen auf Basis spezieller Vereinbarungen zwischen den Beteiligten verstanden.[28] Die gängigsten Umsetzungen von Electronic Data Interchange werden in Abbildung 3.5 gezeigt:

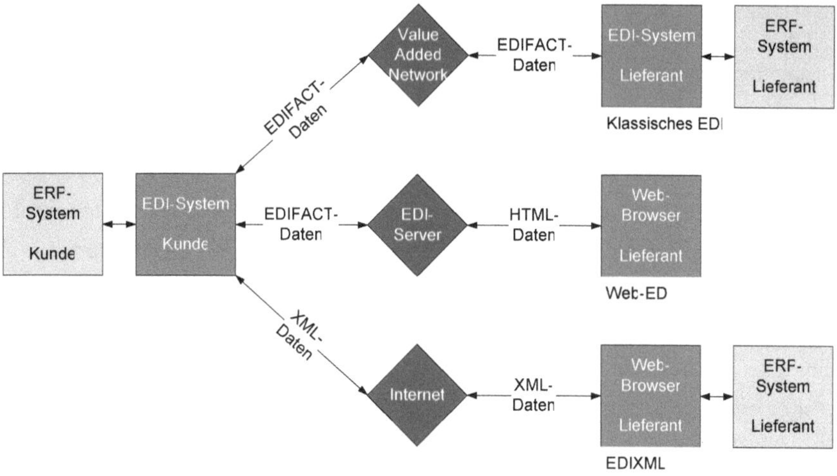

Abbildung 3.5: Arten von Electronic Data Interchange

Beim Einsatz von EDI werden die Bedingungen für den Datenaustausch direkt zwischen den Partnern ausgehandelt, was die Kosten erhöht und eine langfristige Bindung erfordert.[29] Dies geschieht über für EDI geeignete Standards, der wichtigste von diesen ist der UN/EDIFACT.[30]

Wie oben erwähnt existieren zahlreiche Ausprägungen von EDI. EDI in seiner ursprünglichen Form wird daher als klassisches EDI bezeichnet. Um eine verwendbare Definition des Datenaustauschs per klassischem EDI zu erhalten, sollte aus der oben genannten Definition für EDI aller Datenaustausch ausgeklammert werden, der unter ein anderes EDI-Verfahren fällt. Klassisches EDI ist als bilaterale Punkt-zu-Punkt

---

27 Vgl. Nekolar, Alexander-Philip (2003) S. 85
Vgl. Hoffmann & Zachau Unternehmensberatung (2000) S. 27

28 Vgl. Thome, Rainer (2006) S. 78
Vgl. Schulte, Christof (2005) S. 112
Vgl. Appelfeller, Wieland / Buchholz, Wolfgang (2005) S. 153

29 Vgl. Müller, Holger (1999) S. 212

30 Vgl. Kapitel 3.2.4.1
Vgl. Rajaraman, V. (2001) S. 19

Verbindung gedacht, das heißt für den Datenaustausch zwischen zwei Unternehmen.[31] Multilaterale Verbindungen, also zum Beispiel die Anbindung mehrerer Lieferanten, werden als Value Added Network bezeichnet. Zum Aufbau eines Value Added Network ist ein enormer Aufwand erforderlich, hauptsächlich, weil alle beteiligten Unternehmen auf ihrer Seite eine EDI-fähige Anbindung benötigen und ein gemeinsamer Standard gefunden werden muss. Daher ist klassisches EDI für die C-Teile-Beschaffung wenig geeignet, weil die Anbindung von vielen Lieferanten zu kostenaufwendig wird.[32]

Um die Probleme von klassischem EDI zu umgehen, wurde WebEDI entwickelt. Das Ziel von WebEDI ist die Anbindung von Lieferanten mit geringem Transaktionsvolumen, meistens kleinen und mittelständischen Unternehmen, an das System eines EDI-Betreibers. Hierbei soll der Aufwand wesentlich geringer ausfallen als bei klassischem EDI, weil die Anbindung des Lieferanten sich sonst nicht rechnet. WebEDI läuft über einen speziell für EDI eingerichteten Webserver; der Lieferant loggt sich über einen herkömmlichen Browser auf dem Server ein und liest z.B. seine Aufträge oder gibt Rechnungsdaten ein. Die Kosten für Lieferanten sind auf diese Art wesentlich geringer, aber es existiert keine Back-End-Anbindung auf Lieferantenseite. Dieser Medienbruch wird bewusst in Kauf genommen, und der Lieferant hat keinen Vorteil aus dem Einsatz von EDI abgesehen davon, dass er seinen Kunden nicht verliert.[33]

Die neueste Entwicklung im Bereich Electronic Data Interchange ist EDIXML. Hier wird, anstelle konventioneller Standards wie UN/EDIFACT, ein Standard auf Basis von XML[34] verwendet. Es wird also, statt eine vorgegebene Struktur zu verwenden, XML eingesetzt, um Daten und Struktur zu übertragen. Da die Struktur von Fall zu Fall mit übertragen wird, muss sie nicht vorher aufwändig vereinbart oder bei Änderungen modifiziert werden. Daher ist EDIXML ebenfalls wesentlich günstiger als das klassische EDI, und damit auch für kleine und mittelständische Unternehmen interessant. Der Vorteil gegenüber WebEDI ist, dass bei Daten im XML-Format im Ge-

---

[31] Vgl. Fromm, Hansjörg / Saedltler, Dietmar (2001) S.142
Vgl. Reindl, Martin / Oberniedermaier, Gerhard (2002) S. 78

[32] Vgl. Rajaraman, V. (2001) S. 22
Vgl. Afif, Noelani (1999) o. S.

[33] Vgl. Appelfeller, Wieland / Buchholz, Wolfgang (2005) S. 157-158
Vgl. Hoffmann & Zachau Unternehmensberatung (2000) S. 27-28

[34] Vgl. Kapitel 3.1.3

gensatz zur Hypertext Markup Language durch die Übertragung mit der zugrunde liegenden Struktur der Import und Export in ein Back-End-System möglich ist.[35]

3.1.3 Extensible Markup Language

Die Extensible Markup Language (XML) ist eine aus der Standard Generalized Markup Language abgeleitete Sprache zur Festlegung der Struktur von Daten, das heißt, eine Sprache in der andere Sprachen beschrieben werden. Eine solche Sprache wird als Metasprache bezeichnet. [36]

In XML werden die eigentlichen Informationen von den Regeln zu ihrer Strukturierung und Interpretation getrennt, wodurch die in einem XML-Dokument enthaltenen Daten jederzeit für verschiedene Verwendungen aufbereitet werden können. XML-Dokumente sind daher sowohl für Menschen als auch für Maschinen lesbar.[37] Dies geschieht in XML, indem die zum Aufbau von XML-Dokumenten definierten Regeln in einer Document Type Definition (DTD) abgelegt werden. Durch Erstellung einer DTD werden also eigene Sprachen erzeugt, die Partner durch Weitergabe der DTD „erlernen" können. Hierdurch werden keine Vereinbarungen von Austauschformaten zur Kommunikation zwischen Partnern mehr benötigt.[38]

---

[35] Vgl. Rajaraman, V. (2001) S. 24
Vgl. Appelfeller, Wieland / Buchholz, Wolfgang (2005) S. 155-156
Vgl. Müller, Günter / Eymann, Torsten / Kreutzer, Michael (2003) S. 287

[36] Vgl. Müller, Günter / Eymann, Torsten / Kreutzer, Michael (2003) S. 266
Vgl. Bogaschewsky, Ronald / Kracke, Uwe (1999) S. 95
Vgl. Amor, Daniel (2001) S. 450

[37] Vgl. Bullinger, Hans-Jörg et al. (2002) S. 288-289
Vgl. Bogaschewsky, Ronald / Kracke, Uwe (1999) S. 96
Vgl. Hentrich, Johannes (2001) S.192-193

[38] Vgl. Müller, Günter / Eymann, Torsten / Kreutzer, Michael (2003) S. 269
Vgl. Tanenbaum, Andrew (2003) S. 695
Vgl. Bogaschewsky, Ronald / Kracke, Uwe (1999) S. 95

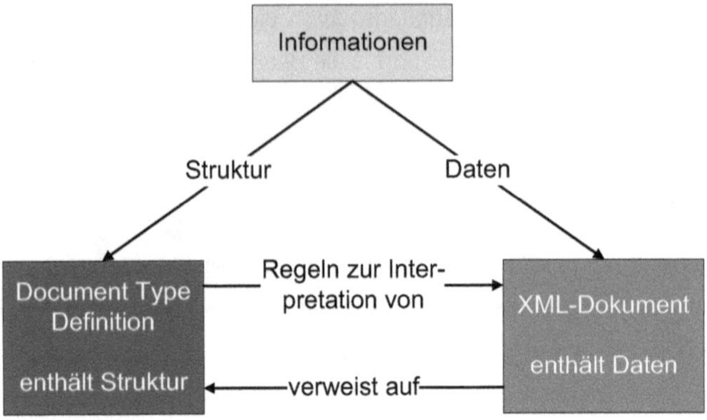

Abbildung 3.6: Erzeugung einer Sprache mit XML[39]

Das eigentliche XML-Dokument, in welchem die Daten enthalten sind, enthält folglich einen Verweis auf die zugehörige DTD, in der Struktur und Inhalt des Dokuments beschrieben werden. Hierdurch kann jeder Browser neuerer Generation XML-Dokumente darstellen: Der Parser des Browsers liest aus dem XML-Dokument die Adresse des erforderlichen DTD aus. Mit dieser DTD kann der Parser aus dem XML-Dokument ein HTML-Dokument erzeugen, welches der Browser dann dem Benutzer anzeigen kann.[40]

---

39 Eigene Darstellung
40 Vgl. Müller, Günter / Eymann, Torsten / Kreutzer, Michael (2003) S. 271-273

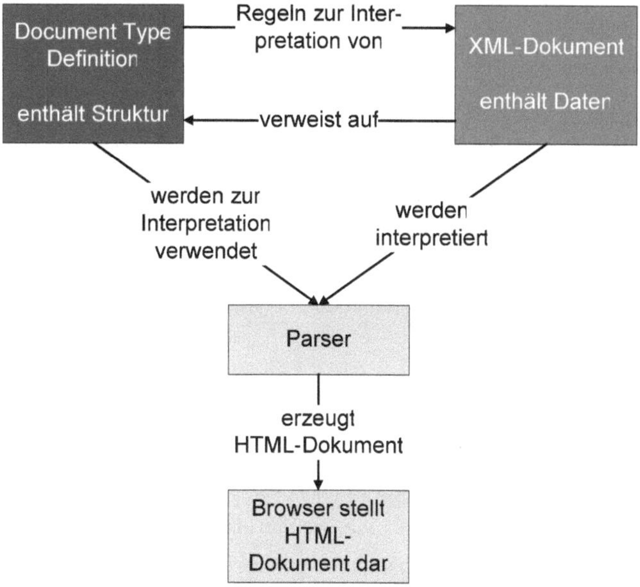

Abbildung 3.7: Darstellung eines XML-Dokuments[41]

Durch Erstellung von entsprechenden Document Type Definitions sind für Transaktionen zwischen Unternehmen Geschäftssprachen auf Basis von XML entwickelt worden. Diese können im Wesentlichen in Frameworks, Functions und Verticals unterteilt werden.[42]

- Frameworks: Ein Framework ist eine Infrastruktur zum Austausch von Nachrichten. Hier werden keine konkreten Nachrichtentypen vorgegeben, sondern die Infrastruktur bereitgestellt, um XML-Nachrichten austauschen zu können. Ein Beispiel für ein Framework ist das RosettaNet Implementation Framework.[43]

- Functions: Eine Function liefert Vorlagen für bestimmte Nachrichten, die im Rahmen von Geschäftsprozessen ausgetauscht werden. Die Partner Interface Processes des RosettaNet-Standards sind ein Beispiel für eine Function.[44]

---

[41] Eigene Darstellung
[42] Vgl. Hentrich, Johannes (2001) S. 211-212
[43] Vgl. Kapitel 3.2.4.3
[44] Vgl. Kapitel 3.2.4.3

- Verticals: Ein Vertical dient dem Austausch von Nachrichten für eine Branche oder einen bestimmten, beschränkten Anwendungsbereich. Ein Beispiel für ein Vertical ist der BMEcat-Standard.[45]

Diese Systematisierung der Geschäftssprache auf Basis von XML ist in sich stimmig und abgeschlossen. Jedoch werden im weiteren Verlauf dieser Arbeit noch weitere Verfahren betrachtet, die nicht auf XML basieren und nicht in diese Systematik eingeordnet werden können. Daher wird bei der Betrachtung der verschiedenen Standards in Kapitel 3.2 eine eigene Einteilung der verschiedenen Verfahren verwendet.

3.2 Standards

Der Einsatz von elektronischen Werkzeugen zur Beschaffung führt zu einer immer dichteren Vernetzung der Unternehmen, weil für die kritischen Erfolgsfaktoren Content-Management und Lieferantenanbindung immer mehr Daten ausgetauscht werden müssen.[46] Der Datenaustausch zwischen Unternehmen ist heute von der Infrastruktur her kein Problem mehr, die benötigte Netzwerkinfrastruktur ist in den allermeisten Fällen vorhanden.[47]

Zusätzlich zur eigentlichen Infrastruktur sind einheitliche Standards, das heißt, die Einigung der beteiligten Partner auf ein einheitliches Format für den Datenaustausch, von zentraler Bedeutung, weil der Austausch von Daten ansonsten zwischen jeder Stufe der Supply Chain einzeln vereinbart werden müsste, wobei jede Konvertierung der Daten Kosten verursachen und die Qualität reduzieren würde.[48]

Eine elektronische Zusammenarbeit zwischen Unternehmen und ihren Lieferanten scheiterte bisher oftmals an fehlenden Standards, beziehungsweise daran, dass einer der Partner nicht in der Lage war, die Anforderungen eines vorhandenen Standards zu erfüllen.[49]

---

[45] Vgl. Kapitel 3.2.3.1
[46] Vgl. Granada Research (2001) S. 3
[47] Vgl. Kapitel 3.1.1
[48] Vgl. Hentrich, Johannes (2001) S. 70
Vgl. Woisetschläger, Ernst (2006 A) S. 18
[49] Vgl. Arthur Andersen Business Consulting (2002) S. 22-24

Die einzelnen existierenden Standards können, wie Abbildung 3.8 zeigt, in Kategorien eingeteilt werden. Es können Standards zur Identifikation, zur Klassifikation, zur Datenstrukturierung und zur Datenübertragung unterschieden werden.[50] Eine Untergruppe der Datenübertragungsstandards sind Standards für elektronische Finanztransaktionen. Diese nehmen eine Sonderstellung ein, da bei der elektronischen Übertragung von Finanzmitteln besondere Sicherheitsvorkehrungen getroffen werden müssen.

Identifikationsstandards	Data Universal Numbering System
	Universal Product Code
	European Article Number
	Electronic Product Code
Klassifikationsstandards	Universal Standard Products and Services Classification
	eCl@ss
Datenstrukturstandards	BMEcat
	eCatalog XML
Datenübertragungsstandards	United Nations Electronic Data Interchange for Administration, Commerce and Trade
	Open Catalog Interface
	Rosetta Net
Finanztransaktionsstandards	Secure Electronic Transaction

Abbildung 3.8: Kategorien von Standards[51]

Der zentrale Unterschied zwischen den einzelnen Kategorien ist die unterschiedliche Fokussierung auf Syntax oder Semantik. Die Standards zur Produktklassifikation sind semantische Standards, hier wird vorgegeben, welche Information wo positioniert sein soll. Das heißt, sie sind keine Datenaustauschnorm, sondern ein beschreibendes Datenmodell. Datenübertragungsstandards und Datenstrukturstandards sind syntaktische Standards, sie geben nur an, wie die Daten aufgebaut sein sollen, nicht welche Bedeutung der Inhalt hat.

Der Unterschied zwischen Datenstrukturstandards und Datenaustauschstandards besteht darin, dass strukturierte Daten, in diesem Fall elektronische Kataloge, statisch sind, das heißt, ein Datenstrukturstandard gibt an, wie der gesamte Katalog zur einmaligen Übertragung gespeichert wird, wohingegen ein Datenaustauschstandard

[50] Vgl. Zentralverband Elektrotechnik- und Elektronikindustrie e.V. (2006) S. 6
Vgl. Hentrich, Johannes (2001) S. 82

[51] Eigene Darstellung

ein Protokoll ist, das vorgibt, wie einzelne Elemente über eine Leitung ausgetauscht werden. Dieser Unterschied wird in Abbildung 3.9 verdeutlicht.

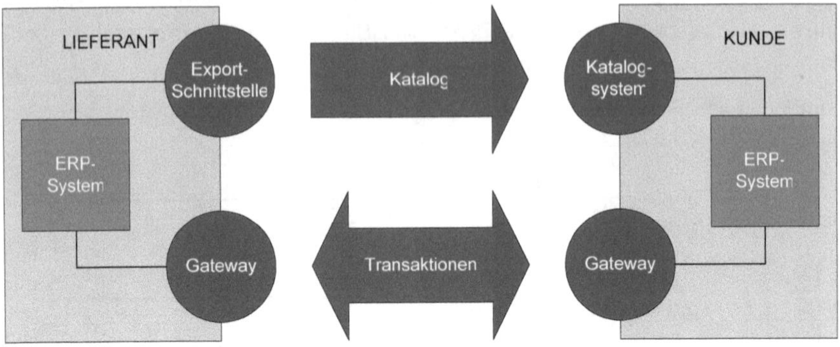

Abbildung 3.9: Übertragung von Katalog- und Transaktionsdaten[52]

Neben den in diesem Kapitel betrachteten existieren natürlich noch zahlreiche weitere Standards, eine vollständige Auflistung und analytische Betrachtung würde allerdings zu weit führen und ist darüber hinaus nicht Kernthema dieser Arbeit. Dieses Kapitel soll vielmehr einen Überblick über die verschiedenen für den Datenaustausch erforderlichen Arten von Standards schaffen und diesen Überblick durch Beispiele veranschaulichen. Weiterhin soll dieses Kapitel aufzeigen, in wie weit Automatisierungen des Datenaustausch zwischen Unternehmen zur Vermeidung von Medienbrüchen durch Standardisierung möglich sind.

3.2.1 Identifikationsstandards

Identifikationsstandards sind die Grundlage von Rationalisierung durch automatische Datenerfassung und Datenhaltung, da ohne die Möglichkeit, einen Artikel bzw. einen Lieferanten eindeutig zu erkennen keine automatische Verarbeitung der zugehörigen Daten möglich ist.[53] Um einen Artikel oder ein Unternehmen zweifelsfrei erkennen zu

---

52 Vgl. Renner, Thomas (1999) S. 133
Vgl. Schulte, Christof (2005) S. 328

53 Vgl. Hentrich, Johannes (2001) S. 84
Vgl. Füßler, Andreas (2001) S. 90

können, wird jeweils eine eindeutige Nummer zugeordnet.[54] Diese Nummern sind nicht sprechend, das heißt, abgesehen von der eindeutigen Zuordnung zu einem Artikel oder Lieferanten tragen diese Nummern keine Information.[55] In der Praxis ist es allerdings möglich, durch Zuordnung eines Nummernraumes zu einem Unternehmen bzw. Bildung der Identifikationsnummer aus mehreren Komponenten den Artikel anhand seiner Identifikationsnummer seinem Hersteller zuzuordnen.[56]

Im Folgenden werden von den gängigsten Arten von Identifikationsstandards Beispiele betrachtet: Die gängigste Firmenidentifikationsnummer ist das Data Universal Numbering System von Dun & Bradstreet, die bekanntesten Produktidentifkationsstandards sind Universal Product Code und European Article Number. Der neueste unter den vorgestellten Standards ist der Electronic Product Code. Er ermöglicht, nicht nur jedem Produkttyp, sondern jedem konkreten Artikel eine Identifikationsnummer zuzuordnen.

3.2.1.1 Data Universal Numbering System

D-U-N-S steht für Data Universal Numbering System, ein 1962 von Dun & Bradstreet entwickeltes Nummernsystem zur eindeutigen Identifizierung von Unternehmen, das in diesem Bereich heute den führenden Standard darstellt. Von Dun & Bradstreet wird jedem registrierten Unternehmen eine eindeutige neunstellige Nummer zugeordnet.[57] Die Nummern werden von Dun & Bradstreet zufällig vergeben, enthalten jedoch eine Prüfziffer, um Verwechslungen auszuschließen.

---

[54] Vgl. Kurbel, Karl (2005) S. 99

[55] Vgl. Thome, Rainer (2006) S. 39
Vgl. Füßler, Andreas (2001) S. 89
Vgl. Granada Research (2001) S. 4
Vgl. Kurbel, Karl (2005) S. 101

[56] Vgl. Hentrich, Johannes (2001) S. 84

[57] Vgl. Dun & Bradstreet Deutschland (2005) S. 2
Vgl. Appelfeller, Wieland / Buchholz, Wolfgang (2005) S. 43

3.2.1.2 Universal Product Code

Der Universal Product Code (UPC) ist ein 12-stelliger Code, der ursprünglich 1973 in den USA vom Uniform Code Council (UCC, heute GS1 US) eingeführt wurde, um einen einheitlichen Nummerncode für Produkte zu schaffen. Der Universal Product Code wird in der Regel über Barcodes eingesetzt. Die in Abbildung 3.10 gezeigte UPC Version A ist die 12-stellige Normalversion des UPC.

Abbildung 3.10: UPC Version A[58]

Für spezielle Einsatzgebiete existieren weitere Versionen des Universal Product Code. UPC Version A setzt sich wie folgt zusammen:

Stelle	Angabe
1	Präfix-Code
2-6	Hersteller des Produktes
7-11	Artikelnummer vom Hersteller vergeben
12	Prüfziffer

Abbildung 3.11: Zusammensetzung des Universal Product Code[59]

Der Universal Product Code wird heute hauptsächlich in den USA verwendet,[60] wird jedoch zunehmend von European Article Number und Electronic Product Code abgelöst.

[58] www.gs1.org
[59] Eigene Darstellung
[60] Vgl. Hentrich, Johannes (2001) S. 84

3.2.1.3 European Article Number

Die European Article Number (EAN) wurde 1976 von EAN International als europäisches Pendant zum UPC entwickelt, sollte aber zu diesem kompatibel sein und enthält, wie in Abbildung 3.12 gezeigt, deshalb eine Ziffer mehr.[61]

0 614141 999996

Abbildung 3.12: EAN 13[62]

Wie in Abbildung 3.11 und Abbildung 3.13 zu erkennen ist, lässt sich der Universal Product Code in der European Article Number abbilden:

Stelle	Angabe
1-2	Länderkennzeichen
3-7	Hersteller des Produktes
8-12	Artikelnummer vom Hersteller vergeben
13	Prüfziffer

Abbildung 3.13: Zusammensetzung der European Article Number[63]

Um European Article Number und Universal Product Code zu vereinheitlichen, wurde der Universal Product Code auch offiziell in das EAN-System integriert.[64] Das neue System erhielt den Namen EAN UCC. Seit dem 1. Januar 2005 sind die EAN 13-Nummern auch in Nordamerika gültig.

---

61 Vgl. Finkenzeller, Klaus (2002) S. 3
Vgl. Thome, Rainer (2006) S. 41
62 www.gs1.org
63 Eigene Darstellung
64 Vgl. Finkenzeller, Klaus (2002) S. 3

3.2.1.4 Electronic Product Code

Der Electronic Product Code (EPC) wurde von EPCglobal 2004 vorgestellt. Er wurde im Gegensatz zu UPC und EAN für den Einsatz von RFID-Systemen entwickelt.[65] Der EPC ermöglicht nicht nur den Typ eines Artikels eindeutig zu identifizieren, es kann darüber hinaus der konkrete Artikel von typgleichen Artikeln unterschieden werden. Hierzu wird nicht nur jedem Artikeltyp, sondern jedem einzelnen Artikel eine Identifikationsnummer zugewiesen. Indem jeder Artikel über eine eigene Nummer verfügt, wird vor allem im Bereich Tracking und Tracing ein erheblich breiteres Spektrum an Anwendungen ermöglicht.

Entsprechend werden für eine vollständige Abdeckung aller Produkte deutlich mehr Stellen benötigt, um die erforderlichen Nummern vergeben zu können. Die Länge eines EPC variiert zwischen minimal 64 Bit und maximal 204 Bit. Trotz der zahlreichen Stellen trägt der EPC über die Identifikationsnummer hinaus keine weitere Information, das heißt, auch der EPC ist ein reiner Identifikationsstandard.[66] Ein EPC der Länge 96 Bit hat folgenden Aufbau, wobei die Länge einzelner Felder je nach Bedarf variiert werden kann:

Stelle	Angabe
1-8	Header
9-11	Filter = Sortierfunktion auf Objektebene
12-14	Partition = Länge der Unternehmenskennung
15-34	Unternehmenskennung
35-58	Objektkennung
59-96	Seriennummer

Abbildung 3.14: Zusammensetzung des Electronic Product Code[67]

3.2.2 Klassifikationsstandards

Werden beim Austausch von Produktdaten ausschließlich Identifikationsnummern eingesetzt, so stehen über die eindeutige Zuordnung von Identifikationsnummer und

---

[65] Vgl. EPCglobal Inc. (2004) S. 4-5
Vgl. Kurbel, Karl (2005) S. 431

[66] Vgl. EPCglobal Inc. (2004) S. 9

[67] Vgl. Kurbel, Karl (2005) S. 431-432

Artikel zueinander hinaus keine Informationen über den Artikel zur Verfügung. Häufig benötigte Anwendungen wie zum Beispiel der Vergleich von ähnlichen Artikeln oder die Suche anhand von anderen Schlüsseln als dem Primärschlüssel (der Identifikationsnummer) sind also nicht möglich.[68] Vorgänge, die sich auf Daten des Artikels beziehen, können also ohne eine externe Datenquelle nur mit Identifikationsnummern nicht automatisiert werden. [69]

Diese Anwendungen werden erst durch Klassifikation der Artikel möglich. Hierbei wird über Eigenschaften der Artikel eine Hierarchie aufgebaut, indem die Eigenschaften immer weiter spezifiziert werden, und die Artikel anschließend in diese Hierarchie eingeordnet.[70] Diese Hierarchie ermöglicht eine Auswahl eines Artikels anhand seiner Eigenschaften durch sukzessive Einschränkung des Suchgebiets.[71] Artikel können anhand ihrer Positionen in der Hierarchie miteinander verglichen werden.[72] Insbesondere für die Beschaffung von Gütern über elektronische Marktplätze ist dies erforderlich, wenn keine genauen Kenntnisse über das benötigte Gut vorliegen.[73]

Jedem Artikel kann also eine Klassifikationsnummer zugeordnet werden, indem für jede Ebene der Hierarchie die entsprechende Zuordnungsnummer vergeben wird. Die von Klassifikationsstandards vergebenen Nummern sind also sprechend, das heißt, sie tragen über die Zuordnung des Artikels zu ihnen weitere Informationen.[74] Die Verwendung von Klassifikationsstandards kann die Verwendung von Identifikationsstandards allerdings nicht ersetzen. Beim beschriebenen Verfahren zur Klassifikation ist nicht garantiert, dass jedes Element der Hierarchie nur einmal besetzt ist. Die eindeutige Zuordnung eines Artikels zu einer Klassifikationsnummer ist gewährleistet, umgekehrt allerdings können zu einer Klassifikationsnummer mehrere Artikel zugeordnet sein.[75]

---

68 Vgl. Granada Research (2001) S. 17
69 Vgl. Granada Research (2001) S. 4
70 Vgl. Appelfeller, Wieland / Buchholz, Wolfgang (2005) S. 28
Vgl. Zentralverband Elektrotechnik- und Elektronikindustrie e.V. (2006) S. 7-8
71 Vgl. Granada Research (2001) S. 8-9
72 Vgl. Hentrich, Johannes (2001) S. 79
73 Vgl. Bogaschewsky, Ronald (2002) S. 764
74 Vgl. Kurbel, Karl (2005) S. 101
75 Vgl. Kurbel, Karl (2005) S. 99

Die aktuell am weitesten verbreiteten Standards sind die Universal Standard Products and Services Classification und der eCl@ss-Standard. Diese werden nachfolgend vorgestellt und verglichen.

3.2.2.1 Universal Standard Products and Services Classification

Die Universal Standard Products and Services Classification (UN/SPSC) ist ein offener Standard zur Klassifikation von Produkten und Dienstleistungen, welcher 1998 von Dun & Bradstreet und der UNO entwickelt wurde.[76] Der UN/SPSC ist ein hierarchisches Kodierungssystem, d.h. im Gegensatz zu einer reinen Artikelnummer sind aus der zehnstelligen Nummer Rückschlüsse auf das Produkt möglich.[77] Er ist fünfstufig aufgebaut, wie in Abbildung 3.15 zu erkennen, sind jeder Stufe dabei zwei Ziffern zugeordnet.

Auf den Stufen 1-4 wird der Artikel in die einzelnen Ebenen eingeordnet. Die fünfte Ebene des UN/SPSC dient der Angabe der Geschäftsfunktion (z.B. Wiederverkauf) des Artikels.[78] Im folgenden Beispiel wird die Einordnung von Kugelschreiberminen für den Weiterverkauf (Klassifikationsnummer 44-12-19-03-14) im UN/SPSC dargestellt:

[76] Vgl. Granada Research (2001) S. 3
Vgl. Appelfeller, Wieland / Buchholz, Wolfgang (2005) S.29
[77] Vgl. Nekolar, Alexander-Philip (2003) S. 68
[78] Vgl. Hentrich, Johannes (2001) S. 185

Hierarchieebene	Kategorienummer und -name
Segment	44 Büroausstattung
Familie	10 Büromaschinen 11 Schreibtischzubehör 12 Bürozubehör
Klasse	17 Schreibmaterial 18 Ausbesserungsmaterial 19 Tinte und andere Nachfüllungen
Produktgruppe	01 Tinte 02 Bleistiftminen 03 Kugelschreiberminen
Geschäftsfunktion	10 Leasing 14 Wiederverkauf

Abbildung 3.15: Aufbau des UN/SPSC[79]

Der zentrale Vorteil des UN/SPSC ist seine breite Fächerung und internationale Verbreitung.[80]

3.2.2.2 eCl@ss

eCl@ss ist ein deutscher Standard zur Klassifikation von Waren und Dienstleistungen. Analog zum UN/SPSC ist eCl@ss vierstufig hierarchisch aufgebaut, ebenfalls mit zwei Ziffern je Hierarchiestufe, so dass eine achtstellige Klassifikationsnummer entsteht.[81] Wie in Abbildung 3.16 zu erkennen ist, verwendet eCl@ss hierbei natürlich eine andere Einteilung, weswegen eCl@ss und UN/SPSC nicht direkt kompatibel sind. Die Kugelschreibermine aus dem vorigen Beispiel hat die eCl@ss-Nummer 24-24-06-01:

---

79 Vgl. Granada Research (2001) S. 13
80 Vgl. Appelfeller, Wieland / Buchholz, Wolfgang (2005) S.29
Vgl. Hentrich, Johannes (2001) S. 83
81 Vgl. Appelfeller, Wieland / Buchholz, Wolfgang (2005) S. 29
Vgl. Bogaschewsky, Ronald (2002) S.765
Vgl. Hentrich, Johannes (2001) S. 180

Hierarchieebene	Kategorienummer und -name
Sachgebiet	23 Maschinenelement, Befestigungsmittel, Beschlag 24 Büromaterial, Büroeinrichtung, Bürotechnik, Papeterie
Hauptgruppe	22 Arbeitsplatz-Zubehör (Büro) 23 Klebematerial (Büro, Basteln) 24 Schreibgerät, Spitzer, Radier- und Korrekturmittel
Gruppe	04 Feinminenstift (Zubehör) 05 Kugelschreiber 06 Kugelschreiber (Zubehör)
Untergruppe	01 Kugelschreibermine
Schlagworte	Gasdruckmine für Kugelschreiber, Großraummine für Kugelschreiber, Kugelschreiber-Gasdruckmine, Kugelschreiber-Großraummine, Kugelschreiber-Mine, Mine für Kugelschreiber

Abbildung 3.16: Aufbau von eCl@ss[82]

eCl@ss bietet weiterhin ein aus 14000 Begriffen bestehendes Schlagwortregister. Den einzelnen Klassen werden diese Schlagworte zugeordnet, wodurch eine weitere Möglichkeit zum Auffinden eines Artikels entsteht, nämlich durch direkte Suche nach den gewünschten Schlagworten.[83]

Vorteile von eCl@ss sind die Strukturierungsmöglichkeiten von sowohl Produkten als auch Dienstleistungen und dass Artikel auch ohne Navigation der Hierarchie auffindbar sind, sowie seine starke Stellung innerhalb Deutschlands.[84]

3.2.3 Datenstrukturstandards

Datenstrukturstandards oder auch Contentstandards geben vor, wie das Angebot an Produkten in einem elektronischen Katalog, der Content, strukturiert gehalten werden soll. Dies ist bei nur einem Anbieter eines elektronischen Katalogs relativ einfach: Es würde zur Übertragung des elektronischen Kataloges im Prinzip eine Datei mit Trennzeichen (File of Record) genügen. In diesem Fall wird einfach vereinbart, in welcher Reihenfolge die Artikeldaten in der Datei aufgelistet werden. Das Problem ist in diesem Fall, das erstens die so erfassten Artikel nur linear strukturiert sind, d.h.

[82] Eigene Darstellung
[83] Vgl. Nekolar, Alexander-Philip (2003) S. 68
Vgl. Hentrich, Johannes (2001) S. 83 und S. 180-183
[84] Vgl. Appelfeller, Wieland / Buchholz, Wolfgang (2005) S. 29

lediglich in eine Reihenfolge gebracht werden können, und zweitens komplexere Anforderungen, wie zum Beispiel flexible Preise oder die Darstellung komplementärer Beziehungen zwischen Artikeln nur mit sehr großem Aufwand realisiert werden können.

Die heutigen Contentstandards basieren in der Regel auf dem XML-Format. XML bietet den Vorteil, dass jeder Browser neuerer Generation XML-Dokumente interpretieren kann, und daher in der Regel keine zusätzliche Software erforderlich ist.[85] Durch Verwendung eines entsprechenden Standards kann das Content-Management[86] erheblich erleichtert werden.

Wichtig ist die Trennung zwischen offenen Standards, die allgemein zur Verfügung stehen, und proprietären Standards, die von einem einzelnen Unternehmen für das eigene Produkt entwickelt wurden und durch die Marktmacht des Unternehmens zu Bedeutung gelangt sind, da für die Nutzung eines proprietären Standards evtl. Lizenzgebühren oder der Erwerb des entsprechenden Produkts erforderlich werden.

Betrachtet werden im Folgenden die Katalogstandards BMEcat und eCatalog XML, die im Moment die führenden Standards in Deutschland darstellen.

3.2.3.1 BMEcat

Der BMEcat-Standard ist der Katalogstandard des Bundesverbands Materialwirtschaft, Einkauf und Logistik. Er wurde auf Anregung des BME vom Fraunhofer Institut für Arbeitswirtschaft und Organisation Stuttgart und der Universität Duisburg-Essen entwickelt und liegt aktuell in der Version 2005 vor. BMEcat ist ein offener, branchenneutraler Standard auf XML-Basis, der sich in Deutschland seit seiner Einführung 1999 weitgehend durchgesetzt hat. Durch die Verwendung von XML-Dokumenten für den Katalog können die lieferantenspezifischen BMEcat-Kataloge von jedem Unternehmen auch ohne vorherige Abstimmung der einzelnen Katalogelemente gelesen werden, was den Aufwand für die beteiligten Unternehmen erheblich reduziert. Ein BMEcat-Katalogdokument besteht aus zwei Elementen, dem Kopf-

[85] Vgl. Flicker, Alexandra / Höller, Johann (2001) S. 28
Vgl. Hentrich, Johannes (2001) S. 75

[86] Vgl. Kapitel 3.3.2

bereich und dem Transaktionsbereich. Ein Katalogdokument muss keinen vollständigen Katalog enthalten, es können auch nur Teile eines Kataloges enthalten sein.[87]

Im Kopfbereich sind die allgemeinen Angeben zum Katalog und den beteiligten Partnern enthalten. Im Einzelnen sind dies:[88]

- Kataloginformationen: Sprache und Version des Katalogs
- Käufer: Adresse und Informationen zum einkaufenden Unternehmen
- Lieferant: Adresse und Informationen zum verkaufenden Unternehmen
- Rahmenvertrag: Wenn ein Rahmenvertrag besteht, können Kennung und Gültigkeit des Rahmenvertrags angegeben werden.

Der Transaktionsbereich enthält die eigentlichen Teile eines Kataloges, die mit diesem speziellen Katalogdokument übertragen werden. Es existieren drei vom BMEcat unterstützte Möglichkeiten:[89]

- Gesamtkatalog: Mit dem Gesamtkatalog wird ein kompletter Katalog mit allen Informationen übergeben.
- Update der Produktdaten: Bei einem Update bereits vorhandener Produktdaten werden nur die Daten der Artikel übertragen, bei denen Veränderungen aufgetreten sind.
- Update der Preise: Bei einem Preisupdate werden nur die aktualisierten Preise übertragen.

Die eigentlichen Artikeldaten sind also im Transaktionsbereich enthalten. BMEcat ermöglicht die Einbindung fast aller Arten von Produktinformationen in den elektronischen Katalog, wie zum Beispiel Grafiken, Videos, Zusatzdokumente, Links, usw.,

---

[87] Vgl. Schmitz, Volker / Leukel, Jörg / Kelkar, Oliver (2005) S. 7-8 und S. 20
Vgl. Hentrich, Johannes (2001) S. 72 und S. 217
Vgl. Nekolar, Alexander-Philip (2003) S. 71

[88] Vgl. Schmitz, Volker / Leukel, Jörg / Kelkar, Oliver (2005) S. 14
Vgl. Hentrich, Johannes (2001) S. 219-222
Vgl. Nekolar, Alexander-Philip (2003) S. 71

[89] Vgl. Schmitz, Volker / Leukel, Jörg / Kelkar, Oliver (2005) S. 13
Vgl. Hentrich, Johannes (2001) S. 219-222
Vgl. Nekolar, Alexander-Philip (2003) S. 71

sowie die Einteilung der Artikel nach den Produktklassifikationen eCl@ss und UN/SPSC. In der neuesten Version des BMECat (Version 2005) wird darüber hinaus die Einbindung von externen Daten in den Katalog unterstützt. Weiterhin unterstützt BMEcat Produktvarianten, das heißt, es muss nicht für jede Variante desselben Produkts ein eigener Artikel im Katalog angelegt werden. BMEcat verfügt über ein umfassendes Preismodell, welches individuelle Rabattsätze und Diskontierungen ermöglicht.[90]

3.2.3.2 eCatalog XML

Das Katalogformat eCatalog XML ist wie BMECat ein Format zum Austausch von Katalogstrukturen und Kataloginhalten, das, wie schon der Name aussagt, auf XML basiert. Im Gegensatz zu BMEcat ist eCatalog XML ein proprietäres Format, also im eigentlichen Sinne kein „offizieller" Standard, sondern an die Produkte der Firma Requisite Technologies gebunden. eCatalog XML wurde 1998 von Requisite Technologies entwickelt, und liegt aktuell in der Version 3.6 offen vor.[91] Ein Katalog im eCatalog XML-Format besteht aus drei Elementen: Den administrativen Informationen, dem Katalogschema und den Katalogdaten.

Die administrativen Informationen enthalten folgende Elemente:[92]

- Name: Beschreibung des Katalogs
- Datum: Datum der Erstellung des Katalogs
- Quelle: Unternehmen, das den Katalog erstellt hat
- Autor: Autor des Katalogdokuments
- Titel: Titel des Katalogs
- Titellogo: Dem Katalog zugeordnete Grafik

---

[90] Vgl. Nekolar, Alexander-Philip (2003) S. 71-72
Vgl. Hentrich, Johannes (2001) S. 222-240
[91] Vgl. Requisite Technology (2003) S. 1-3
Vgl. Hentrich, Johannes (2001) S. 75
[92] Vgl. Requisite Technology (2003) S. 8-9

- Art des Inhalts: Gibt an, welche Art von Produktdaten im Katalog enthalten ist (z.B. Produkte, Dienstleistungen, Personal)
- Rahmenvertrag: Name und Bedingungen des zugrunde liegenden Rahmenvertrags
- Einkaufsorganisation: Informationen zum beschaffenden Unternehmen bzw. zur beschaffenden Organisationseinheit

Das Katalogschema, welches die Struktur des Katalogs vorgibt, setzt sich aus folgenden Elementen zusammen:[93]

- Kategorie: Kategorien von Elementen des Katalogs
- Attribut: Attribute, die die einzelnen Kategorien beschreiben
- Maßeinheiten: Informationen, die zur Umrechnung zwischen den im Katalog verwendeten Maßeinheiten erforderlich sind
- Navigation: Elemente, die der hierarchischen Einordnung dienen
- Metadaten: Metadaten können verwendet werden, um Elemente des Katalogs weiter zu beschreiben

Die eigentlichen Katalogdaten bestehen aus folgenden Elementen:[94]

- Element: Ein Element stellt einen Artikel des Katalogs dar.
- Matrix: Dient zur Darstellung verschiedener Optionen bei konfigurierbaren Produkten
- Erweiterung: Die Erweiterung eines Elements dient zur Bereitstellung von Applikationsspezifischen Zusatzdaten.
- Preis: Enthält das Preisschema für den Artikel

---

93 Vgl. Requisite Technology (2003) S. 10-17
94 Vgl. Requisite Technology (2003) S. 23-34

Es lässt sich also erkennen, dass die Funktionalitäten von eCatalog XML und BMEcat durchaus vergleichbar sind. Bei beiden Katalogen ist die zugrunde liegende Katalogstruktur nicht fest vorgegeben, sondern wird aus dem XML-Dokument dynamisch erzeugt. Besondere Anforderungen wie konfigurierbare Produkte, flexible Preismodelle sind mit beiden Standards möglich.

Katalogstandards, die nicht auf XML basieren, bieten diese Möglichkeiten nicht, da hier die entsprechenden Strukturen „hart verdrahtet“ werden müssten. Daher finden im Bereich elektronischer Kataloge Nicht-XML-Standards kaum noch Verwendung. Der auf dem American Standard Code for Information Interchange basierende Standard Catalog Interchange Format des Anbieters Ariba beispielsweise wurde durch den ebenfalls von Ariba entwickelten XML-basieten Standard Commerce XML abgelöst.[95]

3.2.4 Datenübertragungsstandards

Datenübertragungsstandards dienen, wie in Abbildung 3.9 gezeigt, zur elektronischen Integration der Geschäftstransaktionen zwischen Unternehmen.

Die existierenden Arten von Datenübertragungsstandards können entlang von drei Achsen systematisiert werden, so dass eine Art magisches Dreieck entsteht. Diese Achsen sind Komplexität, Spezifität und Automatisierungsgrad. Ein optimaler Datenübertragungsstandard wäre möglichst einfach, universell einsetzbar und hoch automatisch. Diese Achsen sind aber gegenläufig, das heißt, es existiert bisher kein Standard, der in allen drei Bereichen optimal ist.

---

95 Vgl. Hentrich, Johannes (2001) S. 70 und S. 75

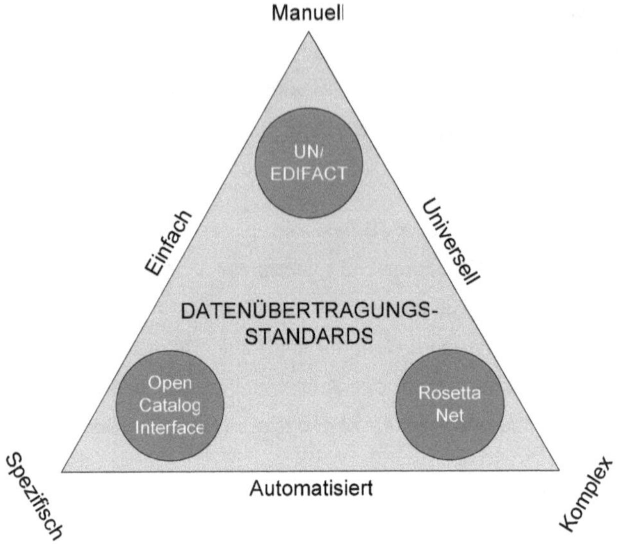

Abbildung 3.17: Arten von Datenübertragungsstandards[96]

Wie Abbildung 3.17 zu entnehmen ist, wird für jeden Eckbereich des Dreiecks ein Standard als Beispiel vorgestellt. UN/EDIFACT ist innerhalb von Grenzen einfach und universell verwendbar, erfordert aber erhebliche manuelle Arbeiten zur Einrichtung einer Verbindung zwischen den Unternehmen. Open Catalog Interface ist einfach einzurichten und läuft automatisch ab, hat aber nur einen eingeschränkten Anwendungsbereich, nämlich die Anbindung von Katalogen an elektronische Bestellsysteme. RosettaNet kann Prozesse hoch automatisieren und deckt ein breites Feld ab, aber die Integration mit den Geschäftsprozessen des Unternehmens ist sehr komplex und aufwändig.

3.2.4.1 United Nations Electronic Data Interchange for Administration, Commerce and Trade

United Nations Electronic Data Interchange for Administration, Commerce and Trade (UN/EDIFACT) ist ein branchenübergreifender Datenstrukturstandard für den Daten-

[96] Eigene Darstellung

austausch über EDI.[97] Da UN/EDIFACT ein Strukturstandard ist, kann die Übertragung von Nachrichten über jedes beliebige Medium erfolgen.

UN/EDIFACT ist an sich ein branchenunabhängiger Standard. Durch die zunehmende Komplexität der auszutauschenden Nachrichten haben sich allerdings branchenspezifische Teilmengen des UN/EDIFACT-Standards durch Weglassen optionaler Bestandteile gebildet. Diese werden als Subsets bezeichnet. Beispiele hierfür sind EAN+Communication, das UN/EDIFACT Subset der Konsumgüterindustrie und das Odette File Transfer Protocol, das Subset der Automobilindustrie.[98]

Elektronische Kommunikation mit UN/EDIFACT basiert auf dem Austausch von Nachrichten zu den einzelnen Geschäftsvorgängen. Eine UN/EDIFACT-Nachricht ist wie folgt aufgebaut:

Kurzzeichen	Bezeichnung	Optionen
UNA	Service String Advice	optional
UNB	Interchange Header	erforderlich
UNG	Functional Group Header	optional
UNH	Message Header	erforderlich
	User Data Segments	nach Bedarf
UNT	Message Trailer	erforderlich
UNE	Functional Group Trailer	optional
UNZ	Interchange Trailer	optional

Abbildung 3.18: Aufbau einer UN/EDIFACT-Nachricht[99]

Der Aufbau der Nachrichten zu den Geschäftsvorgängen ist daher vorgegeben, jedoch müssen die einzelnen Elemente bzw. deren Bedeutung zwischen den Partnern manuell vereinbart werden, was den Aufbau einer Kommunikation mit UN/EDIFACT relativ teuer macht.

3.2.4.2 Open Catalog Interface

Das Open Catalog Interface (OCI) ist die Schnittstelle zum Import von Katalogdaten in das Einkaufssystem der Firma SAP. Das bedeutet, Open Catalog Interface ist das Bindeglied zwischen der Einkaufsapplikation mit den Katalogdaten, dem Browser des

---

[97] Vgl. Kapitel 3.1.2
[98] Vgl. Pfohl, Hans-Christian (2004) S. 95
Vgl. Reindl, Martin / Oberniedermaier, Gerhard (2002) S. 204
[99] Eigene Darstellung

Bestellers, und dem ERP-System des Unternehmens. Open Catalog Interface liegt in der Version 4.0 vor.

Das Open Catalog Interface dient dazu, auch nicht lokal, das heißt, im Intranet vorliegende Kataloge in ein SAP-System einbinden zu können. Das Open Catalog Interface setzt hierzu auf dem Hyper Text Transfer Protocol zur Übertragung seiner Daten auf.[100] Über das Open Catalog Interface werden nur die Daten der im Warenkorb enthaltenen Artikel und nicht der Warenkorb selbst übertragen. Informationen wie Name des Bestellers, Kostenstelle usw. werden separat per Remote Function Call (RFC) übertragen.

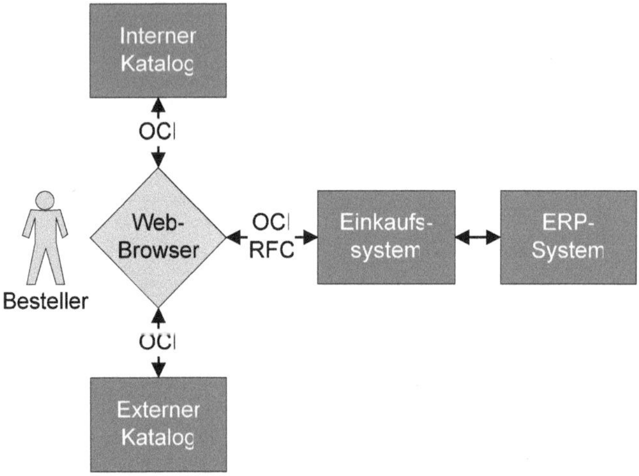

Abbildung 3.19: Open Catalog Interface[101]

Hieraus folgt, das die Anforderungen an das Open Catalog Interface wesentlich geringer ausfallen als die Anforderungen an ein elektronisches Katalogformat, da das Open Catalog Interface später im Bestellprozess angesiedelt ist, wenn die konkreten Artikel bereits vom Besteller ausgewählt wurden, und daher sämtliche artikelbezogenen Daten feststehen.

[100] Vgl. SAP AG (2003) S. 5
[101] Vgl. SAP AG (2003) S. 5

3.2.4.3 RosettaNet

Der RosettaNet-Standard ist ein Protokoll zur Kommunikation zwischen Unternehmen über standardisierte Prozesse. RosettaNet ist ein offener Standard, das für den Standard verantwortliche RosettaNet Consortium ist eine Non-Profit Organisation aus vielen einzelnen Unternehmen. Die Zielsetzung des RosettaNet Konsortiums ist dabei, einen allgemein gültigen Standard für E-Business zu etablieren. RosettaNet ist explizit als Ersatz für EDI gedacht.[102]

RosettaNet ist ein XML-Framework, das nicht nur das Format der auszutauschenden Nachrichten vorgibt, sondern auch die zugehörigen Geschäftsprozesse vordefiniert. Der RosettaNet Standard setzt sich aus drei Elementen zusammen: [103]

- RosettaNet Dictionary: Ein Lexikon zur Standardisierung der verwendeten Begrifflichkeiten

- RosettaNet Implementation Framework: Das eigentliche Framework zur Standardisierung des Nachrichtentransports

- RosettaNet Partner Interface Processes (PIP): Vordefinierte Prozesse zur Standardisierung der einzelnen ausgetauschten Nachrichten

Die Position der einzelnen Elemente ist in Abbildung 3.20 dargestellt:

[102] Vgl. Nekolar, Alexander-Philip (2003) S. 120
Vgl. RosettaNet (2002) S. 1-2
[103] Vgl. Hentrich, Johannes (2001) S. 74

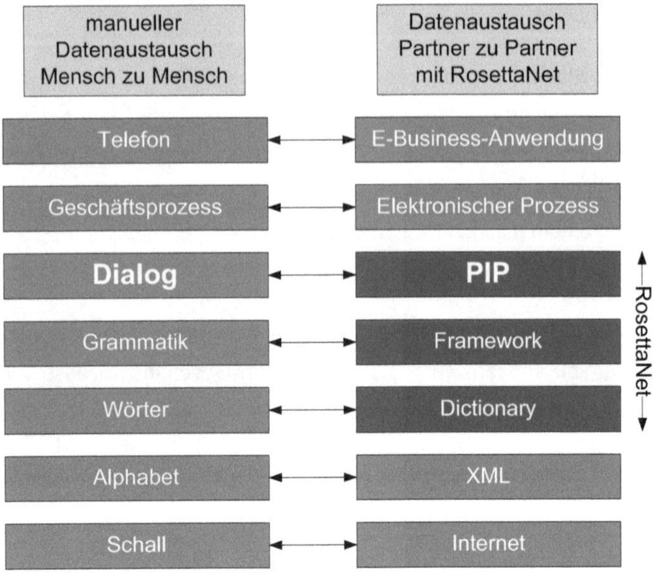

Abbildung 3.20: Elemente von RosettaNet[104]

RosettaNet unterteilt die Geschäftsprozesse der einzelnen Unternehmen in öffentliche und private Prozesse. Öffentliche Prozesse dienen zur Verbindung von Unternehmen, während private Prozess unternehmensintern ablaufen. Partner Interface Prozesse von RosettaNet sind öffentliche Prozesse.[105] Eine Integration von zwei Unternehmen mit RosettaNet sieht also wie folgt aus:

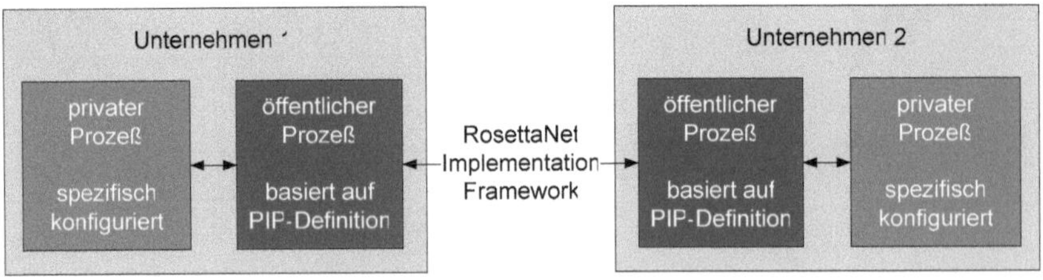

Abbildung 3.21: Öffentliche und private Prozesse[106]

[104] Vgl. Nekolar, Alexander-Philip (2003) S. 120
[105] Vgl. RosettaNet (2002) S. 3
[106] Vgl. RosettaNet (2002) S. 3

Private Prozesse sind dabei unternehmensspezifisch konfiguriert, während öffentliche Prozesse auf den Spezifikationen für Partner Interface Prozesse von RosettaNet basieren. Hierdurch entsteht eine Schnittstelle zur Integration der spezifischen Prozesse der einzelnen Unternehmen über die Unternehmensgrenzen.

3.2.4.4 Secure Electronic Transaction

Eine Sonderstellung innerhalb der Datenübertragungsstandards nehmen die Finanztransaktionsstandards ein. Bei der elektronischen Übertragung von Finanzmitteln bestehen besonders hohe Sicherheitsanforderungen, da bei versehentlichen oder absichtlichen Fehltransaktionen sofort monetärer Schaden entsteht.[107]

Genau genommen stellt jedes elektronische Bezahlsystem bereits einen Standard für sich dar. Diese Standards alle zu betrachten würde den Rahmen dieser Arbeit sprengen und den Fokus der Arbeit verlassen. Daher wird nur von den für Transaktionen zwischen Unternehmen wesentlichen Standards ein Beispiel betrachtet. Hieraus lassen sich die Problemstellungen und Zielsetzungen im Bereich der elektronischen Finanztransaktionen aufzeigen.

Zwischen Unternehmen ist eine möglichst einfache beziehungsweise automatische Abwicklung von Finanztransaktionen vor allem bei relativ geringen Beträgen und mit Partnern, mit denen keine regulären Geschäftsbeziehungen bestehen (zum Beispiel Hotels, Fluggesellschaften, Buchhändler), interessant, während Transaktionen mit großen Geldbeträgen auf Grund des großen Schadens bei Fehlern in der Regel manuell abgewickelt werden. Am weitesten verbreitet sind elektronische Finanztransaktionen mit Firmenkreditkarten.[108] Da bei Einsatz von Kreditkarten für elektronische Transaktionen die Kreditkartendaten angegeben werden müssen, ist der Einsatz ohne weitere Maßnahmen sehr risikoreich.[109]

---

[107] Vgl. Böhle, Knud (2002) S. 52
[108] Vgl. Schürer, Tilo (2002) S. 206
Vgl. Böhle, Knud (2002) S. 51
[109] Vgl. Schürer, Tilo (2002) S. 208-213

Ein erster Schritt ist die Absicherung von Kreditkartenzahlungen durch verschlüsselte Übertragung.[110] Dieses Verfahren verhindert den Zugriff Dritter auf die Kreditkartendaten während der Übertragung, jedoch ist die Sicherheit der Daten nach der Übertragung beim Lieferanten nicht mehr gewährleistet. Insbesondere bei nur eingeschränkt vertrauenswürdigen Lieferanten stellt dies ein Problem dar.[111]

Das Problem des Missbrauchs elektronisch übertragener Kreditkartendaten kann durch den Einsatz digitaler Signaturen verhindert werden.[112] Dieses Verfahren wird Secure Electronic Transaction (SET) genannt. Hierbei erfolgt nach wie vor eine herkömmliche Kreditkartenzahlung, aber die Authentizität der Beteiligten wird sichergestellt und ein Missbrauch der übertragenen Daten verhindert, was die bisherigen Probleme beim Einsatz von Kreditkarten beseitigt.[113] Der Ablauf einer SET-Transaktion wird in Abbildung 3.22 veranschaulicht:

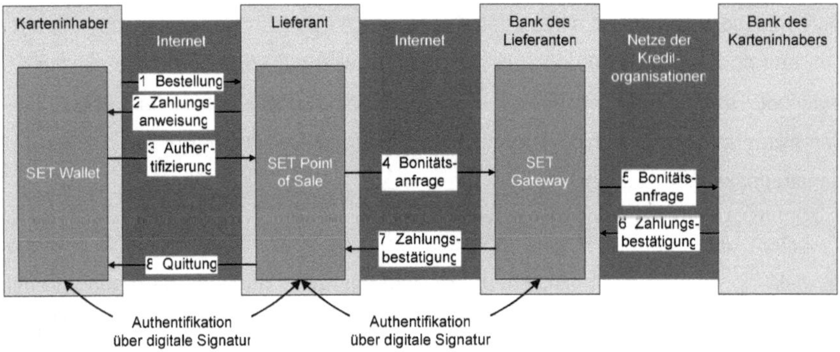

Abbildung 3.22: Ablauf Secure Electronic Transaction[114]

Im ersten Schritt übergibt der Karteninhaber seine Bestellungsdaten mit Zahlungsart SET über Internet an den Lieferanten. Der Lieferant erteilt über seinen SET Point of Sale eine Zahlungsanweisung an das SET Wallet des Karteninhabers. Der Karteninhaber authentifiziert sich über sein SET Wallet beim Lieferanten, der die Bonität des

[110] Vgl. Kapitel 3.5.2
[111] Vgl. Schürer, Tilo (2002) S. 214
[112] Vgl. Kapitel 3.5.3
[113] Vgl. Wirtz, Bernd (2001) S. 620
Vgl. Amor, Daniel (2001) S. 646-647
[114] Vgl. Schürer, Tilo (2002) S. 216
Vgl. Bullinger, Hans-Jörg et al. (2002) S. 312

Karteninhabers über seine Bank überprüft. Wird die Zahlung von der Bank des Karteninhabers bestätigt, stellt der Lieferant dem Kunden eine Quittung aus.[115]

Es kann festgestellt werden, dass Zahlungen über SET sehr sicher sind, das Verfahren aber erhebliche Komplexität mit sich bringt. Hauptsächlicher Nachteil des SET-Verfahrens ist, dass für das SET Wallet zusätzliche Software auf dem Rechner des Karteninhabers installiert werden muss. [116]

3.3 Katalogmanagement

Bevor eine Vereinbarung über eine Geschäftstransaktion getroffen werden kann, müssen bei der Anbahnung der Transaktion zwischen den Geschäftspartnern Informationen ausgetauscht werden, um Angebot und Nachfrage aufeinander abzustimmen. Im Fall von elektronischen Katalogsystemen geschieht dies durch die Übergabe eines elektronischen Katalogs vom Lieferanten an den Kunden.[117]

Ein elektronischer Katalog kann daher als „elektronische Dateien, in denen Produkt- und Dienstleistungsbeschreibungen an Kunden, Interessenten und Käuferunternehmen vermittelt werden“[118] verstanden werden. Der Vorteil der Unterstützung der Transaktionsanbahnung und –durchführung durch elektronische Katalogbestellsysteme besteht wie schon in Kapitel 2.4.3 dargestellt darin, dass die Übertragung von Informationen automatisiert wird und Medienbrüche dadurch vermieden werden können. Ein Katalogbestellsystem unterstützt also Transaktionen durch Bereitstellung der benötigten Informationen.[119] Ein elektronischer Katalog muss folglich die zur Anbahnung und Abwicklung einer Transaktion notwendigen Daten, den so genannten Transactional Content, enthalten.[120]

---

[115] Vgl. Schürer, Tilo (2002) S. 215-216
Vgl. Bullinger, Hans-Jörg et al. (2002) S. 311-312
[116] Vgl. Schürer, Tilo (2002) S. 219 und S. 231
[117] Vgl. Dorloff, Frank-Dieter / Leukel, Jörg / Schmitz, Volker (2002) S. 369
Vgl. Schulte, Christof (2005) S. 321
Vgl. Hentrich, Johannes (2001) S. 19-20
[118] Hentrich, Johannes (2001) S. 26
[119] Vgl. Dorloff, Frank-Dieter / Leukel, Jörg / Schmitz, Volker (2002) S. 369-370
[120] Vgl. Hentrich, Johannes (2001) S. 88-90

3.3.1 Content

Um die Problematik der Erstellung elektronischer Kataloge betrachten zu können, muss zunächst der Begriff Content definiert werden. Content eines elektronischen Katalogs sind die für die Benutzer geeignet aufbereiteten Informationen aus den Produktbeschreibungen des oder der Anbieter. Die Summe der in einem Katalog enthaltenen transaktionsrelevanten Daten werden also als Content des Katalogs bezeichnet.[121]

Die Qualität des Content stellt einen kritischen Erfolgsfaktor für ein Katalogbestellsystem dar.[122] Die Regel aus dem Endkundengeschäft, dass maximal drei Mausklicks zum Abschluss einer Transaktion ausreichen müssen, gilt auch für Transaktionen zwischen Unternehmen. Das heißt, wird diese Anzahl an erforderlichen Klicks überschritten, ist mit einer schnellen Abnahme der Benutzerzufriedenheit zu rechnen.[123] Dies wird maßgeblich durch die Qualität des Content beeinflusst, weil das Auffinden der gewünschten Artikel im Katalog entscheidend von der Strukturierung des Content abhängt. Um bei Bedarf einen geeigneten Artikel in einem elektronischen Katalog zu finden, muss der Katalog auf geeignete Weise durchsucht werden können. Hierzu müssen die Katalogdaten Strukturen aufweisen an denen eine Suche ansetzen kann, wie zum Beispiel Suche anhand von Attributen, Navigation von Hierarchien oder Suche in Textbeschreibungen.[124] Die Qualität des Content ist somit entscheidend dafür, dass Mitarbeiter die benötigten Artikel mit minimalem Aufwand finden, identifizieren und vergleichen können.[125]

Die grundsätzliche Erstellung von elektronischen Katalogen erfolgt in aller Regel auf Seite des Lieferanten, weswegen der Lieferant die Qualität des Content entscheidend beeinflusst. Bei der Katalogerstellung werden vom Lieferanten die für den Kunden relevanten Produktinformationen zusammengeführt und für den Katalog geeignet aufbereitet und strukturiert.[126] Unter Produktinformationen werden „alle Produkt-

---

[121] Vgl. Nekolar, Alexander-Philip (2003) S. 63
[122] Vgl. Hentrich, Johannes (2001) S. 20
[123] Vgl. Somm, Felix (2002) S. 726
[124] Vgl. Hentrich, Johannes (2001) S. 94-96
Vgl. Bullinger, Hans-Jörg et al. (2002) S. 339-340
[125] Vgl. Nekolar, Alexander-Philip (2003) S. 63-66
[126] Vgl. Dorloff, Frank-Dieter / Leukel, Jörg / Schmitz, Volker (2002) S. 372
Vgl. Hentrich, Johannes (2001) S. 86-88
Vgl. Knepper, Andreas (2002) S. 119-120

beschreibungen in unterschiedlichen Sprachen, Preise und Rabatte, technische Attribute und vor allem Produktbeziehungen"[127] verstanden. Das Problem hierbei ist, dass nur ca. 10% - 15% aller Produktinformationen in brauchbarer elektronischer Form vorliegen.[128] Die meisten Lieferanten setzen daher zur Konsolidierung ihrer Produktinformationen ein Produktinformations-Management (PIM) –System ein.[129] Liegen die Produktinformationen elektronisch vor, so kann hieraus ein elektronischer Katalog erzeugt werden. Die Qualität des Contents des erzeugten Katalogs hängt dabei direkt von der Qualität der Daten des PIM-Systems ab.

Der elektronische Katalog wird in aller Regel in einem Standardformat[130] für elektronische Kataloge erstellt, welches vorher zwischen Kunde und Lieferant vereinbart[131] wurde.[132] Aktuelle Katalogstandards stellen dabei erhöhte Anforderungen an Lieferanten: Einfach eine elektronische Liste mit Artikeln und zugehörigen Preisen an den Kunden weiterzugeben reicht nicht aus, es ist erforderlich, die entsprechenden Formate und technischen Anforderungen des Kunden bedienen zu können, um als Lieferant wettbewerbsfähig zu bleiben. Ist der Lieferant nicht in der Lage, nach den Vorgaben des Kunden elektronische Kataloge zu erstellen, so entsteht für den Kunden das Problem den Content des Lieferanten in die erforderliche Form zu bringen. Dies kann sehr viel Aufwand erfordern, weswegen hier gerne ein Drittanbieter hinzugezogen wird. Die Verwendung von verbesserten Standards kann also durchaus ein zweischneidiges Schwert sein, da sie zwar die Verwertbarkeit des Content für den Kunden verbessert, aber die Anforderungen an die Fähigkeiten und technischen Möglichkeiten der Lieferanten hochschraubt, wodurch der Kreis der geeigneten Lieferanten verkleinert wird, beziehungsweise die Kosten für die Erstellung der elektronischen Kataloge erhöht werden.

---

[127] Lucas-Nülle, Thomas (2005) S. 9
[128] Vgl. Hentrich, Johannes (2001) S. 86
[129] Vgl. Lucas-Nülle, Thomas (2005) S. 19
[130] Vgl. Kapitel 3.2.3
[131] Vgl. Kapitel 3.4.4
[132] Vgl. Hentrich, Johannes (2001) S. 69-71

3.3.2 Content-Management

Die Unternehmen entlang der Supply Chain müssen parallel zum Güterfluss mit Produktinformationen versorgt werden. Hieraus entsteht eine der regulären Supply Chain[133] sehr ähnliche Struktur, die so genannte Content Supply Chain, also eine Versorgungskette mit Produktinformationen.[134] Die Bereitstellung von Produktinformationen in elektronischen Katalogen und die Anpassung der zur Verfügung gestellten elektronischen Kataloge für die Bedürfnisse des eigenen Unternehmens wird als Content-Management bezeichnet.[135]

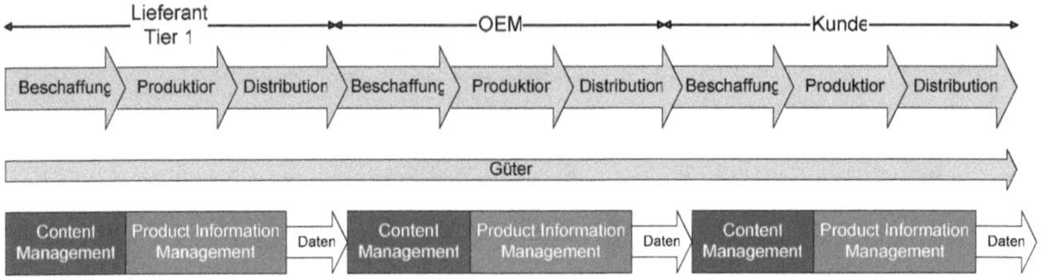

Abbildung 3.23: Content Supply Chain[136]

Der in der Content Supply Chain parallel zum Güterfluss laufende Informationsfluss trägt in diesem Fall jedoch keine logistischen Informationen wie im Modell des SCM, sondern Produktinformationen.

Da Unternehmen in der Regel elektronische Kataloge nicht nur von einem Lieferanten beziehen, entsteht auf Kundenseite das zusätzliche Problem unterschiedlicher Formate der Kataloge der einzelnen Lieferanten.[137] Einkaufende Unternehmen haben jedoch ein Interesse daran, Kataloge verschiedener Lieferanten möglichst einfach navigieren und vergleichen zu können. Die Kataloge der einzelnen Lieferanten werden daher vom einkaufenden Unternehmen zu einem Gesamtkatalog, dem so genannten Multi-Lieferanten-Katalog (MLK) zusammengeführt.[138] Zur Erstellung ei-

---

[133] Vgl. Kapitel 2.3.3, Abbildung 2.15
[134] Vgl. Lucas-Nülle, Thomas (2005) S. 16
[135] Vgl. Schäfer, Harald / Schäfer, Burkhard (2001) S. 105
[136] Vgl. Lucas-Nülle, Thomas (2005) S. 16
[137] Vgl. Hentrich, Johannes (2001) S. 70
Vgl. Dolmetsch, Ralph (2000) S. 164
Vgl. Gilbert, Alorie (2000) o. S.
Vgl. Renner, Thomas (1999) S. 130
[138] Vgl. Hentrich, Johannes (2001) S. 35-36

nes MLK sind einige Arbeiten an den einzelnen Katalogen erforderlich, da Kataloge aus unterschiedlichen Standards nicht ohne weiteres ineinander überführt werden können. Bei der Erstellung eines MLK müssen folglich die Produktkataloge der einzelnen Anbieter einander angeglichen und die Datenstrukturen angepasst werden. Dies geschieht in folgenden Schritten:[139]

- Spezifikation der Attribute jedes Artikels, die zu einer eindeutigen Beschreibung erforderlich sind.
- Kategorisierung der Artikel nach einer eindeutigen Struktur
- Homogenisierung der Artikelbeschreibungen, beziehungsweise Auflösung von Synonymen
- Konvertierung in das benötigte Katalogformat

Je nach Qualität und Format der zur Verfügung stehenden Produktkataloge kann die Erstellung eines MLK einen erheblichen Aufwand verursachen. Darüber hinaus ist für die Erstellung eines MLK unter Umständen erhebliches Know-how erforderlich, weswegen zur Erstellung eines MLK von einkaufenden Unternehmen auch häufig Drittanbieter hinzugezogen werden.[140] Somit ergeben sich drei Möglichkeiten, den für den Betrieb eines E-Ordering-Systems erforderlichen Content bereitzustellen:[141]

- Auf Einkaufsseite: Die Vorteile, das Content-Management im einkaufenden Unternehmen abzuwickeln, liegen auf der Hand: Der Content kann exakt den eigenen Bedürfnissen angepasst, und die Kataloge sämtlicher Lieferanten können einander angeglichen werden. Das Problem hierbei ist, dass nicht alle Un-

---

Vgl. Nekolar, Alexander-Philip (2003) S. 78
Vgl. Reindl, Martin / Oberniedermaier, Gerhard (2002) S. 232-235
[139] Vgl. Puschmann, Thomas; Alt, Rainer (2001) S. 10
Vgl. Hentrich, Johannes (2001) S. 58-60
Vgl. Dolmetsch, Ralph (2000) S. 165-168
[140] Vgl. Brenner, Walter / Lux, Andreas (2000) S. 163
Vgl. Schäfer, Harald / Schäfer, Burkhard (2001) S. 79
Vgl. Nenninger, Michael (1999) S. 22-23
Vgl. Reindl, Martin / Oberniedermaier, Gerhard (2002) S. 237-239
Vgl. Drefs, Matthias (1999) S. 241-242
[141] Vgl. Bogaschewsky, Ronald (1999) S. 26
Vgl. Wirtz, Bernd (2001) S. 320
Vgl. Schulte, Christof (2005) S. 321
Vgl. Kleineicken, Andreas (2002) S. 49
Vgl. Dolmetsch, Ralph (2000) S. 161

ternehmen über das notwendige Know-How verfügen, und darüber hinaus der Aufwand erheblich ist.

- Auf Lieferantenseite: Lieferanten müssen grundsätzlich ihre Produktdaten in einem Katalog zusammenfassen, um ihr Angebot darzustellen. Belässt man es dabei, entstehen keine zusätzlichen Kosten, jedoch sind die Kataloge verschiedener Anbieter nur schwer miteinander zu durchsuchen und zu vergleichen.

- Durch Drittanbieter: In diese Kategorie fallen Anbieter katalogbasierter Marktplätze und professionelle Content-Provider. Sie haben den Vorteil, dass Content-Management zu ihrem Kerngeschäft gehört, und dass der Katalog eines Lieferanten für mehrere Käufer in der Regel nur einmal angepasst werden muss. Weiterhin muss das einkaufende Unternehmen nicht über das gesamte Know-How verfügen.

3.4 Rechtliche Grundlagen

Für Unternehmen, die geschäftliche Transaktionen über das Internet durchführen wollen, gehört die Rechtssicherheit dieser Transaktionen mit zu den größten Unsicherheiten.[142] Die Beachtung der Rechtslage bei elektronischen Geschäftstransaktionen ist für die Unternehmen deshalb von Bedeutung, weil bei Fehlern erhebliche Probleme entstehen können, wie zum Beispiel:[143]

- Nichtzustandekommen von Verträgen
- Rücktritt der Partner von Verträgen
- Nichtbeweisbarkeit von Ansprüchen
- Irrtümlich, bzw. unter falschen Vorraussetzungen geschlossene Verträge

---

[142] Vgl. Bogaschewsky, Ronald / Kracke, Uwe (1999) S. 187
Vgl. Bogaschewsky, Ronald (1999) S. 33
Vgl. Wirtz, Bernd (2001) S. 572

[143] Vgl. Fässler, Lukas (2002) S. 190-191
Vgl. Schaeuffelen, Angelika (1999) S. 172
Vgl. Heinzmann, Peter (2002) S. 73

Rechtliche Probleme entstehen aufgrund der ursprünglichen Konzeption des Internets als offenes Netz für den freien Datenaustausch. Das Internet [144]

- Ist nicht kommerziell angelegt.
- Ist Im Prinzip ein rechtsfreier Raum.
- Hat keine Zugangsbeschränkungen.

Entsprechend können bei Anbahnung, Vereinbarung und Abwicklung von Geschäften im Internet erhebliche Probleme entstehen, da das Internet per se nicht für die sichere Durchführung derartiger Transaktionen vorgesehen ist.

Dieses Unterkapitel soll kein vollständiges Verzeichnis relevanter Gesetze sein, sondern ein Grundverständnis für die aktuelle Rechtslage und ein Problembewusstsein herstellen, um von Unklarheiten hervorgerufene Probleme zu vermeiden.

3.4.1 Elektronische Verträge

Besondere Beachtung verdient in rechtlicher Hinsicht die Vereinbarungsphase als Teil einer Markttransaktion im elektronischen Geschäftsverkehr, da diese Phase im Fall einer erfolgreichen Verhandlung zum Abschluss eines Vertrags führt, der die rechtliche Basis der Transaktion darstellt. [145]

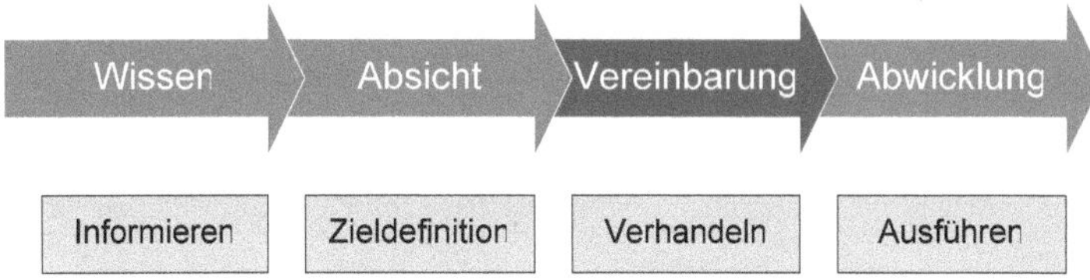

Abbildung 3.24: Phasenmodell der Markttransaktion[146]

---

[144] Vgl. Amor, Daniel (2000) S. 138-139
Vgl. Amor, Daniel (2001) S. 177
Vgl. Wirtz, Bernd (2001) S. 572

[145] Vgl. Schmid, Beat (2002) S. 216-217
Vgl. BGB (2003) §§ 145-157

[146] Vgl. Schmid, Beat (2002) S. 217

Die Grundlage eines jeden Vertragsabschlusses im europäischen Zivilrecht ist das Römische Recht[147], welches besagt, dass ein Vertrag zustande kommt, wenn die Vertragsparteien übereinstimmende Willenserklärungen abgeben[148]. Im einfachsten Fall (bei zwei Vertragsparteien) sind dies das Angebot und die Annahme des Angebots. Damit diese Willenserklärungen übereinstimmen, muss über die Bedingungen der Transaktion, also Preise und Konditionen, Einigkeit zwischen den Vertragsparteien bestehen. Einen geeigneten Partner zu finden, mit dem Einigkeit erzielt werden kann, sowie diese Einigkeit herzustellen, ist Aufgabe der vorhergehenden Phasen der Markttransaktion.[149]

Durch die Umsetzung der E-Commerce-Richtlinie der Europäischen Gemeinschaft ist ein vollständig elektronischer Vertragsabschluss möglich geworden.[150] Diese Art des Vertragsabschlusses wird E-Contracting genannt, und der dabei zustande gekommene Vertrag entsprechend als E-Contract bezeichnet.[151] Beim E-Contracting ist zu beachten, dass die gesetzlichen Formvorschriften bei der elektronischen Abgabe der konstituierenden Willenserklärungen eingehalten werden, da der Vertrag ansonsten nichtig wird.[152] Dieser Mangel kann zwar durch Bestätigung der Willenserklärungen auf konventionelle Art behoben werden[153], jedoch ist dies im Streitfall keine praktikable Lösung. In diesem Fall besteht keine Einigkeit mehr, was eine erneute Einigung durch Verhandlungen oder gar eine gerichtliche Entscheidung notwendig macht. Hierdurch werden erhebliche Transaktionskosten verursacht, welche die durch die elektronische Abwicklung eingesparten Transaktionskosten[154] um ein vielfaches übertreffen. Es ist also außerordentlich riskant, sich darauf zu verlassen, dass ein elektronisch geschlossener Vertrag im Bedarfsfall nachträglich auf konventionelle Weise geschlossen werden kann.

---

[147] Vgl. Kilian, Wolfgang (2002) S. 998-999

[148] Vgl. Wirtz, Bernd (2001) S. 575
Vgl. Schopp, Bernd / Stanoevska-Slabeva, Katarina (2002) S. 1020
Vgl. BGB (2003) §§ 116-144

[149] Vgl. Schmid, Beat (2002) S. 216-217

[150] Vgl. Kilian, Wolfgang (2002) S. 1005
Vgl. Fässler, Lukas (2002) S. 196
Vgl. BGB (2003) § 126a

[151] Vgl. Schopp, Bernd / Stanoevska-Slabeva, Katarina (2002) S. 1021
Vgl. Amor, Daniel (2000) S. 44

[152] Vgl. BGB (2003) § 125
Vgl. Fässler, Lukas (2002) S. 190

[153] Vgl. BGB (2003) § 141

[154] Vgl. Amor, Daniel (2000) S. 44

3.4.2 Elektronisch abgegebene Willenserklärungen

Damit ein geschlossener Vertrag für beide Vertragsparteien als sicher angesehen werden kann, muss für die dem Vertrag zugrunde liegenden Willenserklärungen Nichtabstreitbarkeit gelten. Nichtabstreitbarkeit bedeutet, dass keine Partei vorgeben kann, eine Willenserklärung nicht oder irrtümlich abgegeben zu haben oder eine von der anderen Seite abgegebene Willenserklärung nicht oder nicht fristgerecht erhalten zu haben. Im Normalfall wird dies durch das von beiden Seiten unterschriebene und datierte Vertragsdokument gewährleistet; bei elektronisch abgewickelten Transaktionen kann dieser Nachweis zu einem erheblichen Problem werden.[155] Im Einzelnen ist folgendes zu beachten:

- Die Nichtabstreitbarkeit einer Willenserklärung durch ihren Absender.
- Die Unterscheidung zwischen einem Angebot, und der Aufforderung, ein Angebot abzugeben.
- Der Nachweis, dass eine Nachricht mit einer Willenserklärung dem Vertragspartner zugegangen ist.
- Der Zeitpunkt, an dem der Vertragspartner die Nachricht erhalten hat.

Eine elektronisch abgegebene Willenserklärung kann nicht abgestritten werden, wenn der Absender der Willenserklärung eindeutig identifiziert werden kann und das Dokument vor nachträglichen Veränderungen geschützt ist. Dies wird durch digitale Signaturen erreicht.[156]

Zwischen einem Angebot, und der Aufforderung, ein Angebot abzugeben, muss sorgfältig unterschieden werden.[157] Ein Angebot stellt, wie oben beschrieben, eine Willenserklärung dar. Wenn ein potentieller Partner erklärt, das Angebot anzuneh-

---

[155] Vgl. Bogaschewsky, Ronald / Kracke, Uwe (1999) S. 187
Vgl. Bogaschewsky, Ronald (1999) S. 33

[156] Vgl. Kapitel 3.4.3
Vgl. SigG (2001) §2

[157] Vgl. Kilian, Wolfgang (2002) S. 1002

men, so ist ein Vertrag zustande gekommen, das heißt, ein Angebot stellt eine bindende Willenserklärung dar.[158]

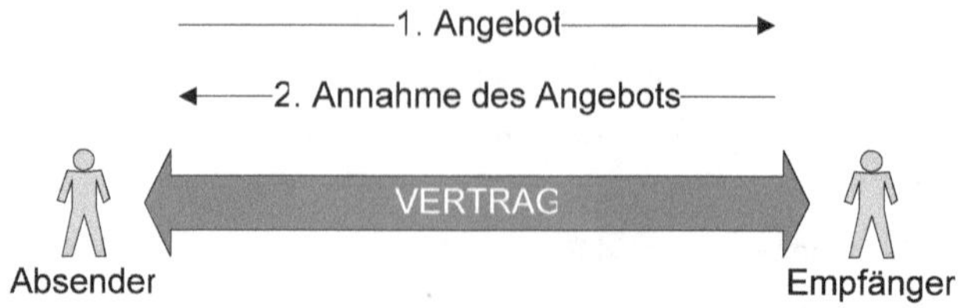

Abbildung 3.25: Vertrag mit Angebot[159]

Eine Aufforderung, ein Angebot abzugeben, stellt hingegen keine Willenserklärung dar und ist somit nicht bindend für den Absender. Der Absender ist erst an den entstandenen Vertrag gebunden, wenn er erklärt, das auf seine Aufforderung hin abgegebene Angebot anzunehmen.[160]

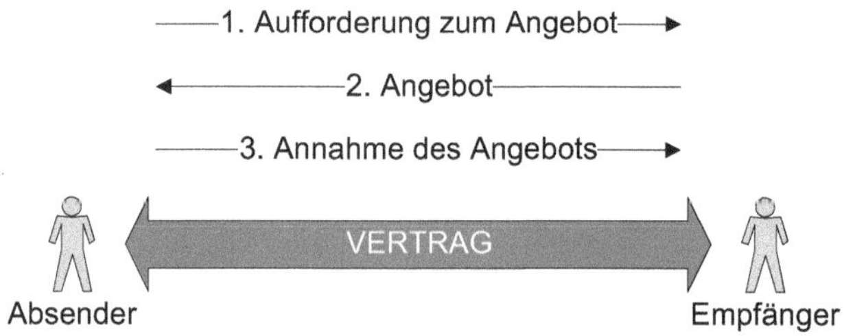

Abbildung 3.26: Vertrag mit Aufforderung zum Angebot[161]

Angebote, und Aufforderungen, ein Angebot abzugeben, müssen strikt getrennt werden. Der Unterschied ob eine elektronische Nachricht zur einen oder anderen Kategorie gehört, muss möglichen Partnern deutlich gemacht werden, um absichtlich oder unabsichtlich entstehende Missverständnisse zu vermeiden.

Damit eine Willenserklärung wirksam wird und ein Vertrag zustande kommt, muss die Willenserklärung dem Vertragspartner zugegangen sein. „Empfangsbedürftige Wil-

---

[158] Vgl. Wirtz, Bernd (2001) S. 576
Vgl. Kilian, Wolfgang (2002) S, 1000
[159] Eigene Darstellung
[160] Vgl. Wirtz, Bernd (2001) S. 576
[161] Eigene Darstellung

lenserklärungen bedürfen des Zugangs, um wirksam zu werden. Zugegangen ist eine Willenserklärung, wenn Sie derart in den Machtbereich des Empfängers gelangt ist, dass dieser unter gewöhnlichen Umständen von ihr Kenntnis nehmen kann."[162] Der Nachweis, dass eine Willenserklärung dem Vertragspartner zugegangen ist, muss jedoch vom Absender erbracht werden, da der Empfänger behaupten kann, die Willenserklärung nie erhalten zu haben. Bei elektronisch übertragenen Willenserklärungen existieren zwar in der Regel Sendeprotokolle, die allerdings als Nachweis nicht ausreichen. Zum einen ist das Sendeprotokoll nicht sicher vor Manipulationen, zum anderen kann ein Sendeprotokoll vorliegen, obwohl die Nachricht bei der Übertragung ganz oder teilweise verloren gegangen ist. Sendeprotokolle eignen sich somit nur als Indiz, aber nicht als Beweis.[163]

Um den Zeitpunkt festzuhalten, an dem eine elektronische Nachricht verschickt wurde, kann die Nachricht mit einem so genannten Zeitstempel versehen werden. Hierzu wird die Nachricht über einen unabhängigen Server verschickt, der die Nachricht mit einer Zeitangabe versieht, um falsche Zeitangaben durch den Absender zu unterbinden. Hierdurch wird zweifelsfrei belegt, wann die Nachricht abgeschickt wurde. Der Zeitpunkt der Ankunft der Nachricht beim Empfänger kann hiermit allerdings nicht belegt werden, da auch bei elektronischen Nachrichten Sende- und Empfangszeitpunkt auseinander liegen können.[164]

Die einzige Möglichkeit für den Absender einer elektronischen Willenserklärung, Zugang und Zeitpunkt des Zugangs zweifelsfrei nachweisen zu können, ist eine Empfangsbestätigung mit Zeitstempel vom Empfänger zu verlangen. Nur so kann nachgewiesen werden, dass die Willenserklärung dem korrekten Empfänger zum bestätigten Zeitpunkt zugegangen ist.[165] Auf elektronischen Marktplätzen mit guten Sicherheitsvorkehrungen erfolgt die Erstellung dieser Bestätigungen automatisch, so dass die Rechtssicherheit der abgewickelten Transaktionen gewährleistet ist.

---

[162] Wirtz, Bernd (2001) S. 576
Vgl. Schaeuffelen, Angelika (1999) S. 180
Vgl. Kilian, Wolfgang (2002) S. 1003-1004
[163] Vgl. Schaeuffelen, Angelika (1999) S. 180-182
[164] Vgl. Schaeuffelen, Angelika (1999) S. 182
[165] Vgl. Schaeuffelen, Angelika (1999) S. 183

3.4.3 Signaturgesetz

Verträge in Papierform sind nicht abstreitbar und revisionssicher, d.h. die Unterzeichner können sich nicht von der im Vertrag abgegebenen Willenserklärung lossagen und der Inhalt des Vertrages kann nicht nachträglich verändert werden. Die Nichtabstreitbarkeit für die Vertragsparteien wird durch die Unterschriften auf dem Vertragsdokument gewährleistet, da durch die individuelle Unterschrift die Vertragspartner eindeutig festgehalten sind. Die Revisionssicherheit entsteht durch das Papierdokument, an dem Manipulationen nachgewiesen werden können.

Bei einem elektronischen Vertrag müssen diese Eigenschaften ebenfalls sichergestellt sein. Ein elektronisch geschlossener Vertrag muss also ermöglichen, die (evtl. nur virtuell anwesenden) Vertragspartner zweifelsfrei zu identifizieren,[166] und dass das Vertragsdokument nicht nachträglich von einer der Parteien verändert werden kann. Dies geschieht über digitale Signaturen.[167] Eine elektronische Signatur ist allerdings grundsätzlich jede Art von Datum, die zur Identifikation anderen elektronischen Daten angehängt wird.[168] Damit die oben genannten Anforderungen erfüllt werden, sind so genannte qualifizierte Signaturen erforderlich. Entsprechend sind die gesetzlichen Anforderungen an qualifizierte Signaturen gestaltet. Eine qualifizierte elektronische Signatur muss:[169]

- Die Nichtabstreitbarkeit ermöglichen, indem diese Signatur nur dem Inhaber zur Verfügung steht und unter seiner alleinigen Kontrolle gehalten werden kann.
- Mit den Daten, denen die Signatur zugeordnet ist, derart verknüpft sein, dass eine nachtägliche Veränderung der Daten nachvollziehbar wird.
- Mit einem gültigen qualifizierten Zertifikat erzeugt werden, um sicherzustellen, dass der Inhaber der Signatur der ist, für den er sich ausgibt.

---

[166] Vgl. Amor, Daniel (2001) S. 499
[167] Vgl. Kapitel 3.5.3
[168] Vgl. SigG (2001) § 2 Nr. 1
[169] Vgl. Geis, Ivo (2002) S. 297
Vgl. SigG (2001) § 2 Nr. 2-7

Die digitale Signatur nimmt somit bei elektronischen Verträgen die Funktion der Unterschrift bei konventionellen Verträgen ein.[170] Mit dem Gesetz zur digitalen Signatur werden digital signierte elektronische Verträge rechtlich konventionell geschlossenen Verträgen gleichgestellt,[171] wobei die Verwendung von elektronischen Signaturen den Vertragsparteien freigestellt ist.[172] Da die Beweiskraft, und damit die Rechtssicherheit eines elektronischen Vertrages allerdings von der verwendeten elektronischen Signatur abhängen, muss der Verzicht auf qualifizierte elektronische Signaturen als rechtlich unsicher angesehen werden.[173]

3.4.4 Rahmenverträge

Wenn mit einem Lieferanten eine längerfristige Beziehung etabliert werden soll, so ist es unter Umständen sinnvoll, in einem Rahmenvertrag die grundsätzlichen Rahmenbedingungen der Geschäftsbeziehung festzulegen. Durch Festlegung dieser Rahmenbedingungen werden die Transaktionskosten für einzelne Transaktionen gesenkt, da die festgelegten Bedingungen nicht neu ausgehandelt werden müssen und Unklarheiten vermieden werden.[174] Dies gilt insbesondere, wenn mit einem Lieferanten eine elektronische Integration angestrebt wird, da in diesem Fall zahlreiche organisatorische und technische Vereinbarungen getroffen werden müssen.[175] Rahmenverträge sind vor allem bei geringwertigen Gütern mit hohem Bestellvolumen oder konstanten Losgrößen attraktiv, da hier durch eine langfristige Beziehung erhebliche Transaktionskosten eingespart werden können. Grundsätzlich sollte in einem Rahmenvertrag festgelegt sein:[176]

---

[170] Vgl. Heitmann, Annika (2002) S. 284
Vgl. Amor, Daniel (2000) S. 137
Vgl. Leu, Matthias (1999) S. 165
[171] Vgl. Geis, Ivo (2002) S. 296
Vgl. SigG (2001) §1 Abs. 1
Vgl. BGB (2003) § 126a Abs. 1
[172] Vgl. SigG (2001) § 1 Abs. 2
[173] Vgl. Geis, Ivo (2002) S. 301-303
Vgl. Schaeuffelen, Angelika (1999) S. 176
Vgl. Amor, Daniel (2000) S. 137
[174] Vgl. Müller, Günter / Eymann, Torsten / Kreutzer, Michael (2003) S. 373
Vgl. Schäfer, Harald / Schäfer, Burkhard (2001) S. 41
[175] Vgl. Hentrich, Johannes (2001) S. 37
[176] Vgl. Bogaschewsky, Ronald (1999) S. 34

- Das anzuwendende Recht sowie der im Streitfall zuständige Gerichtsstand sollten insbesondere bei internationalen Geschäftsbeziehungen festgelegt sein, da die jeweiligen nationalen Regelungen erheblich voneinander abweichen können. [177]

- Es sollte enthalten sein, ob die Allgemeinen Geschäftsbedingungen der Käufer- oder Verkäuferseite Anwendung findet. [178]

- Die Frist für die Annahme des Angebotes sowie Beginn und Ende der Vertragslaufzeit. [179]

- Die Haftungspflichten, um zu regeln, welche Vertragspartei bei auftretenden Problemen verantwortlich ist. [180]

- Welche Dokumente und Vereinbarungen vertraulich behandelt werden müssen. Die Vereinbarung der Geheimhaltung ist bei Transaktionen zwischen Unternehmen von hoher Bedeutung und stellt in vielen Branchen den notwendigen ersten Schritt bei der Aufnahme einer Geschäftsbeziehung dar.

Zu den Punkten, die in einem Rahmenvertrag nicht enthalten sein müssen, die aber im Bedarfsfall geregelt werden sollten, gehören:

- Die Vereinbarung von festen Preisrahmen, da insbesondere bei C-Gütern so erhebliche Vereinbarungskosten gespart werden können.

- Format und Aufbau von ausgetauschten Daten. Im Rahmenvertrag kann für den Dokumentenaustausch die elektronische Form vereinbart werden, wodurch die Anforderungen an die digitale Signatur gelockert werden. [181] Hierdurch reduziert sich der Aufwand für elektronischen Austausch erheblich, da ansonsten alle Dokumente digital signiert werden müssten.

---

[177] Vgl. Wirtz, Bernd (2001) S. 581
[178] Vgl. Wirtz, Bernd (2001) S. 580-581
Vgl. Bogaschewsky, Ronald (1999) S. 35
[179] Vgl. Bogaschewsky, Ronald (1999) S. 34
[180] Vgl. Bogaschewsky, Ronald (1999) S. 34
[181] Vgl. Geis, Ivo (2002) S. 301
Vgl. BGB (2003) §127 Abs. 3

- Die Zuständigkeiten für Bereitstellung und Aufbereitung von Content sowie die entsprechenden Datenformate. Da die Bereitstellung und Aufbereitung von Content einen erheblichen Aufwand darstellen kann, sollte dieser Punkt vor der Einrichtung einer elektronischen Anbindung geklärt sein.

- Die Abwicklungsweise von Zahlungen. Hier kann festgelegt werden, ob Bezahlverfahren wie Gutschriftsverfahren oder Purchasing Cards zum Einsatz kommen. Bei Gutschriftsverfahren ist die vorherige Vereinbarung in einem Rahmenvertrag vorgeschrieben.[182]

3.4.5 Versteigererverordnung

Wenn Auktionen elektronisch abgewickelt werden, so stellt dies einen rechtlichen Sonderfall dar. Konventionelle Auktionen unterliegen der Versteigererverordnung (VerstV), die allerdings bisher nicht an die Besonderheiten elektronischer Abwicklung angepasst wurde.[183] Die entsprechenden Vorschriften im elektronischen Geschäftsverkehr einzuhalten (zum Beispiel die Maßgabe, Auktionen zwei Wochen vor Beginn anzumelden[184]) ist schwierig bis unmöglich.[185]

Es existiert allerdings eine Entscheidung des Bundesgerichthofs aus dem Jahr 2001, die festlegt, dass auch eine elektronische Auktion im Standardfall bereits ein Angebot und *nicht* eine Aufforderung zu Abgabe eines Angebots[186] darstellt, und der Versteigernde somit an das Ergebnis der Auktion gebunden ist.[187]

Bei Transaktionen zwischen Unternehmen sind abweichende Vereinbarungen über die Allgemeinen Geschäftsbedingungen oder über Bedingungen zur Teilnahme an

---

[182] Vgl. UStG (1980) §14
Vgl. Konhäuser, Christian (1999) S. 90
[183] Vgl. Amor, Daniel (2000) S. 127-128
Die letzte Überarbeitung der VerstV fand im Oktober 2003 statt und enthält keine Regelung für elektronische Auktionen
[184] VerstV (2003) §3 Abs. 1
[185] Vgl. Amor, Daniel (2000) S. 128
[186] Vgl. Kapitel 3.4.2
[187] Vgl. Kilian, Wolfgang (2002) S.1002

der Auktion möglich, das heißt, der Versteigernde kann sich die Annahme von abgegebenen Angeboten auch vorbehalten. Dies ist allerdings explizit zu regeln.[188]

3.5 Sicherheit

Neben juristischen Unsicherheiten sind Sicherheitsbedenken der Hauptgrund für Unternehmen, keine Geschäfte im Internet zu tätigen.[189] Die Grenze zwischen juristischer und technischer Sicherheit kann nicht immer scharf gezogen werden. Insbesondere die Anforderungen an die technische Sicherheit leiten sich aus den juristischen Anforderungen ab.[190] Um den sicheren Ablauf von Geschäften im Internet zu ermöglichen, ist der Einsatz bzw. die Einhaltung der grundsätzlichen Sicherheitsverfahren erforderlich. In diesem Kapitel werden deshalb die Anforderungen an die technische Sicherheit dargestellt und die entsprechenden Sicherheitsverfahren für Geschäftstransaktionen im Internet erläutert.

3.5.1 Anforderungen an die Sicherheit

Zur Gewährleistung der Transaktionssicherheit müssen elektronische Transaktionen fünf Anforderungen erfüllen:[191]

- Vertraulichkeit
- Authentizität
- Integrität
- Nichtabstreitbarkeit für den Absender

[188] Vgl. Amor, Daniel (2000) S. 105
[189] Vgl. Wirtz, Bernd (2001) S. 610
Vgl. Bogaschewsky, Ronald / Kracke, Uwe (1999) S. 187
[190] Vgl. Kapitel 3.3
[191] Vgl. Wirtz, Bernd (2001) S. 611
Vgl. Heitmann, Annika (2002) S. 284
Vgl. Trautmann, Rüdiger (2002) S. 341-345
Vgl. Bogaschewsky, Ronald / Kracke, Uwe (1999) S. 198
Vgl. Nekolar, Alexander-Philip (2003) S. 133-134
Vgl. Bullinger, Hans-Jörg et al. (2002) S. 233-234
Vgl. Müller, Günter / Eymann, Torsten / Kreutzer, Michael (2003) S. 392-394

– Nichtabstreitbarkeit für den Empfänger

Authentizität bedeutet, dass der Absender der Nachricht zweifelsfrei identifiziert werden kann. Vertraulichkeit der Nachricht heißt, dass der Inhalt der Nachricht vor Dritten geheim bleibt. Die Integrität einer Nachricht ist gegeben, wenn die Nachricht vor Veränderungen nach ihrer Versendung geschützt ist. Nichtabstreitbarkeit bedeutet für den Absender, dass er nicht leugnen kann, die Nachricht verschickt zu haben; und bedeutet für den Empfänger, dass er nicht leugnen kann, die Nachricht erhalten zu haben. Die einzelnen Anforderungen werden in Abbildung 3.27 den entsprechend geeigneten Sicherheitsverfahren zugeordnet.

	verschlüsselte Übertragung	qualifizierte digitale Signatur	digital signierte Bestätigung
Inhalt geheim	X		
Absender eindeutig		X	
Inhalt unverändert		X	
Nichtabstreitbar für Absender		X	
Nichtabstreitbar für Empfänger			X

Abbildung 3.27: Zuordnung Sicherheitsanforderungen zu Sicherheitsverfahren[192]

Wie man sieht, sind die Spalten von Abbildung 3.27 disjunkt. Folglich müssen sämtliche Verfahren angewendet werden, um alle Anforderungen zu erfüllen. Konkret müssen Nachrichten im Rahmen von elektronischen Transaktionen digital signiert und verschlüsselt verschickt werden, und anschließend vom Empfänger eine ebenfalls digital signierte und verschlüsselte Bestätigung zurückgeschickt werden, damit die Übertragung der Nachricht als sicher betrachtet werden kann.

[192] Eigene Darstellung

3.5.2 Verschlüsselung

Um die Vertraulichkeit von Nachrichten bei der Übertragung über öffentliche Kanäle werden seit Jahrhunderten Verschlüsselungen eingesetzt. Hierzu wird die Nachricht vor der Übertragung von Absender chiffriert, anschließend wird der unleserliche Chiffretext zum Empfänger übertragen und von ihm wieder dechiffriert.[193]

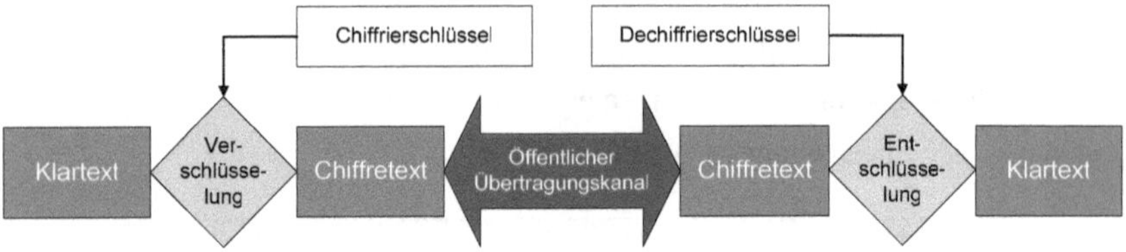

Abbildung 3.28: Grundprinzip der Verschlüsselung[194]

Die zwei wesentlichen Verschlüsselungsverfahren sind die symmetrische und asymmetrische Verschlüsselung. Bei der symmetrischen Verschlüsselung wird ein- und derselbe Schlüssel zur Verschlüsselung und Entschlüsselung verwendet. Das hauptsächliche Problem dieses Verfahrens ist die Tatsache, dass nun die Übertragung des Schlüssels zwischen Absender und Empfänger zum Problem wird.[195] Dieses Problem besteht bei der asymmetrischen Verschlüsselung nicht.

---

[193] Vgl. Wirtz, Bernd (2001) S. 611-612
Vgl. Bogaschewsky, Ronald / Kracke, Uwe (1999) S. 188
Vgl. Amor, Daniel (2000) S. 144
Vgl. Müller, Günter / Eymann, Torsten / Kreutzer, Michael (2003) S. 398

[194] Wirtz, Bernd (2001) S. 611

[195] Vgl. Amor, Daniel (2000) S. 149
Vgl. Amor, Daniel (2001) S. 490-491
Vgl. Müller, Günter / Eymann, Torsten / Kreutzer, Michael (2003) S. 399- 400

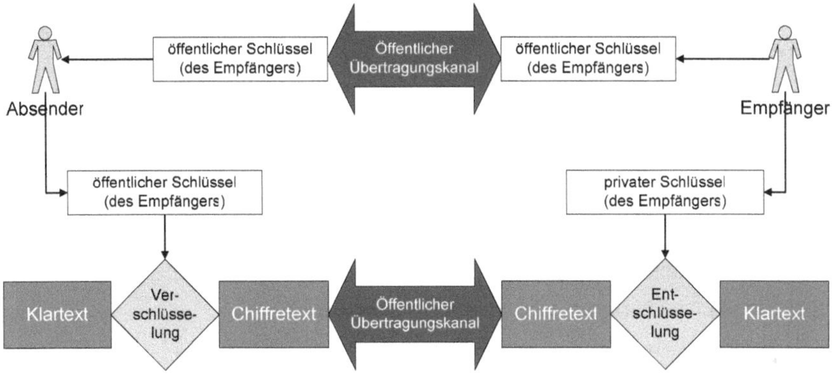

Abbildung 3.29: Asymmetrische Verschlüsselung[196]

Bei der asymmetrischen Verschlüsselung steht dem Empfänger ein Schlüsselpaar zur Verfügung. Mit einem Schlüssel kann ausschließlich chiffriert, mit dem anderen ausschließlich dechiffriert werden. Der Schlüssel zur Chiffrierung wird vom Empfänger öffentlich zugänglich gemacht, was der Sicherheit keinen Abbruch tut, da mit diesem Schlüssel nur Nachrichten chiffriert, aber nicht dechiffriert werden können. Dieser Schlüssel wird daher auch als öffentlicher Schlüssel bezeichnet. Mit diesem Schlüssel chiffriert der Absender seine Nachricht und überträgt sie an den Empfänger. Der Empfänger kann die Nachricht mit dem anderen Schlüssel, der nur ihm bekannt ist, und daher privater Schlüssel genannt wird, wieder entschlüsseln.[197]

3.5.3 Digitale Signatur

Die digitale Signatur eines Dokuments erfüllt, wie in Abbildung 3.27 gezeigt, drei Funktionen: Authentifizierung des Absenders, Sicherstellung der Integrität des Inhalts und Sicherstellung der Nichtabstreitbarkeit durch den Absender.[198] Der Einsatz der digitalen Signatur in elektronischen Verträgen wurde bereits im Kapitel 3.4.3 betrach-

---

[196] Vgl. Bogaschewsky, Ronald / Kracke, Uwe (1999) S. 200
Vgl. Müller, Günter / Eymann, Torsten / Kreutzer, Michael (2003) S. 402

[197] Vgl. Wirtz, Bernd (2001) S. 612
Vgl. Schaeuffelen, Angelika (1999) S. 183
Vgl. Amor, Daniel (2000) S. 149
Vgl. Bogaschewsky, Ronald / Kracke, Uwe (1999) S. 198-200
Vgl. Müller, Günter / Eymann, Torsten / Kreutzer, Michael (2003) S. 401-402

[198] Vgl. Kilian, Wolfgang (2002) S. 1007

tet, an dieser Stelle wird nun die technische Umsetzung der motivierten Anforderungen erläutert.

„Authentifizierung ist ein Prozess, mit dem Identitäten zwischen zwei oder mehr Parteien nachgewiesen werden.“[199] Das bekannteste Verfahren zur Authentifizierung des Absenders einer Nachricht wird Message Authentication Code (MAC) genannt. Dieses Verfahren basiert auf einem nur dem Absender bekannten Schlüssel, der über einen Algorithmus mit der versendeten Nachricht zum Message Authentication Code verknüpft wird. Dieser wird der Nachricht beigefügt.

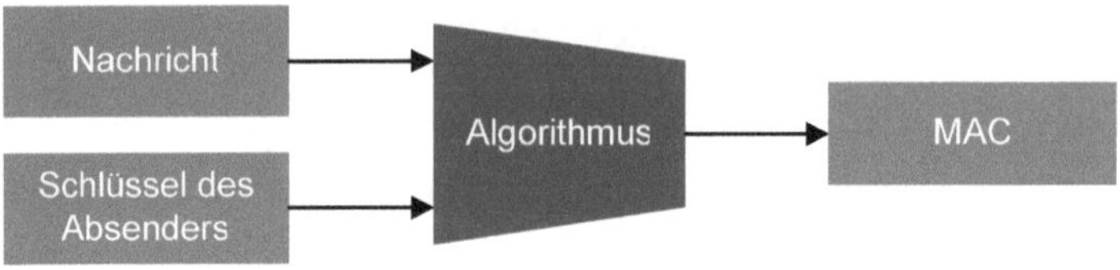

Abbildung 3.30: MAC-Verfahren zur Authentifizierung[200]

Der Empfänger führt die gleiche Berechnung durch und vergleicht sein Ergebnis mit dem der Nachricht beigefügten MAC. Stimmen die MACs überein, ist die Nachricht authentisch.[201]

Die digitale Signatur beruht auf diesem Prinzip. Der Algorithmus der digitalen Signatur erzeugt zunächst aus dem Text der Nachricht mit Hilfe einer Hashfunktion einen Hashwert des Dokuments. Dieser Hashwert wird vom Absender mit einem privaten Schlüssel verschlüsselt. Die Verschlüsselung bei der digitalen Signatur funktioniert nachdem gleichen Prinzip wie die in Kapitel 3.5.2 beschriebene asymmetrische Verschlüsselung. Hier ist allerdings der Chiffrierschlüssel privat und der Dechiffrierschlüssel öffentlich. Das heißt, jeder kann mit Hilfe des öffentlichen Schlüssels die digitale Signatur lesen, aber nur der Inhaber des privaten Schlüssels kann eine digitale Signatur erstellen.[202] Hiermit wird die gesetzliche Anforderung[203] erfüllt, dass die Mittel zur Erstellung der digitalen Signatur auf den Inhaber beschränkt sein müssen.

---

[199] o. V. (2006) S. 3
[200] o. V. (2006) S. 3
[201] Vgl. o. V. (2006) S. 3
Vgl. Müller, Günter / Eymann, Torsten / Kreutzer, Michael (2003) S. 404
[202] Vgl. Bogaschewsky, Ronald / Kracke, Uwe (1999) S:194 und S. 200-201

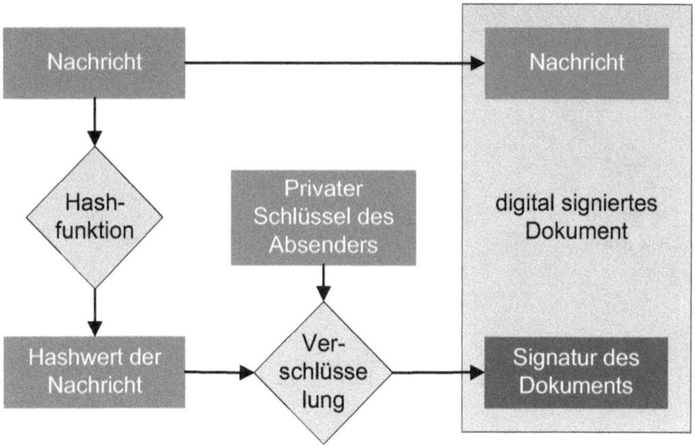

Abbildung 3.31: Erstellen einer digitalen Signatur[204]

Zur Überprüfung einer digitalen Signatur wird aus der Nachricht mit derselben Hashfunktion der Hashwert der Nachricht erzeugt. Parallel dazu wird mit dem öffentlichen Schlüssel des Absenders aus der Signatur der Nachricht der ursprüngliche Hashwert der Nachricht dechiffriert. Diese beiden Werte werden verglichen.

Vgl. Amor, Daniel (2001) S. 197 und S. 499-500
Vgl. Schaeuffelen, Angelika (1999) S. 174
Vgl. Müller, Günter / Eymann, Torsten / Kreutzer, Michael (2003) S. 406
[203] Vgl. Kapitel 3.3.3
[204] Eigene Darstellung

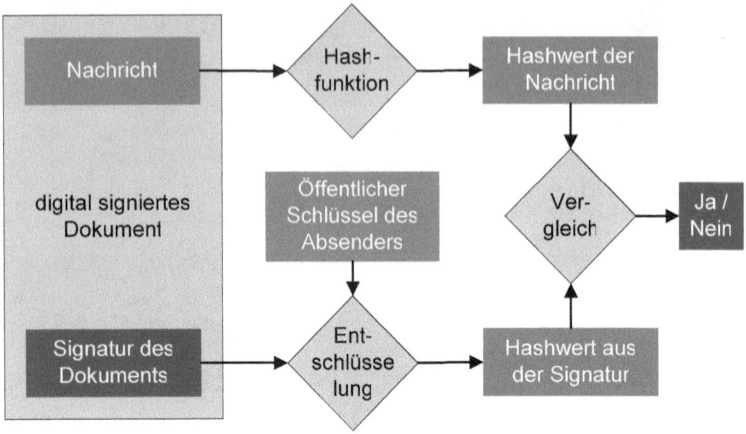

Abbildung 3.32: Prüfen einer digitalen Signatur[205]

Stimmen die Werte überein, ist die Nachricht authentisch. Stimmen die Werte nicht überein so ist entweder der Unterzeichner nicht der, für den er sich ausgibt (Hashwert aus der Signatur falsch) oder die Nachricht ist nach dem Signieren verändert worden (Hashwert aus dem Dokument falsch).[206] Die digitale Signatur ermöglicht somit, den Absender eindeutig zu identifizieren und Veränderungen am Inhalt zu verhindern.[207] Da diese beiden Faktoren gegeben sind, ist es dem Absender auch nicht möglich, sich nachträglich vom Inhalt der Nachricht zu distanzieren.

Es ist zu beachten, dass dieses Verfahren eine Schwachstelle besitzt: Wird eine digital signierte Nachricht abgefangen und von einem Dritten erneut abgeschickt, so wird sie nicht als falsch erkannt.[208] Insbesondere bei vielen gleichartigen Nachrichten besteht also die Gefahr, dass der Nachrichtenverkehr von Dritten sabotiert werden kann.

---

205 Eigene Darstellung
206 Vgl. Amor, Daniel (2001) S. 197
Vgl. Schaeuffelen, Angelika (1999) S. 174-175
207 Vgl. Kilian, Wolfgang (2002) S. 1008
Vgl. Bogaschewsky, Ronald / Kracke, Uwe (1999) S. 201
208 Vgl. o. V. (2006) S. 3

3.5.4 Vertrauenssiegel

Die einfachste Lösung, vollständige Sicherheit zu gewährleisten, besteht darin, keine Geschäfte zu tätigen. Sobald mit Partnern aus dem Markt auf elektronischem oder konventionellem Weg Transaktionen getätigt werden, besteht immer das Risiko, dass ein Partner sich nicht an Absprachen hält.[209] Bei elektronischen Transaktionen wird aufgrund der relativen Anonymität dieses Risiko besonders stark empfunden.[210] Zur Absicherung von Geschäftstransaktionen sind, wie beschrieben, zahlreiche Maßnahmen möglich, durch deren Anwendung jedoch die Transaktionskosten beträchtlich erhöht werden.

Insbesondere die elektronische Beschaffung von C-Gütern wird so erschwert, da die Kosten für die vollständige Absicherung der Transaktion den eigentlichen Wert des beschafften Artikels übersteigen. Dieses Problem wird gelöst, indem dem Lieferanten Vertrauen entgegengebracht wird. Vertrauen ist „die Überzeugung, dass eine andere Person sich so verhält, wie es vereinbart wurde".[211] Vertrauen wird durch Erfahrung mit dem Lieferanten in einer Geschäftsbeziehung aufgebaut und beruht auf positiven Erfahrungen, die mit dem Lieferanten in der Vergangenheit gemacht wurden.[212]

Im Fall von CZ-Gütern kann jedoch aufgrund der unregelmäßigen Beschaffung des betreffenden Gutes keine Beziehung zum entsprechenden Lieferanten aufgebaut werden. Hier kann eine persönliche Beziehung zum Lieferanten durch ein so genanntes Vertrauenssiegel ersetzt werden. Beispiele für Vertrauenssiegel sind e-comtrust[213] und TRUSTe[214]. Vertrauenssiegel funktionieren derart, dass die Erfahrungen aus vielen Transaktionen mit dem betreffenden Lieferanten von einer zentralen Stelle gesammelt werden und bei vereinbarungsgemäßem Verhalten des Lieferanten diesem das Vertrauenssiegel verliehen wird. Die Zentralstelle wird als Trust Partner bezeichnet und wird typischerweise von Banken, Versicherungen oder Ver-

---

[209] Vgl. Einwiller, Sabine / Herrmann, Andreas / Ingenhoff, Diana (2005) S. 25
[210] Vgl. Kollmann, Tobias / Herr, Christian (2005) S.120
Vgl. Einwiller, Sabine / Herrmann, Andreas / Ingenhoff, Diana (2005) S. 25
[211] Noll, Jürgen / Winkler, Manuela (2004) S. 23
Vgl. Kollmann, Tobias / Herr, Christian (2005) S. 120-122
[212] Vgl. Bullinger, Hans-Jörg et al. (2002) S. 226
Vgl. Noll, Jürgen / Winkler, Manuela (2004) S. 24-25
Vgl. Schaeuffelen, Angelika (1999) S. 173
Vgl. Einwiller, Sabine / Herrmann, Andreas / Ingenhoff, Diana (2005) S. 26
[213] Vgl. Fässler, Lukas (2002) S. 203
[214] Vgl. Bullinger, Hans-Jörg et al. (2002) S. 235

bänden eingenommen.[215] Die Zertifizierung durch eine vertrauenswürdige Stelle, den Trust Partner, schafft also Vertrauen zum Lieferanten.[216] Die (positiven) Erfahrungswerte aus einer Beziehung liegen dem Einkäufer vor, auch wenn noch keine Geschäftsbeziehung zu diesem Lieferanten besteht. Die Transaktion mit dem betreffenden Lieferanten muss somit nicht aufwendig gegen Fehlverhalten abgesichert werden, wodurch erhebliche Transaktionskosten eingespart werden.

3.6 Change Management

Wie in Kapitel 3.1-3.5 bereits dargestellt, existieren für die meisten technischen Probleme inzwischen geeignete Lösungen. Folglich sind Probleme bei der Einführung von E-Procurement in der Regel nicht auf technische Schwierigkeiten, sondern auf Fehler in den Prozessen, beim Projektmanagement und bei der Benutzerakzeptanz zurückzuführen. Für den erfolgreichen Betrieb einer E-Procurement-Lösung ist eine erfolgreiche Einführung, die die Zustimmung der Mitarbeiter findet, mit entscheidend.[217]

Das Problem bei der Neueinführung von E-Procurement im Hinblick auf die Mitarbeiter ist, dass Neuerungen in Unternehmen von Seite der Mitarbeiter grundsätzlich Widerstand entgegengebracht wird.[218] Dieser Umstand wird öfters mit dem geflügelten Wort „the only Person who likes Change is a wet baby“[219] umschrieben. Insbesondere Veränderungen in der IT-Landschaft wird von Mitarbeiterseite mit Ablehnung begegnet.[220]

Die Überwachung und Steuerung der Veränderungen im Unternehmen während der Einführung von E-Procurement wird als Change Management bezeichnet. Change Management ist ein essentieller Teil einer Strategie zur Einführung von elektroni-

---

[215] Vgl. Bullinger, Hans-Jörg et al. (2002) S. 234
[216] Vgl. Noll, Jürgen / Winkler, Manuela (2004) S. 26
[217] Vgl. Appelfeller, Wieland / Buchholz, Wolfgang (2005) S. 100
Vgl. Roos, Dietmar / Nettler, Jens (2001) S. 259
Vgl. Beer, Johan (2006 B) S. 39
Vgl. Pyper, Michael (2006) S. 26
[218] Vgl. Claßen, Martin / Alex, Björn / Arnold, Stefanie (2003) S. 26-27
Vgl. Hammer, Michael / Stanton, Steven (1995) S. 159-169
[219] Claßen, Martin / Alex, Björn / Arnold, Stefanie (2003) S. 5
[220] Vgl. Thome, Rainer (2006) S. 10
Vgl. Backhaus, Manuel (1999) S. 71
Vgl. CapGemini Ernst & Young (2002) S. 17

schen Werkzeugen und gehört zu den Erfolgsfaktoren.[221] Dies lässt sich auch daran erkennen, dass zwischen Kriterien für erfolgreiche Veränderungen im Unternehmen allgemein[222] und Empfehlungen zur Einführung von E-Procurement[223] ein hoher Grad an Übereinstimmung feststellen lässt. Obwohl diese Faktoren bekannt sind, scheitern über 70% aller Veränderungsprozesse in den Unternehmen.[224] Weiterhin erreichte in der Anfangsphase des E-Procurement nur jedes fünfte Unternehmen seine mit der Einführung von E-Procurement angestrebten Ziele.[225] Wird dieser Umstand in Hinblick auf den dargestellten Zusammenhang zwischen Change Management und Einführung von E-Procurement betrachtet, so liegen starke Anzeichen vor, dass die Ursache für das Scheitern vieler E-Procurement-Projekte unter anderem im mangelhaften Change Management liegt.

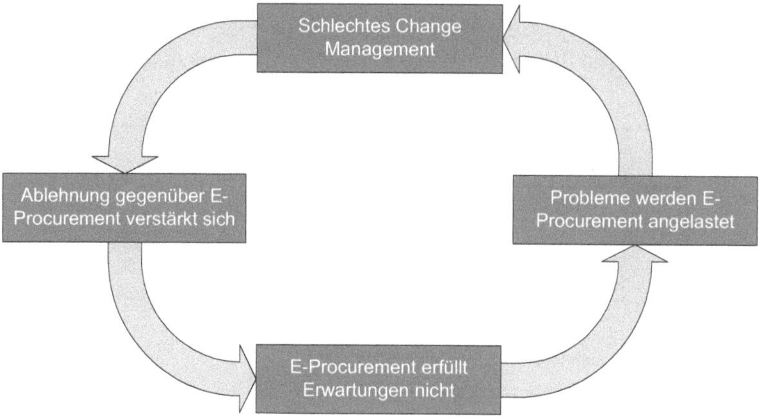

Abbildung 3.33: Teufelskreis durch schlechtes Change Management[226]

Im Extremfall führt dies zu einem Teufelskreis, bei dem mangelhaftes Change Management eine Ablehnung der eingeführten E-Procurement-Systeme bei den Mitarbeitern auslöst, was wie beschrieben dazu führt, dass die Erwartungen an E-

221 Vgl. Thome, Rainer (2006) S. 52
Vgl. Claßen, Martin / Alex, Björn / Arnold, Stefanie (2003) S. 13-14
Vgl. Aberdeen Group (2005) S. 20
222 Vgl. Dobiéy, Dirk / Wargin, John (2001) S. 39
223 Vgl. Eyholzer, Kilian (2002) S. 236-237
Vgl. Buchholz, Wolfgang (2001) S. 78-79
Vgl. Nekolar, Alexander-Philip (2003) S. 33
224 Vgl. Dobiéy, Dirk / Wargin, John (2001) S. 39
225 Vgl. Wannenwetsch, Helmut (2002) S. 10
226 Vgl. Boston Consulting Group (2000) S. 2

Procurement sich nicht erfüllen. Dies wiederum liefert den Mitarbeitern eine vermeintliche Handhabe, die E-Procurement-Systeme abzulehnen, was ein erfolgreiches Change Management weiter erschwert.[227] Im Umkehrschluss bedeutet dies aber, dass zwischen Change Management und weiteren Erfolgsfaktoren Interdependenzen bestehen: Durch gute Qualität des Content, einfache Bedienbarkeit, und reibungslosen Ablauf kann Change Management erheblich erleichtert werden, während Probleme in diesen Bereichen Change Management erheblich erschweren können.

3.6.1 Maverick Buying

Aus der Ablehnung von Neuerungen resultiert die Tendenz der Mitarbeiter, ungeliebte IT-Systeme zu umgehen, wie auch konventionelle Prozesse umgangen werden.[228] Im Einkauf wird dieses Phänomen als Maverick Buying bezeichnet.[229]

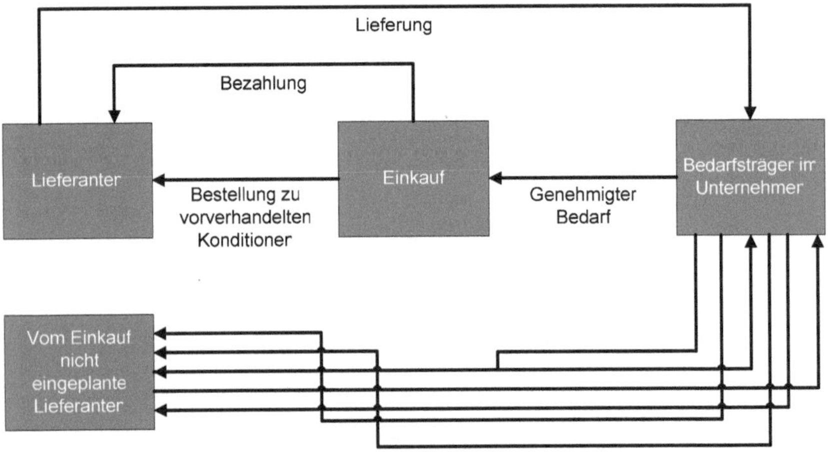

Abbildung 3.34: Maverick Buying[230]

---

[227] Vgl. Boston Consulting Group (2000) S. 2-3
[228] Vgl. Spath, Dieter et al. (2001) S. 3
Vgl. Wälde, Stefan (2005) S. 28-29
Vgl. Möhrstädt, Detlef / Bogner, Philipp / Paxian, Sascha (2001) S. 14
[229] Vgl. Dolmetsch, Ralph (2000) S. 14
Vgl. Puschmann, Thomas / Alt, Rainer (2001) S. 14
[230] Vgl. Nenninger, Michael (1999) S. 13

Maverick Buying stellt für den Erfolg einer E-Ordering-Lösung eine erhebliche Gefahr dar. Finden zu viele Bestellungen am E-Ordering-System vorbei statt, sinkt die Auslastung des Systems, und damit die Rentabilität. Weiter werden die mit den offiziellen Lieferanten verhandelten Einsparungen nicht vollständig realisiert, und die Transparenz des Einkaufsverhaltens verringert sich.[231] Von erheblicher Bedeutung für den Erfolg einer E-Ordering-Lösung ist es daher, sicherzustellen, dass die geplanten Bestellungen auch wirklich über das elektronische System abgewickelt werden, und dass so wenig wie möglich Schwarzeinkäufe am System vorbei stattfinden. Der wichtigste Schritt, um dieses Ziel zu erreichen, ist es, keinen „Parallelbetrieb" mit Papierkatalogen zu fahren, sondern diese vollständig abzuschaffen, das heißt, die Mitarbeiter sollten im Idealfall von der Artikelsuche über die Auswahl bis zur Bestellung alles über das E-Ordering-System abwickeln.[232]

3.6.2 Unterstützung durch Top-Management

Die für eine Einführung von E-Procurement erforderlichen Änderungen an Aufgaben, Organisationsstrukturen und Prozessen führen in der Regel zur Verletzung von persönlichen Interessen der Beteiligten.[233] Insbesondere bei Veränderungen, die mehrere Unternehmensbereiche betreffen, tritt das Problem auf, dass „Bereichsfürsten" versuchen, die Veränderungen zu verhindern, da sie sich in ihrer Machtposition gefährdet sehen.[234] Auch die Unternehmenskultur selbst kann sich als Hindernis für Veränderungen erweisen, insbesondere bei Unternehmen in der Reifephase, deren Wachstum und Entwicklung nicht mehr hochdynamisch verläuft und deren Unternehmenskultur eine lange Entwicklung durchgemacht hat.[235] Die Veränderungen an Prozessen und Unternehmenskultur sind jedoch für ein Funktionieren von E-Procurement unumgänglich, und müssen als Aufgabe bei der Einführung von E-

[231] Vgl. Müller, Eva (2004) o. S.
Vgl. Drefs, Matthias (1999) S. 238
Vgl. Appelfeller, Wieland / Buchholz, Wolfgang (2005) S. 80-81
[232] Vgl. Gilbert, Alorie (2000) o. S.
Vgl. Aberdeen Group (2005) S. 18
[233] Vgl. Kubicki, Andreas / Wißemann, Jörg (2003) S. 2
Vgl. Hammer, Michael / Stanton, Steven (1995) S. 59-60
[234] Vgl. Müller, Eva (2004) o. S.
Vgl. Hoffmann, Anke / Zilch, Andreas (2000) S. 73
[235] Vgl. Olsen, Eric (1999) o. S.
Vgl. Dobiéy, Dirk / Wargin, John (2001) S. 165 und S. 169-170

Procurement betrachtet werden, das heißt, Prozesse und Kultur ändern sich nicht von allein.[236]

Ein wesentliches Element für die Gestaltung von Veränderungsprozessen im Unternehmen ist daher die Einbeziehung der Unternehmensführung sowie deren Bereitschaft, die Veränderungen aktiv zu befürworten und zu unterstützen. Der Grund hierfür ist, dass die Änderungen an Prozessen und Organisationsstrukturen, die eine Einführung von E-Procurement notwendig macht, ohne eine aktive Unterstützung des Top-Managements nicht oder nur schwer durchzusetzen sind. Weiterhin wird durch die Unterstützung des Top-Managements den Mitarbeitern signalisiert, dass der Einsatz von E-Procurement von der Unternehmensleitung gewollt ist, was den Widerstand durch die Mitarbeiter reduziert.[237]

3.6.3 Entwicklung und Empowerment der Mitarbeiter

Einer der Hauptgründe für die Ablehnung von E-Procurement durch die Mitarbeiter ist wie beschrieben die scheinbare oder tatsächliche Verletzung von persönlichen Interessen der Betroffenen. Einkäufer fürchten vor allem den Vorwurf, dass die mit dem Einsatz von E-Procurement realisierten Potentiale als Nachweis für schlechte Leistungen der Einkäufer in der Vergangenheit betrachtet werden würden.[238] Weitere Ursachen für Ablehnung ist die Befürchtung, dass Arbeitsplätze wegfallen oder die Anforderungen an die Qualifikation der Einkäufer angehoben werden.[239]

Es ist daher sehr wichtig, während des gesamten Prozesses den Kontakt zu den Endanwendern zu halten und sie in die Entscheidung bei der Auswahl einer Lösung

[236] Vgl. Hoffmann, Anke / Zilch, Andreas (2000) S. 73
Vgl. Brenner, Walter / Lux, Andreas (2000) S. 240-241
Vgl. Möhrstädt, Detlef / Bogner, Philipp / Paxian, Sascha (2001) S. 140

[237] Vgl. Beer, Johan (2006 B) S. 38
Vgl. Eyholzer, Kilian (2002) S. 232
Vgl. Backhaus, Manuel (1999) S. 71
Vgl. Amor, Daniel (2000) S. 25
Vgl. Dobiéy, Dirk / Wargin, John (2001) S. 110-111
Vgl. Aberdeen Group (2005) S. 18

[238] Vgl. Woisetschläger, Ernst (2005) S. 12

[239] Vgl. Amor, Daniel (2001) S. 63
Vgl. Haupt, Stephan (2004) S. 136
Vgl. Schäfer, Harald / Schäfer, Burkhard (2001) S. 107-108

mit einzubinden.[240] So werden Faktoren wie Benutzerfreundlichkeit, einfache Bedienbarkeit und ausreichende Schulung der Anwender berücksichtigt. Dies ist gerade dann von Bedeutung, wenn das System nicht regelmäßig von allen Anwendern genutzt wird, weil je komplizierter das System und je höher der Schulungsaufwand, desto schneller verlernen die Anwender die Benutzung wieder. Je einfacher und eingängiger das System zu bedienen ist, desto eher wird es von den Anwendern als Verbesserung akzeptiert werden.[241] Weiterhin sollte beachtet werden, dass, wenn das entsprechende Know-How nicht im Unternehmen verfügbar ist, auf jeden Fall bei der Einführung einer E-Procurement-Lösung Betreuung durch externe Berater erforderlich ist, da sonst vermeidbare „Anfängerfehler" gemacht werden.[242] Den Einkäufern muss bewusst gemacht werden, dass die E-Procurement-Lösung als Werkzeug für Ihre Arbeit und nicht als Ersatz für ihr Können gedacht ist, da die Lösung sonst aus Existenzängsten heraus abgelehnt wird.

Die erste Maßnahme, um Mitarbeiter an den Umgang mit E-Procurement heranzuführen sind entsprechende Weiterbildungsmaßnahmen, um Vertrautheit mit der Thematik zu erzeugen, Ängste abzubauen und das erforderliche Know-how bei den Mitarbeitern aufzubauen.[243] Weiterhin müssen die Mitarbeiter über die Vorgänge auf dem Laufenden gehalten werden, da sich sonst Gerüchte ausbreiten. Durch diese Maßnahmen werden die späteren Benutzer in den Einführungsprozess mit einbezogen und können sich mit den geplanten Veränderungen vertraut machen.[244]

Ein weiterer Ansatz, um die Akzeptanz der Mitarbeiter zu erreichen, ist die Verbreitung von E-Procurement über Key-User. Hierbei wird gezielt bei einigen Mitarbeitern, die idealerweise dem Thema E-Procurement gegenüber aufgeschlossen sind, mit der Einführung von E-Procurement begonnen.[245] Hierdurch kann das notwendige

---

240 Vgl. Arthur Andersen Consulting (2002) S. 5
Vgl. Gilbert, Alorie (2000) o. S.
Vgl. Hammer, Michael / Stanton, Steven (1995) S. 55-56

241 Vgl. Brenner, Walter / Lux, Andreas (2000) S. 245
Vgl. Winter, Klaus (2002) o. S.

242 Vgl. Amor, Daniel (2000) S. 27

243 Vgl. Appelfeller, Wieland / Buchholz, Wolfgang (2005) S. 99
Vgl. Schäfer, Harald / Schäfer, Burkhard (2001) S. 119

244 Vgl. Arthur Andersen Business Consulting (2002) S. 5 und S. 38
Vgl. Appelfeller, Wieland / Buchholz, Wolfgang (2005) S. 98
Vgl. Hammer, Michael / Stanton, Steven (1995) S. 172
Vgl. Woisetschläger, Ernst (2006 B) S. 15

245 Vgl. Roos, Dietmar / Nettler, Jens (2001) S. 259

Know-How relativ schnell in Unternehmen aufgebaut werden, da nur vergleichsweise wenige Key-User im ersten Schritt geschult werden müssen. Im Idealfall geben die Key-User nach der Schulung durch reverse Mentoring ihre Kenntnisse an die konservativen Mitarbeitern weiter, das heißt, die konservativen Mitarbeiter werden von den Key-Usern zum Thema E-Procurement intern geschult.[246]

Die zentrale Veränderung für die Mitarbeiter bei der Einführung von E-Procurement ist, dass die Mitarbeiter mehr Verantwortung zu tragen haben und daher auch größere Entscheidungsspielräume benötigen.[247] Diese Übertragung von Entscheidungsbefugnissen wird als Empowerment bezeichnet.[248] Das Ziel einer E-Ordering-Lösung ist es, dass letztendlich jeder Mitarbeiter seinen Bedarf über das E-Ordering-System selbst bestellen kann. Diese Vorgehensweise wird als Direktbeschaffung bezeichnet. Um die so angestrebte Vereinfachung zu erreichen, muss der Beschaffungsprozess überarbeitet werden, Genehmigungs- und Kontrollstrukturen müssen entweder ins System integriert oder entfernt werden. Es sollte verhindert werden, dass durch unreflektierte Übernahme von Genehmigungsvorschriften ein „Kontrollchaos“ entsteht, wenn versucht wird, die bisherigen Genehmigungsregeln auf das E-Ordering-System anzuwenden.[249] Weiterhin sollte vermieden werden, in undurchdachten Sparversuchen zentrale Besteller mit Zugang zum System einzuführen, und alle anderen Mitarbeiter an diese zu verweisen. Lediglich der Aufwand für Schulungen und Softwarelizenzen sollte bei der Ausdehnung des Systems beachtet werden.

3.7 Business Process Reengineering

Zu Beginn des e-Business-Booms waren Unternehmen teilweise damit erfolgreich, bestehende Geschäftsmodelle auf elektronische Umsetzung zu übertragen. Bei optimal funktionierenden Geschäftsprozessen ist dies möglich. In aller Regel erweist sich diese Vorgehensweise allerdings als problematisch, wenn schlechte Prozesse

---

Vgl. Buchholz, Wolfgang (2001) S. 79
246 Vgl. Dobiéy, Dirk / Wargin, John (2001) S. 107
247 Vgl. Eyholzer, Kilian (2002) S. 95-96
Vgl. Hammer, Michael / Champy, James (1994) S. 74-75
248 Vgl. Thome, Rainer (2006) S. 38
Vgl. Hammer, Michael / Champy, James (1994) S. 96-97
249 Vgl. Hammer, Michael / Champy, James (1994) S. 80-81

(umgangssprachlich als „Zettelmist“ oder „Papierkrieg“ bezeichnet) unreflektiert in eine elektronische Umsetzung übernommen werden.[250]

Einer Einführung einer E-Procurement-Lösung sollte daher eine Überarbeitung der betroffenen Geschäftsprozesse, das so genannte Business Process Reengineering, vorangehen.[251] Prozesse und Strukturen müssen für das veränderte Umfeld angepasst und optimiert werden, da im traditionellen, papierbasierten Beschaffungsprozess ein großer Teil der Aktivitäten auf den operativen Teil entfällt, der nun automatisch abläuft.[252] Werden einfach die bisherigen Prozesse in elektronische Abläufe übertragen, so besteht die Gefahr, dass sich an den Ineffizienzen der Abläufe nichts ändert. Ziel des Business Process Reengineering muss also sein, nicht eine möglichst hohe Automatisierung des bestehenden Prozesses zu erreichen, sondern durch die, mit elektronischer Umsetzung mögliche, Verbesserung des Prozesses so viele Prozessschritte wie möglich zu eliminieren. Michael Hammer brachte dieses Prinzip als „Don't automate, obliterate!“[253] auf den Punkt.[254]

E-Technologien sind also als Enabler[255] für Verbesserungen an den Geschäftsprozessen zu verstehen.[256] Um das mit der Einführung von E-Technologien vorhandenen Potential zu realisieren ist jedoch ein Reengineering der Geschäftsprozesse erforderlich. Unter dem Reengineering eines Geschäftsprozesses wird fundamentales Überdenken und radikale Neugestaltung des Prozesses unter Infragestellung bisheriger Annahmen als Gegensatz zu einer inkrementellen Weiterentwicklung verstanden.[257] Ein Prozess wird in diesem Zusammenhang als „eine Kette zwangsläufig

---

250 Vgl. Hammer, Michael / Champy, James (1994) S. 112
Vgl. Bogaschewsky, Ronald (1999) S. 23
Vgl. Möhrstädt, Detlef / Bogner, Philipp / Paxian, Sascha (2001) S. 140
Vgl. Buchholz, Wolfgang (2001) S. 77
Vgl. Pyper, Michael (2006) S. 26

251 Vgl. o. V. (2003) o. S.
Vgl. Weiber, Rolf (2002) S. 145-146

252 Vgl. Bogaschewsky, Ronald (2003) S. 25
Vgl. Backhaus, Manuel (1999) S. 70
Vgl. Podbelsek, Hans et al. (2000) S. 18

253 Hammer, Michael (1990) S. 104

254 Vgl. Hammer, Michael (1990) S. 104-105

255 Vgl. Kapitel 2.2.1

256 Vgl. Voegele, Andreas (2004) S. 211
Vgl. Bogaschewsky, Ronald / Kracke, Uwe (1999) S. 145
Vgl. Hess, Thomas / Schuller, Dagmar (2005) S. 366

257 Vgl. Hammer, Michael / Champy, James (1994) S. 47-50
Vgl. Hammer, Michael / Stanton, Steven (1995) S. 21-22
Vgl. Hess, Thomas / Schuller, Dagmar (2005) S. 357

aufeinander folgender Vorgänge, die einen definierten Beginn und ein definiertes Ende haben"[258] verstanden. Zu jedem Prozess sind Input und Output definiert.[259]

Zur Aufdeckung von Schwachstellen und schlechten Annahmen in den Geschäftsprozessen ist als erster Schritt eine Analyse der Geschäftsprozesse erforderlich.[260] Viele der durch schlechte Prozesse verursachten Probleme tauchen nicht in der Sicht der Verantwortlichen auf, weil Geschäftsprozesse häufig als friktionslos angesehen werden und aus der Sicht des Managements keine Kosten verursachen.[261] Ein Beispiel für schlechte Annahmen bei der Gestaltung von Prozessen in der Beschaffung ist die Annahme, dass operative Aufgaben das Kerngeschäft der Beschaffung darstellen.[262]

Das wichtigste Werkzeug zur Aufdeckung von Problemen im Rahmen der Geschäftsprozessanalyse ist die Prozesskostenrechnung. Als Beispiel wird die Tatsache, dass C-Güter die meisten Beschaffungsvorgänge verursachen, kostenrechnerisch in der Regel nicht erfasst. Grund dafür ist die verbreitete pauschale Verrechnung der Gemeinkosten durch die so genannte Grenzplankostenrechnung. Hierbei wird jedem eingekauften Gut ein einheitlicher Prozentsatz an Gemeinkosten zugeschlagen. Wie Abbildung 3.35 zeigt, ist dieser für A-Güter deutlich überhöht, für C-Güter hingegen bei weitem nicht ausreichend. Für die Beschaffung heißt das in diesem Fall, dass der Produktpreis allein ausschlaggebend ist, da die Prozesskosten den Gemeinkosten zugerechnet werden. Diese schlechte Annahme verursacht im Bereich der C-Güter-Beschaffung erhebliche Ineffizienzen durch unnötig komplizierte Beschaffungsprozesse.[263]

---

258 Rahn, Horst (2005) S. 31

259 Vgl. Rahn, Horst (2005) S. 31
Vgl. Hammer, Michael / Stanton, Steven (1995) S. 22

260 Vgl. Möhrstädt, Detlef / Bogner, Philipp / Paxian, Sascha (2001) S. 33-34 und S. 86-88
Vgl. Nekolar, Alexander-Philip (2003) S. 13
Vgl. Winter, Klaus (2002) S. 58

261 Vgl. Hammer, Michael / Champy, James (1994) S. 52

262 Vgl. Arnold, Ulli / Eßig, Michael (2001) S. 1

263 Vgl. Horvath, Peter / Mayer, Reinhold (1989) S. 215-216
Vgl. Schäfer, Harald / Schäfer, Burkhard (2001) S. 27-28

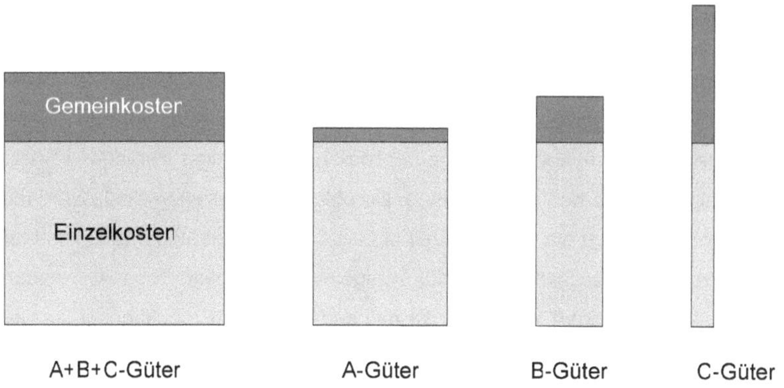

Abbildung 3.35: Grenzplankostenrechnung und Prozesskostenrechnung im Vergleich[264]

Die Prozesskostenrechnung hingegen ermittelt die Kosten jedes Prozesses einzeln und ordnet sie verursachergemäß zu. Hierdurch kann direkt ermittelt werden, in welchem Verhältnis Prozesskosten und Produktkosten zueinander stehen und ein sinnvoller Optimierungsansatz gefunden werden. Das durch die Prozesskostenrechnung ermöglichte Controlling der Prozesskosten ist notwendig, um ein Problembewusstsein im Sinne der Überarbeitung der Geschäftsprozesse zu erzeugen. Erst wenn anhand konkreter Zahlen aufgezeigt wird, was ein Prozess wirklich an Kosten verursacht, entsteht der für Verbesserungen notwendige Leidensdruck.[265]

Der Nachweis der möglichen Verbesserungen erleichtert die Einführung der neuen Prozesse erheblich.[266] Dennoch verursachen die eigentliche Überarbeitung beziehungsweise Neugestaltung der Prozesse und die anschließende Einführung und Schulung der Mitarbeiter einen erheblichen Aufwand, der bei der Projektplanung nicht vernachlässigt werden sollte.[267] Die Überarbeitung bzw. Neugestaltung von Geschäftsprozessen in der Beschaffung wird im Folgenden am Beispiel eines Bestellprozesses und eines Genehmigungsprozesses dargestellt.

---

[264] Wolff, Astrid (1998) S. 59
[265] Vgl. Horvath, Peter / Mayer, Reinhold (1989) S. 216-217
Vgl. Appelfeller, Wieland / Buchholz, Wolfgang (2005) S. 106
Vgl. Möhrstädt, Detlef / Bogner, Philipp / Paxian, Sascha (2001) S. 34-35 und S. 42-43
Vgl. Nekolar, Alexander-Philip (2003) S. 17-19
[266] Vgl. Kapitel 3.6
[267] Vgl. Gilbert, Alorie (2000) o. S.

3.7.1 Bestellprozess

Durch Automatisierung der Abwicklung und Verzicht auf Papier können die Bestellprozesse erheblich beschleunigt werden. Insbesondere die Liegezeiten und Genehmigungszeiten der Formulare nehmen erheblich ab, weil weniger Personen involviert sind. Die Folge ist ein erheblich schnellerer Durchlauf der einzelnen Bestellvorgänge. Hierdurch verringert sich die Durchlaufzeit in Lagern für regelmäßig benötigtes Material sowie die Wiederbeschaffungszeit für unregelmäßig benötigte Produkte, wodurch die Lagerhaltung verringert wird. Dies ist insbesondere bei Produktionsgütern interessant, weil unter Umständen die Bestelldauer direkten Einfluss auf die Time-to-Market eines Produkts haben kann.[268]

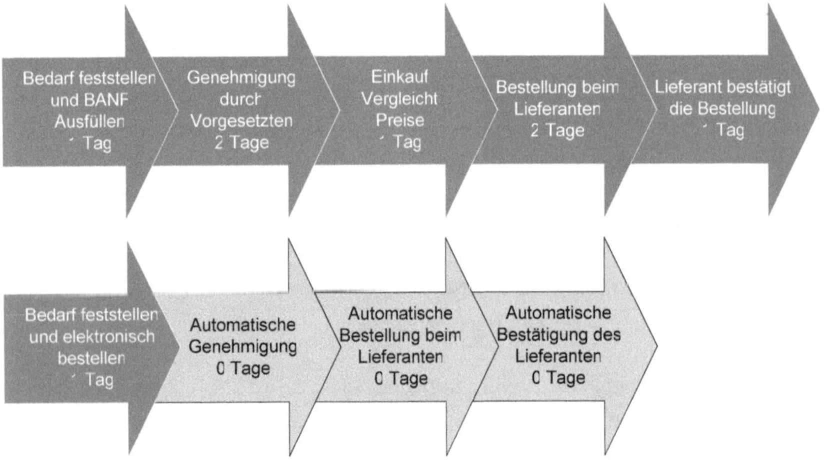

Abbildung 3.36 : Beschleunigung der Bestellprozesse[269]

Durch den Einsatz elektronischer Unterstützung können Medienbrüche im Bestellprozess größtenteils vermieden werden. Dies reduziert den für die Abwicklung einer Bestellung erforderlichen Aufwand erheblich, weil ohne Medienbrüche eine Automatisierung des Ablaufs entscheidend erleichtert wird.[270] Die automatisierte Abwicklung von Bestellungen vereinfacht die Pflege des Datenbestandes und die Führung der Geschäftsbücher, weil die Übertragung der Bestelldaten ins Back-End-System des

[268] Vgl. Afif, Noelani (1999) o. S.
[269] Vgl. Nenninger, Michael (1999) S. 17
[270] Vgl. Brenner, Walter / Lux, Andreas (2000) S. 72

Unternehmens, die früher arbeits- und zeitintensiv per Hand vom Papierformular erfolgen musste, nun automatisch durch Anbindung der E-Procurement-Lösung ans Back-End-System erfolgen kann. Gleiches gilt für Buchhaltung und Controlling; Bestellprüfung und Zahlungsanweisung können automatisiert werden, im Idealfall muss lediglich am Monatsende eine Sammelrechnung geprüft werden.[271]

Ein weiteres Problem, das durch Vermeidung von Medienbrüchen beseitigt wird, ist die Fehleranfälligkeit papierbasierter Prozesse. Durch falsch weitergeleitete Formulare, Übertragungsfehler, Missverständnisse bei mündlicher Weitergabe usw. werden die Prozesse extrem in die Länge gezogen und verteuert – insbesondere die konventionelle Übertragung von Bestellungen zwischen Unternehmen produziert regelmäßig Unklarheiten und daraus resultierende Rückfragen.[272] Durch die elektronische Umsetzung der Prozesse können diese Fehler vermieden werden, weil nur an einer Stelle – der Bestellung - eine Dateneingabe erfolgt und ab dort keine weiteren Medienbrüche mehr vorliegen.[273] Der zweite wichtige Punkt neben direkten Einsparungen ist somit die Steigerung der Qualität der Prozesse.[274]

Durch Automatisierung operativer Prozesse werden die Einkaufsmitarbeiter von operativen Aufgaben entlastet und können sich somit stärker auf den strategischen Bereich konzentrieren und ihr Know-How besser einbringen. Die operative Beschaffung wird dezentral bzw. automatisch erledigt; die Aufgabe des Einkaufs ist die strategische Beschaffung, das heißt Lieferantenmanagement, Ausschreibungen, Marktforschung, usw.[275]. Im Extremfall kann dies soweit gehen, dass Einkäufer, die vorher ausschließlich mit operativen Tätigkeiten betraut waren, ein völlig neues Aufgabenfeld bekommen.[276] Durch E-Procurement werden also nicht nur Prozesskosten eingespart, sondern auch die Nutzung der vorhandenen Kapazitäten optimiert.[277]

Bei einer direkten Gegenüberstellung von traditionellem Bestellprozess und elektronischem Bestellprozess werden die durch den Einsatz von E-Technologien ermöglichten Vereinfachungen direkt sichtbar. Der Bestellprozess wird auf die wesentlichen

[271] Vgl. Kapitel 2.5.2
[272] Vgl. Nenninger, Michael (1999) S. 17
[273] Vgl. Hammer, Michael (1990) S. 112
[274] Vgl. Nenninger, Michael (1999) S. 16
[275] Vgl. Arthur Andersen Consulting (2002) S. 4
[276] Vgl. Puschmann, Thomas / Alt, Rainer (2001) S. 15
[277] Vgl. Nekolar, Alexander-Philip (2003) S. 4-5
Vgl. Afif, Noelani (1999) o. S.

Schritte reduziert, die anfallende Verwaltungsarbeit wird im Idealfall automatisch erledigt. Dies geschieht, indem die Daten der Bestellungen bei der Zusammenstellung des elektronischen Warenkorbs erfasst, und anschließend ohne weitere Medienbrüche weiterverwendet werden.

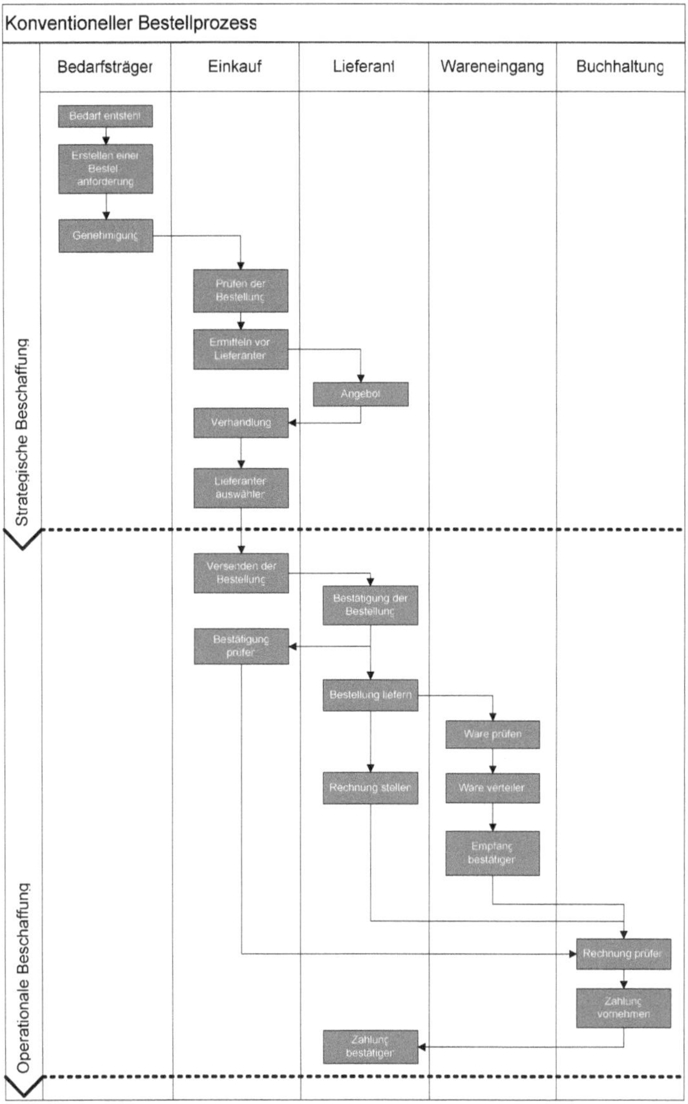

Abbildung 3.37: Konventioneller Bestellprozess[278]

[278] Vgl. Wolff, Astrid (1998) S. 54

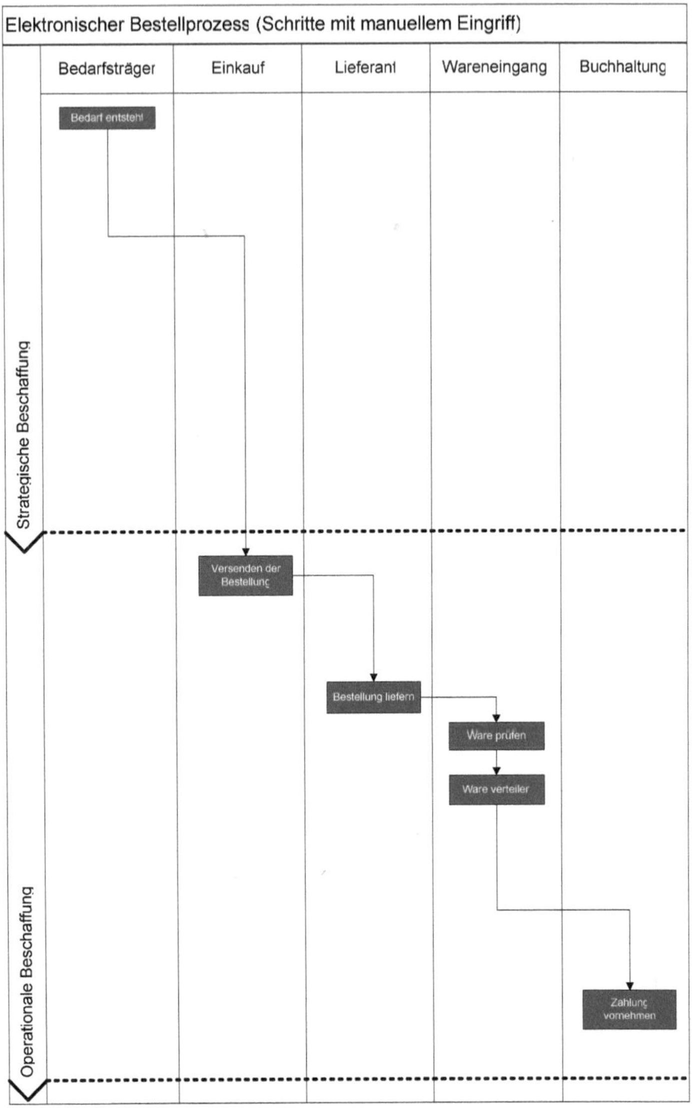

Abbildung 3.38: Elektronischer Bestellprozess[279]

[279] Eigene Darstellung

3.7.2 Genehmigungsprozess

Ein Unterprozess des Bestellprozesses ist der Genehmigungsprozess für dezentrale Bestellungen, also Bestellungen, die nicht über den Zentraleinkauf ablaufen. Durch die Dezentralisierung soll einerseits der Einkauf bzw. der jeweilige Entscheidungsbefugte von der Abwicklung von Routinebestellungen entlastet werden, andererseits soll unkontrolliertes Einkaufen, das Maverick Buying[280], verhindert werden.[281]

Daher muss für jeden Bestellvorgang automatisch entschieden werden, ob eine Genehmigung durch den Einkauf oder den Vorgesetzten erforderlich ist, um einerseits die Bestellungen unter Kontrolle zu haben, und andererseits den Bestellprozess nicht durch unnötige Genehmigungsanforderungen zu verkomplizieren. Diese Entscheidung muss möglichst so strukturiert sein, dass sie anhand von vorliegenden Daten im System getroffen werden kann. Hierzu wird im System ein Ablauf für das Genehmigungsverfahren hinterlegt, der entscheidet, ob eine Genehmigung erforderlich ist und dann die Bestellung entsprechend weiterleitet. Im Wesentlichen existieren zwei Arten von Genehmigungsverfahren: Personenbezogenene Genehmigungen und bestellungsbezogene Genehmigungen.[282]

Bei personenbezogenen Genehmigungen ist für jede Person ein Spektrum an Produkten festgelegt, welches diese Person bestellen darf. Ist ein Produkt, das bestellt werden soll, nicht enthalten, ist eine Genehmigung erforderlich. Ein personenbezogenes Genehmigungsverfahren macht bei komplexen, gefährlichen oder sehr teuren Gütern Sinn: Nur ein Spezialist mit dem nötigen Wissen darf diese Güter bestellen; zum Beispiel darf nur ein Chemiker Säuren oder Laugen bestellen. Eine besondere Variante der personenbezogenen Genehmigung ist das Vier-Augen-Prinzip. Hierbei muss ein Kollege zu der Bestellung sein Einverständnis geben. Durch Hinzuziehen eines Kollegen soll verhindert werden, dass ein Besteller übereilte oder undurchdachte Bestellungen vornimmt.[283]

Eine bestellungsbezogene Genehmigung erfolgt in der Regel abhängig vom Bestellwert. Hier sind viele Variationen möglich, die wichtigsten sind Wertgrenzenverfahren

---

[280] Vgl. Kapitel 3.6.1
[281] Vgl. Brenner, Walter / Lux, Andreas (2000) S. 168
[282] Vgl. Brenner, Walter / Lux, Andreas (2000) S. 168-169
[283] Vgl. Nekolar, Alexander-Philip (2003) S. 25

und Budgetverfahren. Beim Wertgrenzenverfahren werden entweder für die einzelne Position oder die gesamte Bestellung oder beides Wertgrenzen festgelegt. Werden diese überschritten, muss die Bestellung genehmigt werden. Das Budgetverfahren funktioniert umgekehrt: Für einen bestimmten Zeitraum wird dem Besteller ein Budget zugeteilt, von dem alle Bestellungen in diesem Zeitraum abgezogen werden. Überschreitet der Besteller sein Budget, müssen alle weiteren Bestellungen genehmigt werden.[284]

Kombinationen der genannten Verfahren sind möglich und in den meisten Fällen sinnvoll, um der in jedem Unternehmen speziellen Situation gerecht zu werden. Es sollte aber darauf geachtet werden, die Dezentralisierung des Bestellprozesses nicht durch übermäßige Kontrollwut wieder zum Einkauf zurückzudrehen.

[284] Vgl. Nekolar, Alexander-Philip (2003) S. 25-26
Vgl. Schäfer, Harald / Schäfer, Burkhard (2001) S. 101-102

4 Wirkungsbeziehungen im E-Procurement

Zur Untersuchung der Wirkungsbeziehungen im E-Procurement werden zunächst die durch den Einsatz von E-Technologien in der Beschaffung entstehenden Wirkungshebel theoretisch betrachtet. Zur Übertragung dieser Überlegungen auf die praktische Situation in den Unternehmen werden für die Bereiche E-Ordering und E-Sourcing aus den konkreten Auswirkung der Wirkungsbeziehungen Erfolgsfaktoren für den Einsatz der entsprechenden elektronischen Werkzeuge im Unternehmen abgeleitet. Somit soll geklärt werden, auf welche Weise Nutzen mit E-Procurement erzielt werden kann und welche Faktoren für Erfolge und Probleme bei Einführung und Einsatz von E-Procurement ausschlaggebend sind.

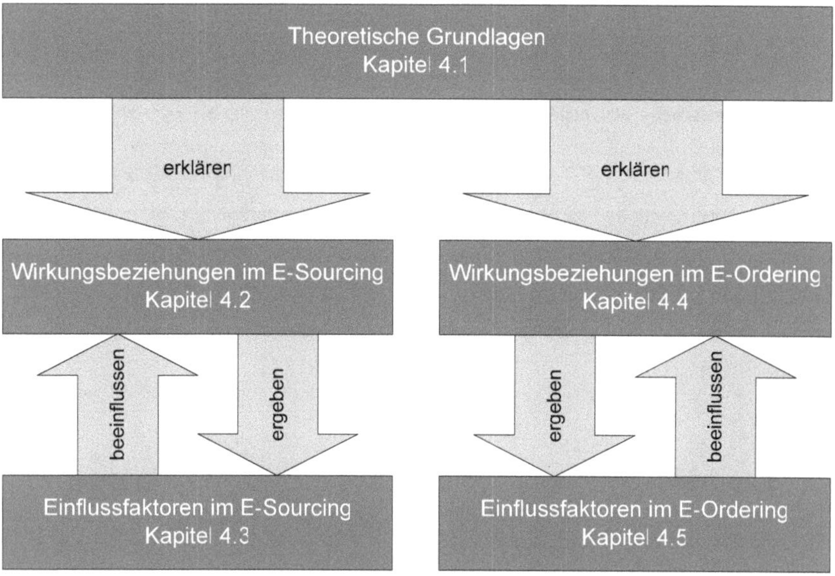

Abbildung 4.1: Vorgehensweise Kapitel 4[1]

In Kapitel 4.1 werden zunächst die beim Einsatz von E-Procurement tragenden Wirkungsbeziehungen betrachtet, das heißt, die Art, wie durch den Einsatz von E-Procurement im Unternehmen Nutzen generiert wird. Dies kann durch die Betrachtung der Kenngrößen Kosten, Zeit, Qualität und Risiko deutlich gemacht werden. Da

---

1 Eigene Darstellung

bei der Untersuchung von Wirkungsbeziehungen qualitative und nicht quantitative Aussagen getroffen werden, muss der zahlenmäßige Effekt im Einzelfall bewertet werden, allgemein können lediglich Tendenzaussagen getroffen werden. In Kapitel 4.2 und Kapitel 4.4 werden die Wirkungsbeziehungen getrennt für die Bereiche E-Sourcing und E-Ordering betrachtet, und im jeweils anschließenden Kapitel die Einflussfaktoren für den jeweiligen Bereich untersucht. Bei der Untersuchung der Einflussfaktoren in Kapitel 4.3 und Kapitel 4.5 ist zu beachten, dass die identifizierten Einflussfaktoren empirische Erfahrungswerte sind, die durch Desk Research aus der Literatur identifiziert wurden. Aufgrund der notwendigen Vergröberung des Modells der Wirkungsbeziehungen können die Einflussfaktoren nicht theoretisch aus den Wirkungsbeziehungen abgeleitet werden, während die Auswirkungen der Einflussfaktoren plausibel gemacht werden kann.

4.1 Theoretische Grundlagen der Wirkungsbeziehungen im E-Procurement

Durch den Einsatz von E-Technologien in der Beschaffung wird der Informationstransfer in und zwischen Unternehmen verbessert.[2] Hieraus ergeben sich zwei primäre Wirkungsbeziehungen beim Einsatz von E-Procurement: Die Transparenzwirkung und die Prozesswirkung des E-Procurement. Diese Wirkungsbeziehungen werden zunächst vollständig abstrakt anhand ihrer Auswirkungen auf Angebot und Nachfrage betrachtet.

---

[2] Vgl. Buchholz, Wolfgang (2001) S. 70

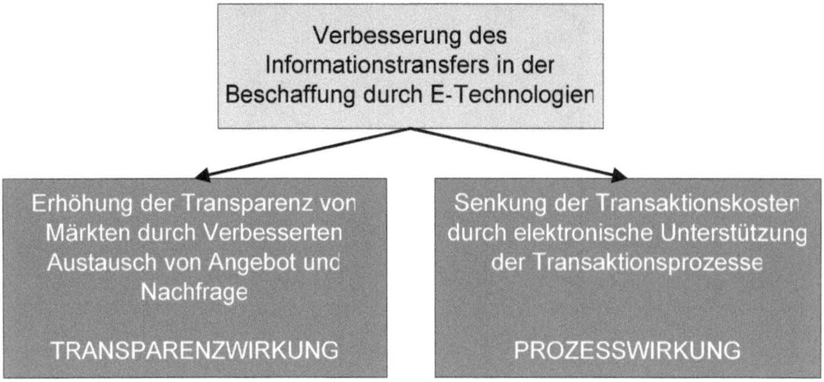

Abbildung 4.2: Ableitung von Wirkungsbeziehungen[3]

Durch die Erhöhung der Markttransparenz durch E-Procurement erfolgt eine Annäherung des Beschaffungsmarktes an den idealen Konkurrenzmarkt.[4] Konkret ermöglicht die Transparenzwirkung von E-Procurement den Abbau von Preisdifferenzierungen durch die Anbieter[5] und die Verringerung von Markteintrittsbarrieren[6] für neue Anbieter. Hierdurch wird die Angebotskurve A, wie in Abbildung 4.3 gezeigt, nach rechts verschoben, wodurch am Schnittpunkt mit der Nachfragekurve ein neuer Marktpreis P' für die gehandelten Güter entsteht.[7]

3 Eigene Darstellung
4 Vgl. Thome, Rainer (2006) S. 169
Vgl. Eßig, Michael / Arnold, Ulli (2001) S. 48
5 Vgl. Aust, Eberhard et al. (2000) S. 12-15
6 Vgl. Eyholzer, Kilian (2002) S. 115
Vgl. Hoffmann & Zachau Unternehmensberatung (2000) S. 34-35
7 Vgl. Mankiw, Gregory (2001) S. 83-84

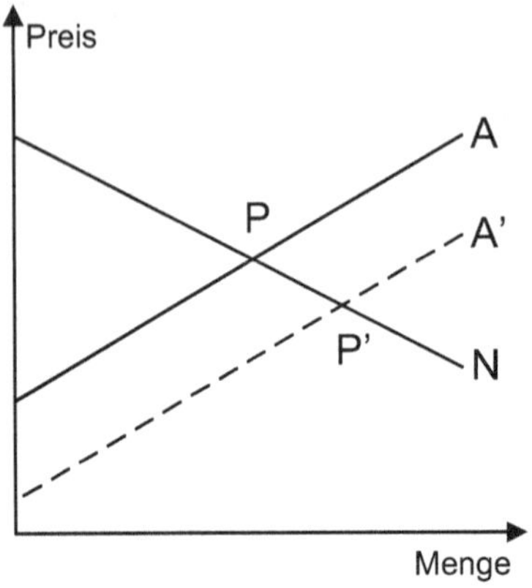

Abbildung 4.3: Transparenzwirkung von E-Procurement[8]

Zur Betrachtung der Prozesswirkung des E-Procurement müssen folgende Überlegungen angestellt werden: Aus Sicht des Nachfragers addieren sich seine bei der Transaktion am Markt entstehenden Prozesskosten mit dem Produktpreis P zu einem Gesamtpreis P'. Dieser Gesamtpreis wird vom Nachfrager bei Festlegung seiner Zahlungsbereitschaft betrachtet. Durch die Prozesskosten wird also wie Abbildung 4.4 zeigt, ein Keil zwischen Angebotskurve und Nachfragekurve geschoben, wodurch die Nachfragekurve nach rechts verschoben wird. Dieser Effekt ist mit der Erhebung einer Steuer vergleichbar.[9] Werden nun durch den Einsatz von E-Procurement die Prozesskosten reduziert[10], so wird dieser Effekt rückgängig gemacht, wodurch die Nachfragekurve wieder nach links verschoben wird. Aus Sicht des Nachfragers nähert sich der Gesamtpreis P' also an den Produktpreis P an. Aus Sicht des Anbieters findet keine Veränderung statt, da die genannten Veränderungen keinen Einfluss auf den Produktpreis P haben. Es ist allerdings zu beachten, dass in dieser Modellierung die Prozesskosten des Anbieters, die eventuell ebenfalls durch den Einsatz von E-Procurement beeinflusst werden, vernachlässigt worden sind, da hier hauptsächlich die Sicht des Nachfragers im Vordergrund steht.

---

8 Eigene Darstellung
9 Vgl. Mankiw, Gregory (2001) S. 145
10 Vgl. Thome, Rainer (2006) S. 79
Vgl. Aberdeen Group (2005) S. 6
Vgl. Hoffmann & Zachau Unternehmensberatung (2000) S. 32-34
Vgl. Weiber, Rolf / Meyer, Jörg / Ebert, Holger (2001) S. 1656

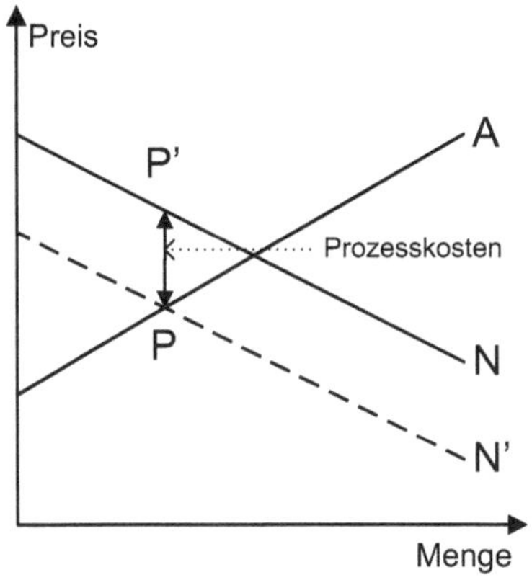

Abbildung 4.4: Prozesswirkung von E-Procurement[11]

Es ist zu erkennen, dass die Wirkungsbeziehungen des E-Procurement also auch anhand der Trennung von Anbietern und Nachfragern unterteilt werden. Die Transparenzwirkung des E-Procurement betrifft Vorgänge auf dem durch die Anbieter gebildeten Beschaffungsmarkt, während die Prozesswirkung des E-Procurement die Beschaffungsprozesse der Nachfrager betrifft.

Diese primäre Unterteilung der Wirkung von E-Procurement wurde bereits empirisch festgestellt. In der angegeben Definition von E-Procurement finden sich entsprechend die Wirkungsbeziehungen anhand geeigneter Kenngrößen wieder.[12] Ein weiteres wesentliches Element der Definition von E-Procurement in dieser Arbeit ist die Unterteilung in E-Sourcing und E-Ordering anhand des unterschiedlichen Gewichts von Transparenzwirkung und Prozesswirkung. Diese Gewichtung wird in Abbildung 4.5 schematisch dargestellt.

---

[11] Eigene Darstellung
[12] Vgl. Kapitel 2.4.1

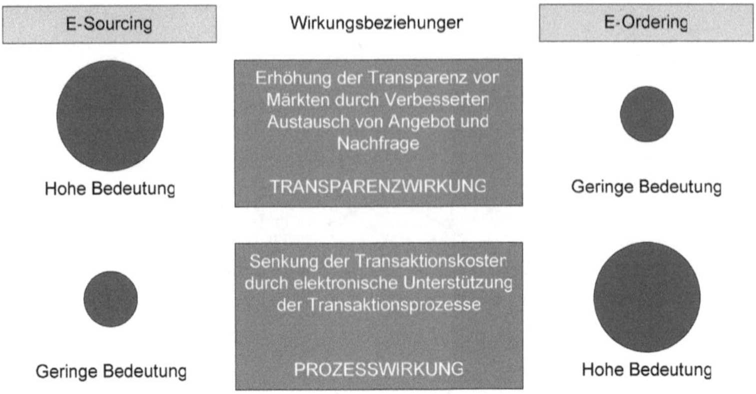

Abbildung 4.5: Bedeutung der Wirkungsbeziehungen im E-Procurement[13]

Für eine Konkretisierung der Untersuchung der Wirkungsbeziehungen des E-Procurement, also eine Übertragung der Wirkungsbeziehungen auf die real existierenden Werkzeuge des E-Procurement ist also die konzeptionelle Unterteilung in E-Sourcing und E-Ordering beizubehalten.

4.2 Wirkungsbeziehungen im E-Sourcing

Aufgabe des E-Sourcing ist die Unterstützung der strategischen Beschaffung durch elektronische Werkzeuge. Primärer Gegenstand der strategischen Beschaffung sind Güter von hohem Wert und hoher Bedeutung für das Unternehmen. Die entsprechenden Werkzeuge des E-Sourcing umfassen elektronische Börsen, Ausschreibungen und Auktionen.[14] Wie bereits ausgeführt, ist im E-Sourcing aufgrund des hohen Wertes der beschafften Güter im Verhältnis zu den Prozesskosten die Transparenzwirkung als tendenziell von höherem Gewicht anzusehen als die Prozesswirkung.

Ein Überblick über die Wirkungsbeziehungen im E-Sourcing in Verbindung mit den einzelnen elektronischen Werkzeugen des E-Sourcing wird in Abbildung 4.6 gegeben:

[13] Eigene Darstellung
[14] Vgl. Kapitel 2.4.2

	Transparenzwirkung		Prozesswirkung	
	Abbau von Markteintrittsbarrieren	Abbau von Preisdifferenzierungen	Senkung der Prozesskosten	Transparenz der Prozesse
elektronische Börsen	X	-	X	-
elektronische Ausschreibungen	X	X	X	X
elektronische Auktionen	-	X	X	-

Abbildung 4.6: Überblick über die Wirkungsbeziehungen im E-Sourcing[15]

Es ist erkennbar, dass mit elektronischen Ausschreibungen jede Art von Wirkung erzielt werden kann. Eine einzelne elektronische Ausschreibung hat jedoch eine Schwerpunktwirkung, gegenüber der die übrigen Wirkungsmechanismen in den Hintergrund treten. Welcher Wirkungsmechanismus den Schwerpunkt der Ausschreibung darstellt, hängt von der Gestaltung der einzelnen Einflussfaktoren der Ausschreibung ab, wie zum Beispiel Anzahl der Teilnehmer, Spezifikation des Bedarfs, usw. Was mit einer elektronischen Ausschreibung bewirkt wird, hängt also von der Gestaltung der einzelnen Ausschreibung ab.

4.2.1 Transparenzwirkung im E-Sourcing

Im E-Sourcing wird die Transparenzwirkung des E-Procurement durch Abwicklung der Beschaffungsprozesse auf elektronischen Märkten erzielt. Elektronische Märkte unterliegen nicht den Restriktionen normaler Märkte, weil durch die elektronische Abwicklung die Verfügbarkeit von Informationen am Markt derart verbessert wird, dass der elektronische Markt sich einem idealen Markt annähert.[16] Durch die elektronische Umsetzung sollen Markteintrittsbarrieren für neue Anbieter verringert und Preisdifferenzierungen durch etablierte Anbieter abgebaut werden. Im Folgenden wird untersucht, wie diese Ziele jeweils bei elektronischen Börsen, Ausschreibungen und Auktionen erreicht werden.

---

15 Eigene Darstellung

16 Vgl. Backhaus, Manuel (1999) S. 64
Vgl. Eßig, Michael / Arnold, Ulli (2001) S. 48
Vgl. Buchholz, Wolfgang / Werner, Hartmut (2001 B) S. 327

4.2.1.1 Verringerung von Markteintrittsbarrieren

Zunächst wird die Verringerung von Markteintrittsbarrieren betrachtet. Elektronische Börsen, Ausschreibungen und Auktionen haben gemeinsam, dass die Grenzkosten für die Teilnahme eines weiteren Anbieters gegen Null laufen, das heißt, prinzipiell wird der Eintritt von neuen Anbietern nicht durch entstehende zusätzliche Kosten behindert.[17]

Konventionelle Börsen ermöglichen bereits die Ermittlung eines exakten Marktpreises durch die Zusammenführung von Angebot und Nachfrage, jedoch ist dieser Marktpreis nur für den durch die Teilnehmer der Börse gebildeten Markt exakt. Daraus folgt, dass der auf einer Börse gebildete Preis dem allgemeinen Marktpreis näher kommt, je mehr Teilnehmer am Handel der Börse beteiligt sind. Für eine elektronische Börse ist dieses Kriterium jedoch erheblich leichter zu erfüllen, da wie erläutert die Grenzkosten für einen weiteren Teilnehmer gegen Null tendieren, während konventionelle Börsen regionalen Restriktionen unterliegen.[18]

Elektronische Ausschreibungen ermöglichen einen vergleichbaren Effekt: Mit einer elektronischen Ausschreibung kann mit verhältnismäßig geringem Aufwand eine größere Anzahl an Lieferanten ohne regionale Beschränkungen angefragt werden. Hierdurch wird erstens die Recherche am Markt nach einem geeigneten Lieferanten erleichtert. Weiterhin erhöhen elektronische Ausschreibungen die Transparenz des Angebotes am Markt durch Standardisierung der Angebotsabgabe und dadurch vereinfachte Auswertung der abgegebenen Angebote, wodurch die Preise am Markt transparenter werden.[19] Drittens reduziert sich für die Anbieter der bei der Erstellung eines Angebotes anfallende Aufwand, so dass die Bereitschaft der Anbieter, an einer elektronischen Ausschreibung teilzunehmen, steigt.

---

[17] Vgl. Bauer, Hans / Hammerschmidt, Maik (2004) S. 92
Vgl. Scherer, Ralf / Werner, Hartmut (2001) S. 161
Vgl. Arndt, Tobias (2002) S. 18
Vgl. Brenner, Walter / Lux, Andreas (2000) S. 207

[18] Vgl. Reindl, Martin / Oberniedermaier, Gerhard (2002) S. 110
Vgl. Buchholz, Wolfgang (2001) S. 70

[19] Vgl. Andrew, James / Blackburn, Andy / Sirkin, Harold (2000) S. 9
Vgl. Appelfeller, Wieland / Buchholz, Wolfgang (2005) S. 41-42
Vgl. Budde, Lars (2004) S. 11-12

Im Fall von elektronischen Auktionen wird eine Auktion zur Preisfindung als Ersatz konventioneller Verhandlungen in vielen Fällen durch die elektronische Abwicklung und die damit wegfallenden räumlichen Beschränkungen überhaupt erst ermöglicht. Die durch elektronische Auktionen erzielbaren Preisvorteile sind jedoch in erster Linie dem Abbau von Preisdifferenzierungen zuzurechnen, da der Zugang zu einer elektronischen Auktion in der Regel auf ausgewählte Lieferanten beschränkt ist.[20]

4.2.1.2 Abbau von Preisdifferenzierungen

Möglichkeiten zur Preisdifferenzierung entstehen für die Anbieter, wenn durch Intransparenzen, also Informationen, die dem Nachfrager nicht vorliegen, es den Anbietern ermöglicht wird, für Ihre Produkte eine über dem Marktpreis liegende Preisforderung durchzusetzen. Wenn jedoch durch den Einsatz elektronischer Werkzeuge mehr und qualitativ höherwertige Informationen über das Angebot der verschiedenen Anbieter vorliegen, so wird es für die Anbieter entsprechend erschwert, Preisdifferenzierungen aufzubauen.[21]

Bei elektronischen Börsen ist ein Abbau von Preisdifferenzierungen unmöglich, da Güter, die auf Börsen gehandelt werden, aufgrund der hohen Standardisierung eine Preisdifferenzierung von vornherein ausgeschlossen ist.

Elektronische Ausschreibungen erhöhen indirekt den Konkurrenzdruck zwischen den Lieferanten indem den Lieferanten durch den Einsatz des elektronischen Werkzeugs signalisiert wird, dass erstens wie oben beschrieben der Zugang für Wettbewerber vereinfacht ist, und zweitens ein Vergleich der eingegangenen Angebote durch die Standardisierung der Angebotsabgabe erheblich vereinfacht ist. Durch elektronische Ausschreibungen werden Informationsasymmetrien zwischen Anbietern und Nachfrager abgebaut, da der Nachfrager in der Lage ist, sich mit relativ geringem Aufwand

---

[20] Vgl. Beall, Stewart et al. (2003) S. 7
Vgl. Aust, Eberhard et al. (2001) S. 29

[21] Vgl. Schögel, Marcus / Birkhofer, Ben / Jazbec, Mirko / Tomczak, Torsten (2002) S. 28
Vgl. Arthur Andersen Business Consulting / Arbeitsbereich Produktionswirtschaft TU Hamburg-Harburg (2002) S. 31
Vgl. Aust, Eberhard et al. (2001) S. 11

über das Angebot am Markt ein Bild zu machen. Entsprechend reduzieren sich die Spielräume der Anbieter für Preisdifferenzierungen.[22]

Elektronische Auktionen reduzieren die Handlungsmöglichkeiten der Anbieter auf den Preis als alleiniges Kriterium, da sämtliche übrigen Faktoren im Vorfeld festgelegt wurden. Folglich fallen sämtliche Möglichkeiten der Anbieter zur Differenzierung weg. Da den Anbietern die Gebote ihrer Konkurrenten unmittelbar sichtbar gemacht werden, wird entsprechend Preisdruck aufgebaut. Durch eine elektronische Auktion wird folglich der von den Teilnehmern der Auktion gebildete Markt vollständig transparent, da die Anbieter ihre jeweils besten Gebote abgeben, um den Zuschlag zu bekommen. Elektronische Auktionen finden somit einen idealen Marktpreis für den auktionierten Bedarf.[23]

4.2.2 Prozesswirkung im E-Sourcing

Die Prozesswirkung des E-Procurement im E-Sourcing setzt sich aus einer Senkung der von den Beschaffungsprozessen der Nachfrager verursachten direkten und indirekten Kosten und einer Erhöhung der Transparenz dieser Prozesse zusammen. Die Kosten der Beschaffungsprozesse schließen dabei neben monetären Kosten auch die Prozessdauer und die Qualität des Prozessablaufs sowie eventuell entstehende Risiken mit ein.[24]

Hierbei ist zu beachten, dass die Erhöhung der Prozesstransparenz der Prozesswirkung und nicht der Transparenzwirkung zugerechnet wird, weil in diesem Fall die Wirkung erst in zweiter Linie auf der Verfügbarkeit von zusätzlichen Informationen basiert. In erster Linie basiert die Erhöhung der Prozesstransparenz auf der elektronischen Erfassung der Prozessdaten, welche in späteren Prozessschritten für eine

---

[22] Vgl. Müller, Holger (2003) S. 58
Vgl. Stölzle, Wolfgang / Helm, Roland (2003) S. 290
Vgl. Appelfeller, Wieland / Buchholz, Wolfgang (2005) S. 124
Vgl. Arvin, Jeff et al. (2001) S. 8
Vgl. Arthur Andersen Business Consulting (2002) S. 32-33

[23] Vgl. Wirtz, Bernd (2001) S. 454-455
Vgl. Andrew, James / Blackburn, Andy / Sirkin, Harold (2000) S. 10
Vgl. Beall, Stewart et al. (2003) S. 7-9
Vgl. De Cassan, Thierry (2005) S. 14
Vgl. Aust, Eberhard et al. (2001) S. 29-30

[24] Vgl. Arvin, Jeff et al. (2001) S. 18

Weiterverarbeitung zur Verfügung stehen. Daher kann hier die Wirkung am Prozess als vordergründig angesehen werden.

4.2.2.1 Senkung der Prozesskosten

Grundsätzlich ist zur Senkung der Prozesskosten festzustellen, dass die direkte Einsparung von Prozesskosten durch Automatisierung von Prozessschritten im E-Sourcing sekundär ist. In der Hauptsache wird in der strategischen Beschaffung durch die mit elektronischer Unterstützung mögliche strukturierte Abwicklung Zeit eingespart und die Qualität der Prozesse verbessert.[25]

Im Fall von elektronischen Börsen werden durch die auch für den Nachfrager vereinfachte Abwicklung die Prozesskosten des Nachfragers gesenkt. Der Zugang ist für die Nachfrager gegenüber regulären Börsen durch die elektronische Abwicklung erheblich erleichtert, wodurch die Beschaffung der über diese Börsen gehandelten Güter vereinfacht wird, und gegebenenfalls sonst erforderliche Zwischenhändler ausgeschaltet werden können.

Elektronische Ausschreibungen senken allgemein betrachtet die Prozesskosten des Ausschreibungsprozesses durch die elektronische Abbildung der Ausschreibung. Die hierfür benötigten Informationen über Bedarf und geeignete Lieferanten werden vom Ausschreibungswerkzeug bereitgestellt, so dass Suchaufwand reduziert wird. Der Schwerpunkt der hierdurch in der strategischen Beschaffung erzielten Verbesserungen liegt wie bereits beschrieben bei der Reduzierung der benötigten Zeit und der Verbesserung der Qualität der Ergebnisse. Dies ist auf die durch elektronische Abwicklung mögliche Standardisierung des Ausschreibungsprozesses zurückzuführen, wodurch Unklarheiten und entsprechende Missverständnisse und Rückfragen vermieden werden. Die Auswertung der abgegebenen Angebote wird durch die Standardisierung und elektronische Erfassung ebenfalls erheblich beschleunigt und verbessert.[26]

---

[25] Vgl. Minahan, Tim (2005) S. 11

[26] Vgl. Bauer, Hans / Hammerschmidt, Maik (2004) S. 92
Vgl. Scherer, Ralf / Werner, Hartmut (2001) S. 160
Vgl. Appelfeller, Wieland / Buchholz, Wolfgang (2005) S. 124

Die Auswahl eine geeigneten Lieferanten im Rahmen der elektronischen Ausschreibung wird auf zwei Arten unterstützt: erstens wird durch die elektronische Verwaltung der Lieferantendaten die Auswahl der Adressaten einer elektronischen Ausschreibung erheblich erleichtert, zweitens wird die Beschaffung fehlender Informationen von Lieferanten durch elektronische Ausschreibungen vereinfacht.[27]

Bei elektronischen Auktionen liegt im Bereich der Senkung der Prozesskosten der Schwerpunkt auf der Einsparung der bei konventionellen Verhandlungen notwendigen Zeit. Da diese Verhandlungen durch eine elektronische Auktion ersetzt werden, fällt die hierfür benötigte Zeit weg.[28]

4.2.2.2 Erhöhung der Prozesstransparenz

Bei elektronischen Börsen und Auktionen erhöht sich die Transparenz des Prozesses im Vergleich zur konventionellen Abwicklung einer Börse oder Auktion nicht, da die eingesetzten Verfahren zur Preisfindung bereits an sich vollständig transparent sind. Jedoch werden konventionelle Börsen und Auktionen aufgrund der hohen Prozesskosten deutlich seltener als Beschaffungswerkzeug eingesetzt als ihre elektronischen Formen. Daher kann hier von einer indirekten Erhöhung der Prozesstransparenz gesprochen werden, da erst durch die elektronische Abwicklung der Einsatz des Werkzeugs Börse oder Auktion an sich in der Beschaffung möglich wird.

Elektronische Ausschreibungen hingegen erhöhen die Transparenz des Beschaffungsprozesses durch die elektronische Erfassung und Verwaltung der prozessrelevanten Daten. Hierdurch wird Mehrarbeit vermieden, da sämtliche Informationen nur einmal erfasst werden müssen.[29] Die elektronische Weiterverarbeitung dieser Daten erhöht die Prozesstransparenz elektronischer Ausschreibungen durch elektronische

---

[27] Vgl. Müller, Holger (2003) S. 34
Vgl. Backhaus, Manuel (1999) S. 62
Vgl. Aust, Eberhard et al. (2001) S. 48-49
Vgl. Appelfeller, Wieland / Buchholz, Wolfgang (2005) S. 123-124
Vgl. Budde, Kerstin et al. (2006) S. 37
Vgl. Scherer, Ralf / Werner, Hartmut (2001) S. 160

[28] Vgl. Aust, Eberhard et al. (2001) S. 46
Vgl. Wagner, Stephan / Schwab, Andreas (2004) S. 11
Vgl. Scherer, Ralf / Werner, Hartmut (2001) S. 161
Vgl. Backhaus, Manuel (1999) S. 62-63

[29] Vgl. Scherer, Ralf / Werner, Hartmut (2001) S. 160

Auswertung und anschließende Verwaltung der Informationen über ausgeschriebene Bedarfe und beteiligte Lieferanten. Hierdurch werden die Bündelung von Bedarf und die Auswahl von Lieferanten erheblich vereinfacht.

4.3 Einflussfaktoren im E-Sourcing

Zu den für E-Sourcing festgestellten Wirkungsbeziehungen existieren als Rahmenbedingungen verschiedene Einflussfaktoren. Das Funktionieren eines E-Sourcing-Werkzeugs im Unternehmen kann durch diese Einflussfaktoren beeinträchtigt oder gefördert werden. Die für den Einsatz eines E-Sourcing-Werkzeugs wesentlichen Einflussfaktoren werden in Abbildung 4.7 anhand von einem Ishikawa-Diagramm dargestellt.

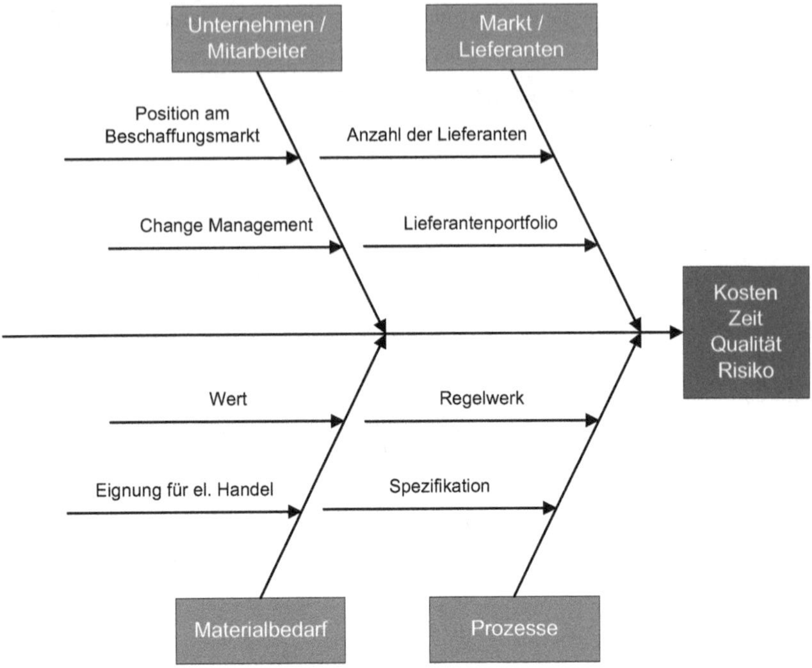

Abbildung 4.7: Einflussfaktoren im E-Sourcing[30]

Ishikawa-Diagramme, auch Ursache-Wirkungsdiagramme oder Fischgrätdiagramme genannt, ermöglichen eine übersichtliche Gesamtdarstellung von Ursachen, welche eine bestimmte Wirkung auslösen. Die Wirkung wird dabei in der Regel als Wirkung auf eine bestimmte Kenngröße dargestellt. In diesem Fall wurden in dem in Abbildung 4.7 dargestellten Ishikawa-Diagramm die vier Kenngrößen Kosten, Zeit, Qualität und Risiko zusammengefasst. Diese Darstellung wurde gewählt, weil erstens diese Größen durch entsprechende Bewertung beziehungsweise Schwerpunktsetzung ineinander überführt werden können, und zweitens die meisten Einflussfaktoren mehrere dieser Kenngrößen beeinflussen. Die als Haupteinflussgrößen in Ishikawa-Diagrammen üblichen 4M (Material, Maschine, Methode, Mensch) wurden für die Betrachtung von Beschaffungsvorgängen angepasst. Die Haupteinflussgröße Maschine wurde ersetzt durch die Haupteinflussgröße Markt / Lieferanten, da in diesem Fall kein Produktionsvorgang betrachtet wird.

30 Eigene Darstellung

Eine weitere Unterteilung der dargestellten Einflussfaktoren in Unterfaktoren wäre in der Modellierung eines Ishikawa-Diagramms möglich, es wird aus Gründen der Übersichtlichkeit aber darauf verzichtet. Von größerer Bedeutung ist, dass in Ishikawa-Diagrammen Abhängigkeiten zwischen den einzelnen Einflussfaktoren nicht abgebildet werden können. Gegenläufige Wirkungen eines einzelnen Einflussfaktors können ebenfalls nicht dargestellt werden. Ein Beispiel für zwei Einflussfaktoren des E-Sourcing, zwischen denen eine Abhängigkeit besteht, sind die Beschaffungsposition des Unternehmens und die Anzahl der Lieferanten. Verfügt das einkaufende Unternehmen über eine überlegene Beschaffungsposition am Markt, so sind viele Lieferanten bereit, um einen Auftrag zu konkurrieren, was die Beteiligung einer hohen Anzahl von Lieferanten an elektronischen Ausschreibungen oder Auktionen ermöglicht. Eine gegenläufige Wirkung ist beispielsweise bei Regelwerken für elektronische Ausschreibungen und Auktionen festzustellen. Ein detailliert ausgearbeitetes Regelwerk, welches Sonderfälle abdeckt, verhindert Abweichungen der Lieferanten von der vorgesehenen Vorgehensweise. Es erhöht sich dabei allerdings das Risiko, dass aufgrund von Missverständnissen ein Lieferant ein nicht verwertbares Angebot abgibt. Die Darstellung der Einflussfaktoren im E-Sourcing als Ishikawa-Diagramm stellt also eine gewisse Vergröberung dar, um eine erträgliche Komplexität der Darstellung zu erreichen. Dennoch sind in dieser Darstellung die wesentlichen Faktoren erfasst, wodurch eine nähere Betrachtung der Einflussfaktoren möglich wird.

Werden die einzelnen Einflussfaktoren den konkreten elektronischen Werkzeugen des E-Sourcing zugeordnet, so ist zu erkennen, dass nicht alle Einflussfaktoren für jedes elektronische Werkzeug relevant sind. Einen Überblick über diese Zuordnung gibt Abbildung 4.8:

		E-Sourcing-Werkzeuge		
		elektronische Börsen	elektronische Ausschreibungen	elektronische Auktionen
Einflussfaktoren	Anzahl der Lieferanten	X	X	X
	Lieferantenportfolio	-	X	X
	Position am Beschffungsmarkt	X	-	X
	Change Management	X	X	X
	Eignung für el. Handel	X	-	X
	Wert	-	X	X
	Spezifikation	-	X	X
	Regelwerk	-	X	X

Abbildung 4.8: Zuordnung der Einflussfaktoren im E-Sourcing zu den einzelnen elektronischen Werkzeugen[31]

Im Folgenden werden die jeweiligen Einflussfaktoren nur für diejenigen elektronischen Werkzeuge des E-Sourcing betrachtet, für die sie relevant sind.

4.3.1 Anzahl der Lieferanten

Ein in der strategischen Beschaffung grundsätzlich wesentlicher Faktor ist die Anzahl der an einem Beschaffungsvorgang beteiligten Lieferanten, die um den zu vergebenden Bedarf konkurrieren. Je intensiver dieser Wettbewerb ist, desto weiter reduziert sich der Preis. Bei elektronischen Ausschreibungen und Auktionen intensiviert sich dieser Effekt wie bereits gezeigt durch die Transparenzwirkung der elektronischen Abwicklung. In einer elektronischen Auktion kommt dieser Effekt besonders zum Tragen, da das mit diesem Werkzeug verfolgte Hauptziel eine Intensivierung des Wettbewerbs durch Erhöhung der Transparenz ist. Werden zusätzliche Lieferanten beteiligt, intensiviert sich der Wettbewerb weiter.[32]

---

[31] Eigene Darstellung
[32] Vgl. Wagner, Stephan / Schwab, Andreas (2004) S. 16

Durch die Beteiligung weiterer Lieferanten an einer elektronischen Börse, Ausschreibung oder Auktion ist das einkaufende Unternehmen also in der Lage den Wettbewerb zu intensivieren und somit den Preis zu reduzieren. Diese Vorgehensweise ist bei elektronischer Beschaffung besonders erleichtert, da die Grenzkosten für die Beteiligung eines weiteren Lieferanten wie dargestellt gegen Null tendieren.[33] Es ist jedoch zu beachten, dass, je mehr Lieferanten an einer elektronischen Ausschreibung oder Auktion teilnehmen, der Aufwand zur Kommunikation des Bedarfs an die Lieferanten entsprechend steigt. Elektronische Börsen stellen in dieser Hinsicht einen Sonderfall dar, da hier die gehandelten Güter so hoch standardisiert sind, dass zwischen Lieferant und einkaufendem Unternehmen lediglich der Preis noch ausgetauscht werden muss. Elektronische Börsen profitieren also uneingeschränkt von einer hohen Anzahl an Lieferanten.

Im Fall von elektronischen Ausschreibungen kann dieser Effekt anhand der möglichen Umsetzung als offene oder geschlossene Ausschreibung illustriert werden: Bei einer offenen Ausschreibung erhalten sämtliche im betreffenden Bereich auf der Plattform bekannte Lieferanten die Ausschreibung. Diese Art der elektronischen Ausschreibung dient vor allem dazu, neue Lieferanten zu identifizieren.[34] Eine geschlossene Ausschreibung ist hingegen nur vorher ausgewählten Lieferanten zugänglich. Der Grund hierfür ist der Schutz von Know-how und die einfachere Auswertung und bessere Qualität der Ergebnisse.[35] Grundsätzlich gilt, dass offene Ausschreibungen meist einen insgesamt höheren Rücklauf haben, da mehr Lieferanten angesprochen werden, während bei einer geschlossenen Ausschreibung die Qualität der Ergebnisse höher ist, da bereits eine Vorauswahl stattgefunden hat. Je nachdem, worauf bei der Ausschreibung Wert gelegt wird, Erfassung der Situation am Markt oder qualitativ hochwertige Angebote für eine konkrete Anfrage, sollte die Ausschreibung entsprechend gestaltet werden.[36]

Bei elektronischen Auktionen steigt bei einer hohen Anzahl beteiligter Lieferanten das Risiko, dass ein Lieferant durch Missverständnisse ein unrealistisches Angebot abgibt und somit das Ergebnis der Ausschreibung oder Auktion verzerrt. Dies ge-

---

33 Vgl. Beer, Johan (2006 A) S. 53
34 Vgl. Bogaschewsky, Ronald / Kracke, Uwe (1999) S. 120
35 Vgl. Buchholz, Wolfgang / Werner, Hartmut (2001 B) S. 330
36 Vgl. Budde, Lars (2004) S. 105
Vgl. Aust, Eberhard et al. (2001) S. 57

schieht in der Regel dadurch, dass die Spezifikation des auktionierten Produkts nicht alle für eine akkurate Kalkulation der Kosten erforderlichen Informationen enthält oder der Lieferant bei offen gebliebenen Punkten von falschen Vorraussetzungen ausgeht. Der Lieferant kalkuliert logischerweise dann mit der für ihn günstigsten Alternative, um die Auktion gewinnen zu können und die eigene Gewinnspanne möglichst hoch zu halten. Hierdurch entsteht dem Lieferanten gegenüber seinen Konkurrenten, die korrekt kalkuliert haben, ein Vorteil, der das Auktionsergebnis zu seinen Gunsten verzerrt. Diese Problematik lässt sich zumindest teilweise lösen, indem vor einer elektronischen Auktion eine elektronische Ausschreibung des Bedarfs erfolgt. Wenn die Angebote der einzelnen Lieferanten vorliegen, kann überprüft werden, ob die Kalkulationen der Lieferanten realistisch sind. Durch die reduzierten Prozesskosten bei einer elektronischen Ausschreibung können die Kosten für die erforderliche Kommunikation reduziert werden.[37]

4.3.2 Lieferantenportfolio

Das Lieferantenportfolio eines Unternehmens setzt sich aus der Lieferantenbasis und den Lieferantenkontakten zusammen. Mit den Lieferanten der Lieferantenbasis besteht eine Geschäftsbeziehung, während Lieferantenkontakte Lieferanten sind, zu denen Informationen vorliegen, ohne dass eine formale Geschäftsbeziehung besteht. Hierbei ist zu beachten, dass zu den Lieferantenkontakten zwar keine Geschäftsbeziehung, aber sehr wohl eine Lieferantenbeziehung besteht. Durch die verringerten Markteintrittsbarrieren erhöhen sich die Lieferantenkontakte, die Lieferantenbasis bleibt hingegen konstant.

Wird eine Ausschreibung nicht mit dem Ziel durchgeführt, neue Lieferanten zu identifizieren, sondern um einen Bedarf wiederholt anzufragen, so wird in der Regel auf bestehende Lieferantenbeziehungen zurückgegriffen. Dies geschieht, weil eine Ausschreibung von Lieferanten, mit denen bereits eine Beziehung besteht, schneller und qualitativ besser bearbeitet werden kann, da grundlegende Informationen wie Kon-

---

[37] Vgl. Wagner, Stephan / Schwab, Andreas (2004) S. 15-16
Vgl. Beer, Johan (2006 A) S. 53
Vgl. Schulte, Christof (2005) S. 319
Vgl. Beall, Stewart et al. (2003) S. 51
Vgl. Aust, Eberhard et al. (2000) S. 37

taktdaten, Vertraulichkeitsvereinbarung und Allgemeine Geschäftsbedingungen bereits ausgetauscht wurden und eine Vertrauensverhältnis[38] aufgebaut wurde. Entsprechend werden weniger Rückfragen notwendig, da den Lieferanten die Anforderungen an ein Angebot bekannt sind. Das Bestehen einer Lieferantenbeziehung senkt in einer Ausschreibung also die Transaktionskosten und verkürzt die Prozessdauer.[39]

Die Auswahl der teilnehmenden Lieferanten ist für elektronische Auktionen als extrem erfolgskritisch zu sehen, da bei einer elektronischen Auktion der Preis das einzige verbleibende Kriterium ist. Daher setzt das Funktionieren einer elektronischen Auktion die absolute Vergleichbarkeit der zugrunde liegenden Angebote und strenge Seriosität der Beteiligten voraus.[40] Die ist bei Lieferanten, mit denen bereits eine Beziehung besteht, sehr viel einfacher sicherzustellen als bei unbekannten Lieferanten. Folglich können bei einer elektronischen Auktion durch Beteiligung entsprechender Lieferanten der Vorbereitungsaufwand und das Beschaffungsrisiko erheblich reduziert werden.

Daraus folgt, dass das Lieferantenportfolio eines Unternehmens einen erheblichen Einflussfaktor für die elektronische Beschaffung darstellt.[41] Je zahlreicher, aktueller und intensiver die Lieferantenbeziehungen des Unternehmens sind, desto einfacher und sicherer könne elektronische Ausschreibungen und Auktionen abgewickelt werden. Das Lieferantenportfolio ist für die elektronische Beschaffung besonders von Bedeutung, weil beim Ablauf von elektronischen Ausschreibungen und Auktionen ein erhöhtes Potential für Missverständnisse und Rückfragen von neuen Lieferanten besteht, wodurch manuelle Eingriffe in den ansonsten automatisierten Prozess notwendig werden, die einen Medienbruch darstellen. Weiterhin bringen die durch E-Sourcing verringerten Markteintrittsbarrieren vermehrten Kontakt mit neuen Lieferanten mit sich, so dass eine strukturierte Verwaltung dieser Kontakte zwingend notwendig ist.[42]

---

38 Vgl. Kapitel 3.5.4
39 Vgl. Budde, Kerstin et al. (2006) S. 30-32
40 Vgl. Emiliani, M. (2005) S. 527
41 Vgl. Buchholz, Wolfgang (2001) S. 75
42 Vgl. Stölzle, Wolfgang / Helm, Roland (2003) S. 305
Vgl. Dangelmaier; Wilhelm / Pape, Ulrich / Rüther, Michael (2004) S. 522
Vgl. Riemer, Kai / Klein, Stefan (2002) S. 10

Die Verwaltung der Lieferantendaten eines Unternehmens hat also ebenfalls elektronisch zu erfolgen, da ansonsten zwischen den Lieferantendaten und dem elektronischen Beschaffungswerkzeug ein Medienbruch entsteht. Die elektronischen Werkzeuge zum Management der Lieferantenbeziehungen werden unter dem Begriff Supplier Relationship Management zusammengefasst.[43] Die Verwaltung von Lieferanteninformationen kann auf zwei Arten geschehen, als zentrale und als dezentrale Lösung. Bei einer zentralen Lösung werden die Lieferantendaten vom Betreiber eines elektronischen Marktplatzes verwaltet und strukturiert, der Vorteil ist, dass der Aufwand der einzelnen Einkäufer hierdurch reduziert wird. Im Fall einer dezentralen Lösung werden die Lieferantendaten von jedem einkaufenden Unternehmen separat verwaltet. Dies hat den Vorteil der höheren Qualität der Lieferanten Informationen, da zwischen dem Marktplatzbetreiber und dem einkaufenden Unternehmen Informationsasymmetrien bestehen, das heißt, der Marktplatzbetreiber kann nicht einschätzen, welche Informationen für das einkaufende Unternehmen relevant sind.[44]

4.3.3 Position am Beschaffungsmarkt

Das Verhältnis zwischen Anbietern und Nachfragern auf einem Markt wird als Marktseitenverhältnis bezeichnet. Im Idealfall befinden sich die Marktseitenverhältnisse auf dem Beschaffungsmarkt, auf dem ein einkaufendes Unternehmen agiert, im Gleichgewicht. In diesem Fall ist der Markt, wie Abbildung 4.9 Links zeigt, ein Markt der vollständigen Konkurrenz. Sowohl auf Anbieterseite als auch auf Nachfragerseite sind genügend Marktteilnehmer aktiv, um zu verhindern, dass ein einzelner Teilnehmer durch sein Verhalten den Markt beeinflussen kann.[45]

---

[43] Vgl. Kapitel 2.4.2.4
[44] Vgl. Müller, Holger (2003) S. 111-115
[45] Vgl. Mankiw, Gregory (2001) S. 70-71
Vgl. Arnold, Ulli (1997) S. 48-49

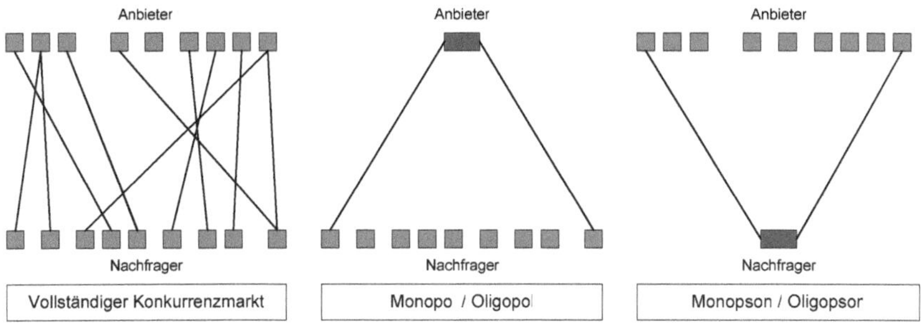

Abbildung 4.9: Mögliche Konstellationen der Marktseitenverhältnisse[46]

Sind die Marktverhältnisse jedoch anders gelagert (Abbildung 4.9 Mitte und Rechts), so besteht entsprechend die Möglichkeit für einen einzelnen Marktteilnehmer, beziehungsweise für wenige Marktteilnehmer, den Markt zu ihren Gunsten zu beeinflussen. Sind auf Anbieterseite nur wenige oder ein Anbieter aktiv, so wird dies als Oligopol beziehungsweise Monopol bezeichnet, eine entsprechende Konstellation auf Nachfragerseite heißt Oligopson beziehungsweise Monopson. Die Machtverhältnisse am Markt können also gleich verteilt, oder auf Anbieter- oder Nachfragerseite verlagert sein.[47]

Die Transparenzwirkung des E-Sourcing erhöht die Transparenz des Marktes, wodurch die jeweilige Situation am Markt deutlich wird. Im Fall einer Machtposition der Nachfrager versuchen die Lieferanten in der Regel, durch Intransparenzen Preisdifferenzierungen aufzubauen. Diese Intransparenzen werden jedoch wie bereits geschildert durch elektronische Beschaffung abgebaut. Besteht andererseits eine Machtkonzentration auf Seite der Anbieter, so sind die Anbieter in der Lage, durch Preisabsprachen die Preisfindung des E-Sourcing-Werkzeugs auszuhebeln.[48]

Es ist zu erkennen, dass die Situation am Beschaffungsmarkt vor allem für elektronische Börsen und Auktionen relevant ist, also diejenigen elektronischen Werkzeuge, deren Wirkung auf marktlicher Preisfindung basiert. Elektronische Ausschreibungen

---

46 Vgl. Arnold, Ulli (1997) S. 49
47 Vgl. Mankiw, Gregory (2001) S. 71
Vgl. Arnold, Ulli (1997) S. 50-51
48 Vgl. Amor, Daniel (2000) S. 135
Vgl. Aust, Eberhard et al. (2000) S. 35-36
Vgl. Appelfeller, Wieland / Buchholz, Wolfgang (2005) S. 141

sind grundsätzlich bei jeder Konstellation am Markt möglich, da die Prozessvorteile von elektronischen Ausschreibungen auch in einer Monopolsituation erzielt werden können. Jedoch ist auch hier keine Senkung der Einstandspreise zu erwarten, weil die Anbieter sich Ihrer überlegenen Position bewusst sind.

Für das einzelne beschaffende Unternehmen bedeutet dies, dass die Situation auf einem Beschaffungsmarkt vor dem Einsatz elektronischer Werkzeuge sorgfältig betrachtet werden muss. Lieferanten, die zur Erhaltung ihrer Margen Intransparenzen einsetzen, sind sich bewusst, dass die von E-Sourcing-Werkzeugen erzeugte Transparenz zu ihrem Nachteil ausfallen kann.[49] Andererseits befürchten Lieferanten, dass durch unsachgemäßen Einsatz oder direkten Missbrauch von E-Sourcing-Werkzeugen ein ruinöser Wettbewerb entsteht.[50] Daher ist von der Seite der Lieferanten Widerstand gegen den Einsatz von E-Sourcing zu erwarten.[51]

Entsprechend sollte auf einem Beschaffungsmarkt, auf dem elektronische Börsen oder Ausschreibungen zum Einsatz kommen sollen, kein Monopol oder Oligopol vorliegen.[52] Weiterhin sollte die Marktmacht des beschaffenden Unternehmens ausreichen, die Lieferanten zur Kooperation zu bewegen.[53] Ideal ist natürlich eine möglichst hohe Marktmacht des beschaffenden Unternehmens, die durch die erzeugte Transparenz voll genutzt werden kann.[54]

4.3.4 Change Management im E-Sourcing

Der Umgang mit Bedenken der Mitarbeiter sowie die für ein erfolgreiches Change Management notwendigen Vorraussetzungen wurden bereits ausführlich betrach-

---

49 Vgl. De Cassan, Thierry (2005) S. 14
Vgl. Emiliani, M. (2005) S. 526

50 Vgl. Kapitel 4.3.8
Vgl. Emiliani, M. (2005) S. 526-527

51 Vgl. Arthur Andersen Business Consulting / Arbeitsbereich Produktionswirtschaft TU Hamburg-Harburg (2002) S. 4 und S. 35
Vgl. Beer, Johan (2006 C) S. 51-52

52 Vgl. Beall, Stewart et al. (2003) S. 8

53 Vgl. Beer, Johan (2006 C) S. 51-52
Vgl. Beall, Stewart et al. (2003) S. 8
Vgl. Beckmann, Helmut et al. (2002) S. 33

54 Vgl. Wagner, Stephan / Schwab, Andreas (2004) S. 16

tet.[55] Im Folgenden wird speziell auf Probleme des Change Management eingegangen, die bei der Einführung von E-Sourcing auftreten können. Beispiele für im Zusammenhang mit E-Sourcing auftretende Bedenken beziehungsweise Fehleinschätzungen sind:

- Der Mitarbeiter befürchtet, die persönliche Beziehung zum Lieferanten zu verlieren, die er mit aufgebaut hat.[56] In diesem Zusammenhang steht auch die Angst vor einer gewissen Entmenschlichung der Arbeit des Einkäufers; statt mit Personen nur noch mit Computern zu arbeiten.

- Für alle Arten von E-Procurement typisch ist die Angst der Mitarbeiter vor Stellenabbau durch vollständige Automatisierung seiner Tätigkeit, was den Mitarbeiter überflüssig machen würde.[57]

- Durch Erfahrungen der Mitarbeiter mit veralteten elektronischen Systemen entsteht die Befürchtung, dass die Beschaffung durch E-Sourcing vollständig automatisiert wird, so dass manuelle Eingriffe in den Beschaffungsprozess unmöglich werden. Es bestehen also Zweifel der Mitarbeiter an der Flexibilität der E-Sourcing-Werkzeuge.[58]

- Durch Werbung von E-Sourcing-Anbietern während der Hypephase ist bei manchen Mitarbeitern in der Beschaffung der Glaube entstanden, mit dem Einsatz von E-Sourcing Einstandspreise in jeder Situation senken zu können. Entsprechend wird E-Sourcing vor allem als kurzfristiger Preisbrecher in festgefahrenen Verhandlungen gesehen.[59]

Die Einschätzung der Mitarbeiter, dass Lieferantenbeziehungen einen nicht zu u unterschätzenden Wert darstellen, ist an sich völlig korrekt. Problematisch ist lediglich die Folgerung daraus, dass die Kommunikation mit dem Lieferanten ausschließlich persönlich erfolgen kann, und nicht elektronisch abgewickelt werden darf. Anderer-

[55] Vgl. Kapitel 3.6
[56] Vgl. Reindl, Martin / Oberniedermaier, Gerhard (2002) S. 131
[57] Vgl. Amor, Daniel (2001) S. 63
Vgl. Haupt, Stephan (2004) S. 136
Vgl. Schäfer, Harald / Schäfer, Burkhard (2001) S. 107-108
[58] Vgl. Beer, Johan (2006 B) S. 38
[59] Vgl. Minahan, Tim (2004) S. 13
Vgl. Aust, Eberhard et al. (2001) S. 115
Vgl. Flicker, Alexandra / Höller, Johann (2001) S. 18-19

seits können Lieferantebeziehungen durch den unsachgemäßen Einsatz von E-Sourcing-Werkzeugen tatsächlich irreparabel beschädigt werden. Es ist also erforderlich, die Mitarbeiter in die Projektarbeit mit einzubeziehen, um sicherzustellen, dass nicht aus Bedenken der Mitarbeiter heraus das Projekt blockiert wird, und um zu verhindern, dass das neue Werkzeug aufgrund falscher Vorstellungen falsch eingesetzt wird. Weiterhin muss deutlich gemacht werden, dass E-Sourcing-Werkzeuge nicht als Ersatz für die Mitarbeiter gedacht sind.[60]

4.3.5 Eignung des Bedarfs für elektronischen Handel

Der über E-Sourcing beschaffte Bedarf muss für den Handel über das jeweils eingesetzte elektronische Werkzeug geeignet sein, um die jeweilige Wirkungsbeziehung nicht zu untergraben. Am einfachsten ist dieser Sachverhalt anhand elektronischer Börsen zu illustrieren: Für den Handel über elektronische Börsen sind nur hoch standardisierte beziehungsweise fungible Güter geeignet, da nur für dieser Güter genügend Anbieter und Nachfrager zusammenkommen, um einen Handel nach dem Auktionsprinzip zu ermöglichen.[61] Bei komplexeren Gütern finden sich nicht genügend Anbieter und Nachfrager, so dass trotz der reduzierten Markteintrittsbarrieren kein Handel zustande kommt.

Im Fall von elektronischen Auktionen ist die Eignung des Bedarfs in der Regel keine unmittelbare Eigenschaft des zu beschaffenden Gutes, sondern der zugrunde liegenden Beschaffungsstrategie. Die Beschaffungsstrategie eines Unternehmens für einen Bedarf kann lieferantenorientiert oder produktorientiert ausgerichtet sein. Eine lieferantenorientierter Beschaffungsstrategie ist auf die Zusammenarbeit mit ausgewählten Lieferanten ausgerichtet, in der weitesten Form werden alle Güter eines Bereichs von einem Lieferanten bezogen. Diese Strategie der Beschaffung heißt Single-Sourcing.[62] Ein produktorientierter Beschaffungsprozess hingegen soll die benötigten Güter in der geforderten Menge und Qualität verfügbar machen, der Lieferant ist hierbei zweitrangig und kann gewechselt werden.

---

60 Vgl. Arthur Andersen Business Consulting (2001) S. 9
61 Vgl. Aust, Eberhard et al. (2000) S. 32-33
62 Vgl. Arnold, Ulli (1997) S. 97
Vgl. Aust, Eberhard et al. (2000) S. 36

Bedarf, bei dessen Beschaffung eine Single-Sourcing-Strategie verfolgt wird, ist folglich ungeeignet für elektronische Auktionen, weil eine elektronische Auktion lediglich den optimalen Preis für die zugrunde liegende Transaktion findet. Eine Lieferantenbeziehung ist aber auf mehrere Transaktionen ausgerichtet und wird daher in einer elektronischen Auktion nicht erfasst. Weiterhin müssen in einer elektronischen Auktion die Kosten für einen möglichen Lieferantenwechsel berücksichtigt werden. Bei einer Single-Sourcing-Strategie sind erhebliche Investitionen in die Beziehung zu dem bestehenden Lieferanten erfolgt, die bei einem Wechsel als Sunk Costs betrachtet werden müssten. Hierdurch entsteht ein Lock-In-Effekt, der einen Lieferantenwechsel stark verteuert. Da der Lieferant sich in der Regel dieser Tatsache bewusst ist, kann die in einer elektronischen Auktion erzeugte Transparenz der Marktpreise keinen Wettbewerbsdruck auf den bestehenden Lieferanten aufbauen, da dieser durch die Wechselkosten einen erheblichen Kostenvorteil besitzt.[63]

Folglich muss vor einer elektronischen Auktion sichergestellt werden, dass ein Lieferantenwechsel zu geringen Wechselkosten möglich ist. Je geringer die Kosten für einen Lieferantenwechsel ausfallen, desto weniger wird das Auktionsergebnis zugunsten des bestehenden Lieferanten verzerrt.[64] Diese Situation ist einer Monopolstellung des Lieferanten am Markt nicht unähnlich, jedoch muss hier unterschieden werden: Ein Monopol ist eine externe Gegebenheit am Markt, die nur relativ schwer beeinflusst werden kann, während eine Single-Sourcing-Strategie vom beschaffenden Unternehmen vorgegeben wird und geändert werden kann.

Elektronische Ausschreibungen hingegen können analog zur Situation bei Monopolstellung des Lieferanten auch bei bestehen einer intensiven Lieferantenbeziehung zur Verbesserung des Prozesses verwendet werden. Es ist allerdings wiederum keine Preiswirkung zu erwarten; hier hat die elektronische Ausschreibung eine reine Kommunikationswirkung.[65]

---

[63] Vgl. Appelfeller, Wieland / Buchholz, Wolfgang (2005) S. 141
Vgl. Beall, Stewart et al. (2003) S. 51
Vgl. Wagner, Stephan / Schwab, Andreas (2004) S. 16

[64] Vgl. Minahan, Tim (2004) S. 14
Vgl. Smeltzer, Larry / Ruzicka, Marc (2000) S. 3-4
Vgl. Beall, Stewart et al. (2003) S. 8

[65] Vgl. Minahan, Tim (2004) S. 14
Vgl. Arthur Andersen Business Consulting / Arbeitsbereich Produktionswirtschaft TU Hamburg-Harburg (2002) S. 16

4.3.6 Wert des Bedarfs

Der Wert eines zu beschaffenden Bedarfs stellt insofern einen Einflussfaktor dar, als dass die Erstellung eines Angebotes für einen Anbieter grundsätzlich mit Kosten verbunden ist. Liegt der Wert des zu beschaffenden Bedarfs unterhalb einer gewissen Grenze, so rentiert sich eine Angebotsabgabe für den Anbieter nicht mehr.[66]

Im Fall einer elektronischen Börse liegt diese Grenze nahe Null, da der Anbieter nur noch seine Preisvorstellung nennen muss, da alle anderen Faktoren bereits festgelegt sind. Über eine elektronische Börse können folglich theoretisch auch kleinste Mengen gehandelt werden; die einzige Einschränkung besteht in den Kosten für die Abwicklung der physischen Transaktion und einer eventuell festgelegten kleinsten Mengeneinheit.

Bei elektronischen Ausschreibungen hängt nur die Wirkung auf den Preis vom Wert des ausgeschriebenen Bedarfs ab. Jedoch wird durch die elektronische Abwicklung der Aufwand einer Angebotsabgabe auch für den Anbieter reduziert, so dass die beschriebene Grenze, ab der der Anbieter bereit ist, ein Angebot abzugeben, reduziert wird. Entsprechend sind bei einer elektronischen Ausschreibung tendenziell mehr Anbieter bereit ein Angebot abzugeben, als bei einer konventionellen Ausschreibung.

Im Vergleich zu einer elektronischen Ausschreibung ist bei einer elektronischen Auktion der Aufwand für die Anbieter teilweise erheblich erhöht, da besonders bei intensivem Wettbewerb die Anbieter eine exakte Kalkulation ihrer Kosten benötigen, um konkurrenzfähige Gebote abgeben zu können.[67] Entsprechend erhöht sich der notwendige Wert des zu vergebenden Auftrags, welcher notwendig ist, damit die Anbieter bereit sind, an einer elektronischen Auktion teilzunehmen.[68] Ist jedoch dieser Wert überschritten, so steigt mit dem Wert des Auftrags auch das Interesse der Anbieter, den Auftrag zugeschlagen zu bekommen, das heißt, mit steigendem Auftragswert intensiviert sich die Konkurrenz der Anbieter um den Auftrag. Da es das Primärziel einer elektronischen Auktion ist, durch Transparenz Wettbewerb zu erzeugen, ist der

---

[66] Vgl. Backhaus, Klaus (2003) S. 493-496
[67] Vgl. Smart, Alan / Harrison, Alan (2003) S. 259-261
[68] Vgl. Aust, Eberhard et al. (2000) S. 32
Vgl. Johnson, Fraser / Klassen, Robert (2005) S. 8

in einer elektronischen Auktion zu vergebende Auftragswert als kritischer Erfolgsfaktor zu sehen.[69]

4.3.7 Spezifikation

Bei der Anbahnung einer Transaktion gehört eine Beschreibung der vom einkaufenden Untenehmen benötigten Güter zu den von möglichen Partnern benötigten Informationen. Diese Spezifikation des Bedarfs sollte also alle Informationen über den Bedarf enthalten, die ein Lieferant benötigt, um ein Angebot mit einer Bepreisung erstellen zu können. Wird von den Lieferanten ein exakt kalkuliertes Angebot verlangt, sind entsprechend mehr Informationen erforderlich, als wenn nur Richtpreise verlangt werden. Das Ziel bei der Erstellung einer Spezifikation eines Bedarfs sollte sein, durch Unklarheiten ausgelöste Rückfragen der Lieferanten möglichst zu vermeiden, da dies manuelle Nacharbeiten erfordert und den gesamten Beschaffungsprozess unnötig verlängert.[70]

Im Fall von elektronischen Börsen kann eine Spezifikation des Bedarfs abgesehen von der benötigten Menge entfallen, da über eine elektronische Börse nur hoch standardisierte Güter gehandelt werden, die bereits spezifiziert sind. Bei Gütern mit komplexen Mengenspezifikationen, zum Beispiel elektrischer Energie, kann diese Spezifikation dennoch erhebliche Komplexität erreichen.

Je nach Zielsetzung kann die Spezifikation des Bedarfs bei einer elektronischen Ausschreibung mehr oder weniger detailliert ausfallen. Dient eine elektronische Ausschreibung dazu, potentielle Lieferanten zu identifizieren und einen Überblick über einen Markt zu erhalten, so sind in der Regel weniger detaillierte Informationen erforderlich, als wenn ein konkreter Bedarf an einen der in der Ausschreibung angesprochenen Lieferanten vergeben werden soll. Tendenziell ist für die Vorbereitung einer elektronischen Ausschreibung mit der Erstellung der Spezifikation des Bedarfs mehr Zeit und Aufwand erforderlich als für eine konventionelle Ausschreibung, wodurch die

---

69 Vgl. Smeltzer, Larry / Ruzicka, Marc (2000) S. 3-4
Vgl. Wagner, Stephan / Schwab, Andreas (2004) S. 16

70 Vgl. Müller, Holger (2003) S. 125
Vgl. Bullinger, Hans-Jörg et al. (2002) S. 225-226
Vgl. Mabert, Vincent / Schoenherr, Tobias (2001) S. 16
Vgl. Minahan, Tim (2004) S. 12-13

Durchführung und Auswertung der Ausschreibung dann entsprechend schneller erfolgen können.[71]

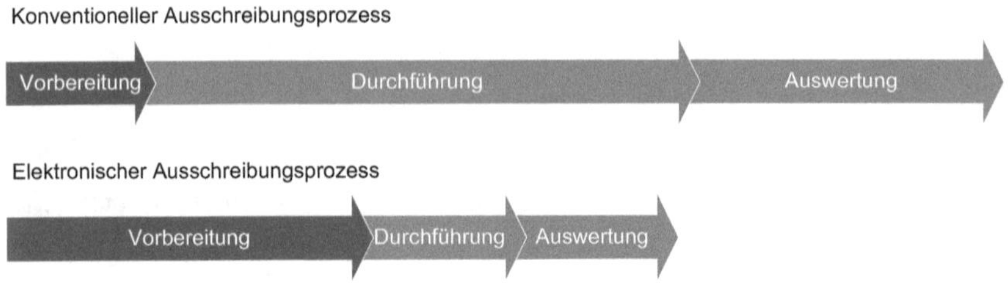

Abbildung 4.10: Konventioneller und elektronischer Ausschreibungsprozess im Vergleich[72]

Im Gegensatz zur Vorwärtsauktion, bei der alle Teilnehmer auf *ein* in der Regel vorhandenes Gut bieten, sind die Leistungen der an einer Rückwärtsauktion individuelle Leistungen, die voneinander abwichen können. Es muss daher sichergestellt werden, dass die Leistungen der Lieferanten vergleichbar sind, und der Preis das einzige verbleibende Kriterium ist. Ist dies nicht der Fall, wird das Auktionsergebnis dahingehend verzerrt, das nicht der Lieferant mit dem besten Preis, sondern der Lieferant mit der am billigsten zu erbringenden Leistung (bei gleichem Preis) die Auktion gewinnt.[73] Dass die Lieferanten alle benötigten Informationen erhalten haben und ihren Angeboten eine realistische Preiskalkulation zugrunde legen wird in der Regel durch eine vorherige Ausschreibung sichergestellt.[74] Theoretisch ist eine Nutzung von elektronischen Auktionen auch als einzelnes Werkzeug möglich, jedoch ist die sorgfältige Vorbereitung einer Auktion in diesem Fall essentiell.[75]

Für eine erfolgreiche elektronische Auktion müssen den Lieferanten also alle Informationen vorliegen, die für eine Preiskalkulation notwendig sind, da in einer laufenden Auktion Rückfragen für erneute Preiskalkulationen unmöglich sind. Die Spezifi-

---

71 Vgl. Bullinger, Hans-Jörg et al. (2002) S. 225-226
Vgl. Mabert, Vincent / Schoenherr, Tobias (2001) S. 18

72 Eigene Darstellung

73 Vgl. Beall, Stewart et al. (2003) S. 8-9
Vgl. Johnson, Fraser / Klassen, Robert (2005) S. 8

74 Vgl. Beall, Stewart et al. (2003) S. 46-47
Vgl. Mabert, Vincent / Schoenherr, Tobias (2001) S. 16
Vgl. Johnson, Fraser / Klassen, Robert (2005) S. 8
Vgl. Beer, Johan (2006 A) S. 36

75 Vgl. Beall, Stewart et al. (2003) S. 10
Vgl. Aust, Eberhard et al. (2000) S. 37

kation des Bedarfs ist im Hinblick auf elektronische Auktionen insofern besonders kritisch zu sehen, da durch die Reduzierung auf den Preis Korrekturen bei Fehlern in den Angeboten der Lieferanten unmöglich sind.[76]

Die Vergleichbarkeit von Angeboten ist für eine Beschaffungsentscheidung essentiell, wobei diese Vergleichbarkeit wiederum entscheidend von den Informationen, die den Lieferanten vorliegenden, beeinflusst wird. Folglich ist die Spezifikation eines Bedarfs als Grundlage des Informationsaustauschs zwischen einkaufendem Unternehmen und Lieferant von entsprechend hoher Bedeutung.[77]

4.3.8 Regelwerk

Die gesetzlichen Vorgaben zur Abwicklung von Geschäftstransaktionen und zum Zustandekommen von Verträgen sind relativ allgemein gehalten.[78] Daher existieren bei den meisten Unternehmen Zusätze in der Form von Allgemeinen Geschäftsbedingungen, in der die Unternehmen Rahmenbedingungen für ihre Geschäftstransaktionen definieren. Die Festlegung solcher Rahmenbedingungen ist bei der elektronischen Abwicklung von Geschäftstransaktionen besonders von Bedeutung, da die von unklaren Rahmenbedingungen verursachten Unsicherheiten manuelle Eingriffe notwendig machen, und so die Vorteile elektronischer Abwicklung reduzieren.

Bei elektronischen Börsen wird der gesamte Transaktionsprozess vom Betreiber vorgegeben, in diesem Fall bleibt den Unternehmen für eigene Festlegungen kein Spielraum. Im Fall von elektronischen Ausschreibungen hingegen bleiben dem einkaufenden Unternehmen hingegen relativ viele Möglichkeiten für eigene Gestaltung; die Betreiber von Plattformen beschränken sich in der Regel darauf, unfaire oder illegale Handelspraktiken zu verbieten. Das Regelwerk eines einkaufenden Unternehmens enthält im Gegensatz zur Spezifikation keine Angaben welches Produkt angeboten werden soll, sondern in welcher Form und auf welche Weise ein Angebot abgegeben werden soll. Typische Festlegungen sind Abgabefristen, zu verwendende Formulare,

---

[76] Vgl. Wagner, Stephan / Schwab, Andreas (2004) S. 16
Vgl. Schulte, Christof (2005) S. 319
Vgl. Beall, Stewart et al. (2003) S. 51

[77] Vgl. Aberdeen Group / Purchasing Magazine (2005) S. 8

[78] Vgl. Kapitel 3.4.1 und 3.4.2

Geheimhaltungsvorgaben und ähnliches. Hier gilt für das Regelwerk das gleiche wie für die Spezifikation: Dem Lieferanten müssen sämtliche Informationen zur Verfügung stehen, die notwendig sind, damit er sein Angebot in der gewünschten Form abgeben kann. Die Festlegungen im Regelwerk dienen also ebenfalls dazu, den Vergleich der Angebote zu erleichtern. Der Aufwand, der in die Erstellung eines Regelwerkes investiert wird, hat also direkten Einfluss auf die Ergebnisqualität.[79]

In elektronischen Auktionen haben die Rahmenbedingungen, nach denen Gebote abgegeben werden, ebenso wie die Spezifikation Einfluss auf das Auktionsergebnis. Bleiben im Regelwerk Punkte offen, so besteht durch die Reduktion auf den Preis ebenso wie bei der Spezifikation die Gefahr, dass Lieferanten diese Punkt zu ihren Gunsten auslegen und so das Ergebnis verzerren.[80] Ein besonderer Bereich des Regelwerks einer elektronischen Auktion ist das Auktionsdesign.[81] Im Auktionsdesign ist nicht nur festgelegt, wie die Lieferanten ihre Gebote abgeben, sondern auch, wann die Auktion beendet und ein Vertrag zustande gekommen ist. Wichtiger als die Auswahl eines Auktionsdesigns ist für die Lieferanten die Regelung, nach der der Auftrag letztendlich vergeben wird. Dies sollte nicht nur im Regelwerk enthalten sein, sondern explizit an die Lieferanten kommuniziert werden, um zu vermeiden, dass sich Lieferanten hintergangen fühlen.[82] Insbesondere sollten Nachverhandlungen nach einer elektronischen Auktion vermieden werden, da ein Lieferant, der nachdem er sein bestes Gebot abgegeben und den Zuschlag erhalten hat, zu weiteren Preissenkungen aufgefordert wird, sich verständlicherweise hintergangen fühlt. Die gleiche Situation kann ohne Absicht des Einkäufers durch ein unklares Regelwerk ausgelöst werden, wenn offene Punkte in Nachverhandlungen geklärt werden müssen.[83]

---

[79] Vgl. Schulte, Christof (2005) S. 319
Vgl. Aust, Eberhard et al. (2001) S. 58-59
[80] Vgl. Emiliani, M. (2005) S. 527
Vgl. Beall, Stewart et al. (2003) S. 44-46
Vgl. Smeltzer, Larry / Ruzicka, Marc (2000) S. 5
Vgl. Budde, Lars (2004) S. 107
[81] Vgl. Kapitel 2.4.2.3
[82] Vgl. Beall, Stewart et al. (2003) S. 19
Vgl. Emiliani, M. (2005) S. 529
Vgl. Budde, Lars (2004) S. 107-110
[83] Vgl. Emiliani, M. (2005) S. 529
Vgl. De Cassan, Thierry (2005) S. 14

4.4 Wirkungsbeziehungen im E-Ordering

Die Aufgabe des E-Ordering ist die Unterstützung der operativen Beschaffung durch Automatisierung der Bestellabwicklung. Werkzeuge des E-Ordering sind elektronische Kataloge in verschiedenen Ausbauformen.[84] Bei Lösungen auf Katalogbasis ist zu erkennen, dass allen Lösungen dieselben Wirkungsbeziehungen zugrunde liegen, egal, wie das Katalogsystem technisch realisiert wird. Einzige Ausnahme bilden, wie in Abbildung 4.11 gezeigt, elektronische Kataloge auf Verkäuferseite; hier fällt die Transparenzwirkung weg, da hier jeweils nur der Katalog eines einzelnen Anbieters gehalten wird, und Vergleiche verschiedener Anbieter daher unmöglich sind.[85] Mögliche Mischformen, wie sie in Abbildung 2.27 dargestellt sind, werden hier nicht weiter betrachtet, da hier ebenfalls dieselben Wirkungsbeziehungen zugrunde liegen.

	Prozesswirkung		Transparenzwirkung	
	Senkung der Prozesskosten	Transparenz der Prozesse	Transparenz des Angebots	Bündelung von Volumen
Sell-Side-Lösung	X	X	-	-
Intermediär	X	X	X	X
Buy-Side-Lösung	X	X	X	X

Abbildung 4.11: Überblick über die Wirkungsbeziehungen im E-Ordering[86]

Der Fokus von E-Ordering-Lösungen liegt auf der Bestellabwicklung von C-Gütern, da bei diesen Gütern die Kosten des Beschaffungsprozesses den Einzelpreis in der Regel deutlich übersteigen.[87] Bei E-Ordering-Lösungen steht daher die Prozesswirkung im Vordergrund; die Preise für einzelne Güter sind in elektronischen Katalogsystemen meistens statisch.[88]

---

84 Vgl. Kapitel 2.4.3
85 Vgl. Hentrich, Johannes (2001) S. 30
86 Eigene Darstellung
87 Vgl. Kapitel 2.1.4.1
88 Vgl. Arthur Andersen Business Consulting (2002) S. 29-31

4.4.1 Prozesswirkung im E-Ordering

Für die Prozesswirkung im E-Ordering können dieselben Aussagen getroffen werden wie für die Prozesswirkung im E-Sourcing: Die Prozesswirkung setzt sich aus einer Senkung der von den Beschaffungsprozessen der Nachfrager verursachten direkten und indirekten Kosten und einer Erhöhung der Transparenz dieser Prozesse zusammen. Die Prozesstransparenz wird im E-Ordering ebenfalls der Prozesswirkung zugerechnet.

4.4.1.1 Senkung der Prozesskosten

Das wesentlichste Element der Prozesswirkung im E-Ordering ist die durch den Einsatz von E-Ordering-Werkzeugen ermöglichte Senkung der Prozesskosten.[89] Die Prozesskosten in der operativen Beschaffung setzen sich aus den durch den entstehenden Aufwand verursachten Personalkosten, kalkulatorischen Kosten für die Prozessdauer und Kosten für Eingriffe bei Fehlern im Prozess zusammen. Während die kalkulatorischen Kosten für die Prozessdauer in der operativen Beschaffung in der Regel vernachlässigt werden können, bieten die Kosten für die Abwicklung an sich sowie die bei Fehlern notwendigen Eingriffe erhebliches Sparpotential welches durch elektronische Weitergabe von Daten, automatisierte Verarbeitung und Vermeidung von Medienbrüchen realisiert werden kann. Erfolgt die Abwicklung von Beschaffungsvorgängen über eine elektronische Lösung, so können entsprechende Tätigkeiten der Mitarbeiter automatisiert und Fehler vermieden werden, wodurch die entsprechenden manuellen Prozessschritte bei einer Überarbeitung des Prozesses[90] eliminiert werden können. Diese Vermeidung manueller Arbeiten bei der operativen Beschaffung reduziert die Kosten des operativen Beschaffungsprozesses und entlastet die Mitarbeiter von Routineaufgaben.[91]

---

89 Vgl. Nekolar, Alexander-Philip (2003) S. 6
Vgl. Bogaschewsky, Ronald / Kracke, Uwe (1999) S. 167

90 Vgl. Kapitel 3.7

91 Vgl. Bogaschewsky, Ronald (1999) S. 15-16
Vgl. Müller, Günter / Eymann, Torsten / Kreutzer, Michael (2003) S. 371-373
Vgl. Hoffmann, Anke / Zilch, Andreas (2000) S. 57
Vgl. Dolmetsch, Ralph (2000) S. 16
Vgl. Möhrstädt, Detlef / Bogner, Philipp / Paxian, Sascha (2001) S. 25 und S. 37
Vgl. Eyholzer, Kilian (2002) S. 100-103

4.4.1.2 Erhöhung der Prozesstransparenz

Bei der Abwicklung der operativen Beschaffung über ein Katalogsystem werden die Daten aller Beschaffungsvorgänge elektronisch erfasst, um wie beschrieben Medienbrüche zu vermeiden. Dies hat gleichzeitig zur Folge, dass die Daten der Beschaffungsvorgänge für weitere Auswertungen zur Verfügung stehen, was die Transparenz der Beschaffungsprozesse erhöht. Hierdurch kann nachvollzogen werden, mit welchen Lieferanten in welchem Umfang Geschäfte getätigt werden, was Preisverhandlungen mit dem jeweiligen Lieferanten erheblich erleichtert.[92] Weiter wird das Bestellverhalten der Mitarbeiter transparent, wodurch Beschaffung am System vorbei sowie Missbrauch des Systems verhindert werden.[93] Durch die zentrale Erfassung der Beschaffungsdaten werden auch die notwendigen Informationen für weitere Bereiche im Unternehmen wie zum Beispiel Rechnungswesen oder Logistik bereitgestellt, was die Arbeit dieser Bereiche ebenfalls vereinfacht.[94]

4.4.2 Transparenzwirkung im E-Ordering

Durch die Transparenzwirkung des E-Procurement werden die Kosten der Beschaffung von Informationen am Markt reduziert. Die Transparenzwirkung des E-Ordering beruht im Gegensatz zum E-Sourcing jedoch nicht auf einer Beeinflussung der Lieferanten durch Erhöhung der Transparenz, sondern auf der Reduzierung der Such- und Informationskosten durch Transparenz des Angebotes und auf der Bündelung von Bedarf durch Transparenz der eigenen Nachfrage.

Vgl. Hartmann, Detlef (1999) S. 51-53
Vgl. Nenninger, Michael (1999) S. 16-17
Vgl. Arthur Andersen Business Consulting (2002) S. 19
Vgl. Nissen, Volker / Mauß, Andreas (2002) S. 56
92 Vgl. Croom, Simon (2000) S. 8-9
Vgl. Nenninger, Michael (1999) S. 18
Vgl. Rast, Christian / Scholz, Michael (2004) S. 178
93 Vgl. Eyholzer, Kilian (2002) S. 103
Vgl. Hartmann, Detlef (1999) S. 52-53
Vgl. Nenninger, Michael (1999) S. 18
94 Vgl. Basili, Joe / Bharadwaj, Sudy / Saia, Rick (2006) S. 3-4

4.4.2.1 Transparenz des Angebots

Elektronische Katalogsysteme stellen zur Navigation des Angebots neben einer in der Regel hierarchischen Strukturierung auch eine Suchfunktion zur Verfügung. Die Suche nach Artikeln anhand verschiedener Kriterien wird durch eine entsprechende Standardisierung und Klassifizierung[95] der einzelnen Artikel ermöglicht, was die Transparenz des Angebots erheblich erhöht, da manuelle Suchvorgänge und Vergleiche im Angebot von Lieferanten entfallen.[96] Hierdurch wird die Auswahl eines geeigneten Lieferanten für den jeweiligen Bedarf vereinfacht, was gegebenenfalls auch eine Konsolidierung der Lieferanten ermöglicht, beziehungsweise die Einführung eines neuen Lieferanten unnötig macht.[97] Weiterhin wird durch die Möglichkeit der Suche nach identischen Artikeln in den Katalogen verschiedener Lieferanten der Wettbewerb zwischen den Lieferanten erhöht. Bei C-Gütern sind zwar im Hinblick auf die einzelnen Artikel nur geringe Einsparungen zu erwarten, jedoch verhindert die Transparenz des Angebot im Idealfall einen Lock-In-Effekt, den ein Lieferant als alleiniger Anbieter auf einer Katalogplattform für Preiserhöhungen ausnutzen könnte.

4.4.2.2 Bündelung von Beschaffungsvolumen

Über ein elektronisches Katalogsystem kann der Bedarf der einzelnen Besteller gebündelt werden, um Preise zu reduzieren und Logistikkosten zu reduzieren.

---

[95] Vgl. Kapitel 3.2
[96] Vgl. Hentrich, Johannes (2001) S. 34
Vgl. Dolmetsch, Ralph (2000) S. 195-197
Vgl. Buchholz, Wolfgang (2001) S. 70
Vgl. Bartezzaghi, Emilio / Ronchi, Stefano (2004) S. 118
Vgl. Löprick, Frank (2006) S. 15
Vgl. Sipos, Wolfgang (1999) S. 108
[97] Vgl. Eyholzer, Kilian (2002) S. 92

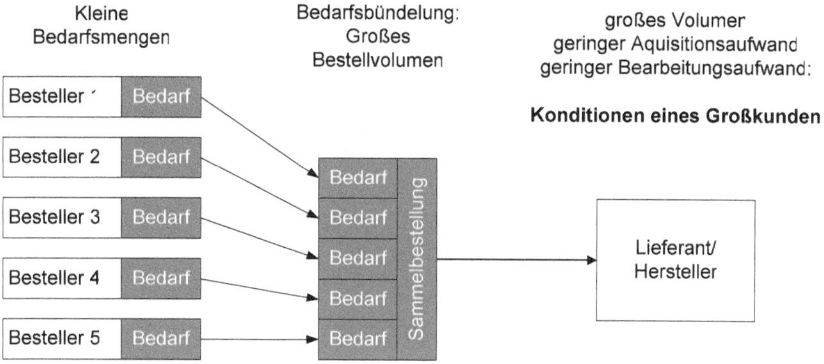

Abbildung 4.12: Bündelung von Bedarf[98]

Aus den erfassten Bestelldaten kann Bündelungspotential abgeleitet und Lieferanten mit überlappendem Angebot ausgefiltert werden, wodurch die Lieferantenanzahl konsolidiert wird. Weiter werden durch die Bündelung von Beschaffungsvolumen auf einzelne Lieferanten Preisverhandlungen beim Abschluss von Rahmenverträgen erleichtert.[99]

4.5 Einflussfaktoren im E-Ordering

Die für Einführung und Betrieb einer E-Ordering-Lösung relevanten Einflussfaktoren werden im Folgenden analog zu den Einflussfaktoren im E-Sourcing als Ishikawa-Diagramm dargestellt. Hierzu gelten dieselben Anmerkungen und Einschränkungen wie bei der Darstellung der Einflussfaktoren im E-Sourcing.[100]

---

98 Eigene Darstellung
99 Vgl. Dolmetsch, Ralph (2000) S. 17
Vgl. Croom, Simon (2000) S. 10
Vgl. Gritsch, Klaus / Helgerth, Robert (2004) S. 188
Vgl. Eyholzer, Kilian (2002) S. 103
Vgl. Reindl, Martin / Oberniedermaier, Gerhard (2002) S. 124
Vgl. Drefs, Matthias (1999) S. 238
Vgl. Aust, Eberhard et al. (2000) S. 41-42
100 Vgl. Kapitel 4.3

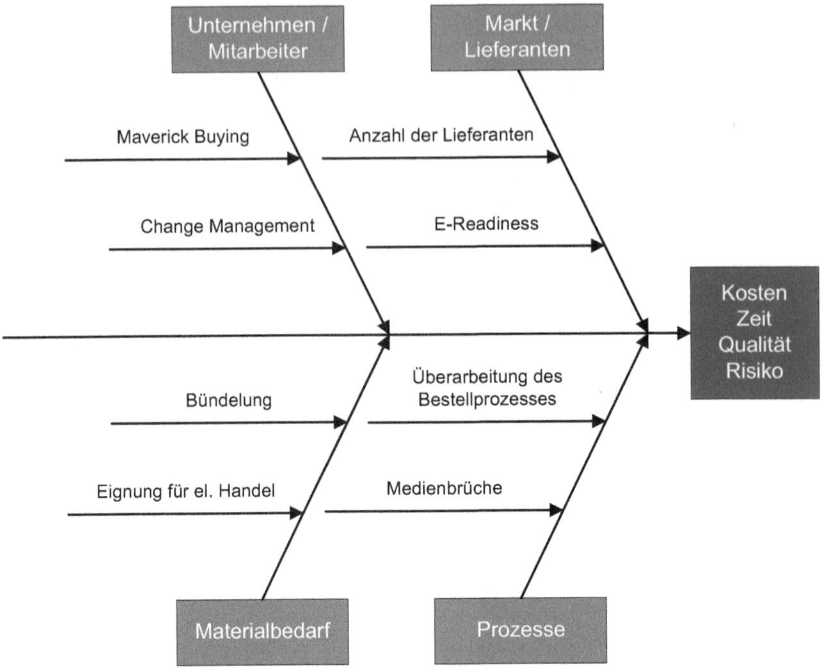

Abbildung 4.13: Einflussfaktoren im E-Ordering[101]

Beim Vergleich den Einflussfaktoren im E-Ordering und den Einflussfaktoren im E-Sourcing ist zu erkennen, dass sich die Einflussfaktoren teilweise überschneiden. Dies liegt daran, dass sich die Einflussfaktoren im E-Sourcing und E-Ordering zwar aufgrund der unterschiedlichen Schwerpunkte der Lösungen in ihren Ausprägungen unterscheiden, jedoch im Hinblick auf die Rahmenbedingungen der Beschaffung ähnliche Anforderungen vorliegen. Lediglich die Ausgestaltung der ablaufenden Prozesse ist vollkommen verschieden, da im E-Sourcing der strategische Beschaffungsprozess und im E-Ordering der operative Beschaffungsprozess elektronisch unterstützt wird.

[101] Eigene Darstellung

4.5.1 Maverick Buying

Maverick Buying[102], also der unberechtigte Einkauf von Mitarbeitern an den offiziellen Lieferantenbeziehungen vorbei, stellt im Hinblick auf den Einsatz von E-Ordering ein nicht zu unterschätzendes Problem dar. Ein am E-Ordering-System vorbeilaufender Einkaufsvorgang ist ein rein manueller Prozess, der insbesondere im Bereich Buchhaltung zahlreiche Nacharbeiten erfordert.[103] Da die Rentabilität eines E-Ordering-Systems auf Skaleneffekten basiert, das heißt, die vom E-Ordering-System verursachten Fixkosten auf möglichst viele Transaktionen umgelegt werden, geht mit jeder fehlenden Transaktion über die direkt verursachten Kosten hinaus auch die Rentabilität des E-Ordering-Systems zurück. Weiterhin geht auch die Transparenzwirkung des E-Ordering-Systems verloren, da am System vorbeilaufende Transaktionen entsprechend auch nicht elektronisch erfasst werden, wodurch die Transparenz der Beschaffungsvorgänge sinkt.[104] Nimmt also das Maverick Buying überhand, so gerät der Erfolg einer E-Ordering-Lösung ernsthaft in Gefahr. Um dies zu vermeiden, muss das E-Orderring-System als einziger Bestellkanal für die Mitarbeiter etabliert werden.[105] Im Extremfall kann dies auch erreicht werden, indem die Lieferanten angewiesen werden, alle Bestellungen außerhalb des Systems zu ignorieren.[106]

Um die Mitarbeiter zur Nutzung des Systems anzuhalten, sollte die Bedeutung des Suchvorgangs nicht unterschätzt werden. Kurze Suchzeiten und eine hohe Artikelanzahl ermöglichen es den Mitarbeitern, die benötigten Artikel im System mit geringem Aufwand zu finden, was die Zufriedenheit mit dem System steigert.[107] Daher sollte auch vermieden werden, einen Parallelbetrieb mit Papierkatalogen zu fahren. Wenn bereits die Recherche nach dem benötigten Artikel im elektronischen System erfolgt, so wird die Suche erstens durch das System erleichtert, und zweitens die Mitarbeiter an das System herangeführt.

---

[102] Vgl. Kapitel 3.6.1
[103] Vgl. Hartmann, Detlef (1999) S. 48
Vgl. Pfleghar, Thilo / Decker, Wilfried (2001) S. 120
[104] Vgl. Eyholzer, Kilian (2002) S. 34-35
[105] Vgl. Aberdeen Group (2005) S. 18
Vgl. Hartmann, Detlef (1999) S. 48
[106] Vgl. Budde, Lars (2004) S. 112
[107] Vgl. Lucas-Nülle, Thomas (2005) S. 58-59

4.5.2 Change Management im E-Ordering

Im Bezug speziell auf den Einsatz von E-Ordering im Unternehmen sind beim Change Management[108] vor allem zwei Faktoren zu beachten: Die grundsätzliche Angst der Mitarbeiter, durch Automatisierung ihrer Tätigkeit ihren Arbeitsplatz zu verlieren[109] und die grundsätzliche Ablehnung von Veränderungen an bestehenden Abläufen[110]. Im Fall von E-Ordering sind die Bedenken von Mitarbeitern mit rein operativen Aufgaben durchaus berechtigt, da in diesem Fall nach der Einsparung von Prozesskosten durch Automatisierung durchaus Stellen gestrichen werden können.[111] Diese Vorgehensweise ist jedoch im Hinblick auf die Motivation der Mitarbeiter extrem kritisch zu sehen. Eine geeignete Alternativlösung ist die Verstärkung des strategischen Einkaufs mit zusätzlichen personellen Kapazitäten durch die frei werdenden Mitarbeiter.[112]

Schlüsselfaktoren für eine möglichst problemlose Einführung von E-Ordering sind die Unterstützung des Top-Managements für die angestrebten Veränderungen, sowie das Heranführen der Mitarbeiter an den neuen Ablauf durch entsprechende Schulungen und möglichst umfassenden Support. Weiterhin trägt reibungsloses technisches Funktionieren und insbesondere eine problemlose Suche nach Artikeln im Content erheblich zur Akzeptanz bei.[113] Sind diese Faktoren nicht gegeben, sollte eine Einführung von E-Ordering verschoben werden.

4.5.3 Anzahl der Lieferanten

Für ein E-Ordering-System ist die Anzahl der Lieferanten grundsätzlich insofern relevant, als dass für die benötigten Artikel ein geeigneter Lieferant gefunden werden muss. Da es sich bei den über ein E-Ordering-System beschafften Gütern schwer-

---

[108] Vgl. Kapitel 3.6
[109] Vgl. Amor, Daniel (2001) S. 63
Vgl. Haupt, Stephan (2004) S. 136
Vgl. Schäfer, Harald / Schäfer, Burkhard (2001) S. 107-108
[110] Vgl. Claßen, Martin / Alex, Björn / Arnold, Stefanie (2003) S. 26-27
Vgl. Hammer, Michael / Stanton, Steven (1995) S. 159-169
[111] Vgl. Woisetschläger, Ernst (2005) S. 11
[112] Vgl. Nekolar, Alexander-Philip (2003) S. 4-5
Vgl. Haupt, Stephan (2004) S. 136
Vgl. Nissen, Volker / Mauß, Andreas (2002) S. 56
[113] Vgl. Hentrich, Johannes (2001) S. 150-151

punktmäßig um standardisierte C-Güter handelt, stellt dies in der Regel kein Problem dar. Jedoch erzeugt die bereits beschriebene Beschränkung auf das E-Ordering-System und damit auf die dort verfügbaren Lieferanten als Bestellkanal einen Lock-In-Effekt[114], den die angebundenen Lieferanten für Preisdifferenzierungen ausnutzen können.[115] Dem kann begegnet werden, indem Lieferanten mit überlappendem oder identischem Angebot an das E-Ordering-System angebunden werden, was durch die vom E-Ordering-System gebotene gute Vergleichbarkeit den Wettbewerb zwischen diesen Lieferanten intensiviert. Jedoch gehen in diesem Fall Bündelungsvorteile verloren, da sich das beschaffte Volumen auf mehrere Lieferanten verteilt. Eine Lösung für dieses Dilemma lässt sich nur aus der jeweiligen Beschaffungsstrategie für die betreffenden Güter ableiten. Je nachdem, welche Vorgehensweise als strategisch sinnvoll angesehen wird, sollte eine entsprechende Anzahl an Lieferanten angebunden werden.

4.5.4 E-Readiness

E-Readiness ist der „Grad der Befähigung eines Unternehmens ..., auf elektronischem Wege Geschäftsprozesse oder Transaktionen durchzuführen oder zu Unterstützen bzw. Daten und Informationen mit Partnern auszutauschen“[116]. Hierbei ist zu beachten, dass ein Konzept E-Readiness unterteilt werden kann in E-Capability[117] und E-Willingness. Unter E-Capability kann in diesem Fall die reine technische Befähigung zur E-Readiness verstanden werden, das heißt, dass das entsprechende Know-how sowie die notwendige Infrastruktur beim jeweiligen Unternehmen vorhanden sind. Darüber hinaus ist allerdings der tatsächliche Wille eines Unternehmens zu elektronischen Geschäftstransaktionen ausschlaggebend. Dieser tatsächliche Wille wird als E-Willingness bezeichnet. Eine geringe E-Willingness eines Lieferanten liegt in der Regel dann vor, wenn der Lieferant von einer elektronischen Abwicklung

[114] Vgl. Backhaus, Klaus (2003) S. 610
[115] Vgl. Bogaschewsky, Ronald / Kracke, Uwe (1999) S. 166
[116] Vgl. Arnold, Ulli / Kärner, Heinzpeter (2003 A) S. 14
[117] Vgl. Arnold, Ulli / Kärner, Heinzpeter (2003 A) S. 10

Nachteile befürchtet.[118] Dies bedeutet aber auch, dass die E-Willingness, und damit die E-Readiness eines Lieferanten nicht gegenüber jedem Kunden gleich sind.

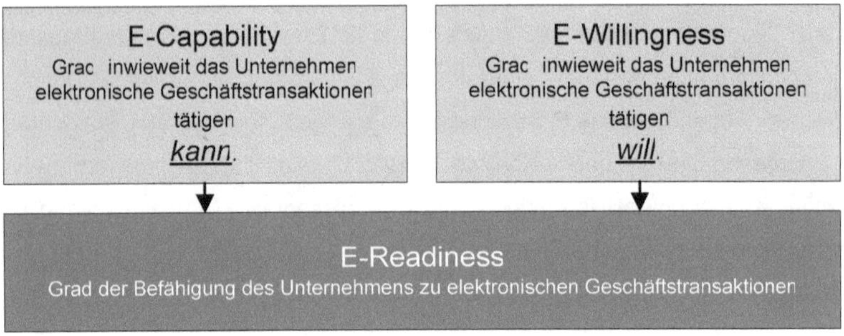

Abbildung 4.14: Zusammensetzung der E-Readiness[119]

Wie bereits angesprochen, hat die Qualität des über ein E-Ordering-System bereitgestellten Content erheblichen Einfluss auf den Erfolg des E-Ordering-Systems.[120] In erster Linie wird die Qualität des Content von der Fähigkeit des Lieferanten beeinflusst, die Daten seines Angebots in geeigneter Form bereitzustellen.[121] Weiterhin muss der Lieferant in der Lage sein, das E-Ordering-System mit seiner eigenen Systemlandschaft zu integrieren, um das volle Automatisierungspotential des E-Ordering-Systems nutzen zu können. Dies erfordert auf Seite des Lieferanten entsprechende Ausstattung und Fähigkeiten, die sich in der E-Capability des Lieferanten ausdrücken.[122] Andererseits sind die Bereitstellung von hochwertigem Content sowie der Aufbau einer elektronischen Anbindung auch für den Lieferanten mit erheblichen Kosten verbunden.[123] Die Bereitschaft zu diesen Investitionen und weiteren Veränderungen, die ein E-Ordering-System mit sich bringt, beeinflussen die E-Willingness

[118] Vgl. Gilbert, Alorie (2000) o. S.
Vgl. Eyholzer, Kilian (2002) S. 108-109
[119] Eigene Darstellung
[120] Vgl. Dolmetsch, Ralph (2000) S. 194
Vgl. Gilbert, Alorie (2000) o. S.
Vgl. Gritsch, Klaus / Helgerth, Robert (2004) S. 189
[121] Vgl. Kapitel 3.3.1
[122] Vgl. Dolmetsch, Ralph (2000) S. 201-202
Vgl. Budde, Lars (2004) S. 61 und S. 65
Vgl. Gritsch, Klaus / Helgerth, Robert (2004) S. 189-190
Vgl. Hentrich, Johannes (2001) S. 37
[123] Vgl. Lucas-Nülle, Thomas (2005) S. 56-57
Vgl. Nekolar, Alexander-Philip (2003) S. 80
Vgl. Budde, Lars (2004) S. 65

des Lieferanten. Daher stellt die aus E-Capability und E-Willingness gebildete E-Readiness der Lieferanten einen kritischen Erfolgsfaktor für ein E-Ordering-System dar.[124]

4.5.5 Bündelung von Bedarf

Die Möglichkeit zur Bündelung von Bedarf resultiert aus der Transparenzwirkung eines E-Ordering-Systems. Durch die verbesserte Transparenz kann Bestellvolumen identifiziert werden, welches unnötig auf mehrere Lieferanten verteilt wird und auf einen Lieferanten zusammengezogen werden kann, wodurch durch Skaleneffekte Einsparungen entstehen.[125] Weiterhin bietet Bündelung auf wenige Lieferanten den Vorteil, dass auch wenn die Kataloge der Lieferanten nicht zu einem Multi-Lieferanten-Katalog zusammengezogen werden, die Benutzer nur wenige Oberflächen navigieren müssen.

Der Nachteil einer Bündelung von Bedarf auf wenige Lieferanten ist der bereits angesprochene Lock-In-Effekt. Die von diesem Lock-In-Effekt verursachten Preissteigerungen können die aus der Bündelung resultierenden Einsparungen unter Umständen wieder kompensieren. [126]

4.5.6 Eignung des Bedarfs für elektronischen Handel

Im Bereich E-Ordering existieren insofern Anforderungen an eine Eignung des Bedarfs für den elektronischen Handel, als das die entsprechenden Artikel in einem elektronischen Katalog abgebildet werden müssen. Hierzu müssen die einzelnen Artikel nicht nur mit möglichst präzisen Beschreibungen im Katalog enthalten sein, sondern auch anhand ihrer jeweiligen Attribute in die verwendete Klassifikationsstruktur eingeordnet werden. Der Bedarf muss also anhand eines vorher festgelegten Klassi-

---

[124] Vgl. Arnold, Ulli / Kärner, Heinzpeter (2003 B) S. 11
Vgl. Budde, Lars (2004) S. 61 und S. 65
[125] Vgl. Hentrich, Johannes (2001) S. 34
Vgl. Eyholzer, Kilian (2002) S. 103
Vgl. Aust, Eberhard et al. (2000) S. 41-42
Vgl. Schulte, Christof (2005) S. 322
[126] Vgl. Bogaschewsky, Ronald / Kracke, Uwe (1999) S. 166

fikationsschemas strukturiert werden können, da ansonsten das Finden des betroffenen Artikels im Katalog erheblich erschwert wird.

Am einfachsten sind diese Anforderungen mit hoch standardisiertem Bedarf wie zum Beispiel Büromaterialien zu erfüllen. Je komplizierter die einzelnen Artikel werden, desto schwieriger wird die Abbildung in einem elektronischen Katalog. Aktuelle Katalogformate[127] stoßen bei konfigurierbaren Produkten wie zum Beispiel Notebooks, sowie bei Produkten mit tagesaktuellen Preisen an ihre Grenzen. Bei konfigurierbaren Produkten existiert die Notlösung, für jede mögliche Variante einen eigenen Artikel anzulegen, was bei vielfältigen Konfigurationsmöglichkeiten allerdings die Artikelanzahl des Katalogs extrem aufbläht und durch die Ähnlichkeit der einzelnen Varianten eine Suche im Katalog erheblich erschwert. Bei tagesaktuellen Preisen kann lediglich ein Richtpreis angegeben werden mit einer Verlinkung auf eine Website mit den aktuellen Preisen. Dies macht eine Verbuchung der entsprechenden Bestellung mit korrekten Preisen allerdings ohne manuelle Eingriffe unmöglich. Die schwierigste denkbare Situation sind Sortimente mit schnell wechselndem Inhalt, also Sortimente, bei denen ganze Artikel neu hinzukommen, zum Beispiel Buchkataloge. Diese Situation ist mit einem stationären Katalog so gut wie nicht zu lösen und erfordert einen beim Lieferanten positionierten Katalog.

4.5.7 Überarbeitung des Bestellprozesses

Wie bereits in Kapitel 3.7 angesprochen, müssen die Prozesse in der Beschaffung an die Verwendung elektronischer Werkzeuge angepasst werden. Elektronische Werkzeuge stellen lediglich einen Enabler für mögliche Einsparungen von Prozesskosten dar, für eine tatsächliche Realisierung dieser Einsparpotentiale ist eine Überarbeitung der Prozesse und Anpassung der Organisationsstruktur erforderlich.[128] Insbesondere beim Einsatz von E-Ordering ist eine Überarbeitung der Beschaffungsprozesse entscheidend für den Erfolg der Lösung, da bei E-Ordering-Lösungen

---

[127] Vgl. Kapitel 3.2.3

[128] Vgl. Reindl, Martin / Oberniedermaier, Gerhard (2002) S. 216
Vgl. Brenner, Walter / Lux, Andreas (2000) S. 166-167
Vgl. Nenninger, Michael (1999) S. 16
Vgl. Aberdeen Group (2005) S. 7

die Prozesskosten im Vordergrund stehen.[129] Im Einzelnen ist bei einer Überarbeitung der Beschaffungsprozesse zu beachten:

- Durch den Einsatz von E-Ordering überflüssig gewordene Prozessschritte tatsächlich zu eliminieren. Ein Beispiel hierfür ist der manuelle Abgleich zwischen Rechnung und Lieferschein. Da diese Daten elektronisch vorliegen, kann diese Prüfung automatisch erfolgen, was eine Gegenkontrolle überflüssig macht. Hierzu muss diese Gegenprüfung allerdings explizit abgeschafft werden, um eine Einsparung zu realisieren.[130]

- Mit der Einführung von E-Ordering wird die Bestellverantwortung vom Einkauf weg zu den einzelnen Mitarbeitern übertragen.[131] Da die elektronische Erfassung der Bestellvorgänge das Einkaufsverhalten der Mitarbeiter transparent macht, sind weitere Kontrollstrukturen bis auf wenige Ausnahmen überflüssig. Es sollte daher beachtet werden, die für den bisherigen Prozess erforderlichen Kontrollprozesse und –Strukturen abzubauen und nicht die Einkaufsverantwortung durch Genehmigungs- und Kontrollprozesse zum Einkauf zurückzudrehen.

- Die im Einkauf durch Entlastung der Mitarbeiter freiwerdenden Kapazitäten müssen neu verteilt werden, um die Einsparungen an Prozesskosten zu realisieren.[132] Hierzu können entweder Umbesetzungen der Mitarbeiter erfolgen oder Stellen abgebaut werden. Dabei ist zu beachten, dass Umbesetzungen immer vorzuziehen sind, da bei Entlassungen naturgemäß der Widerstand der Mitarbeiter gegen die neue Lösung steigt.

Generell ist zu beachten, dass vor einer Überarbeitung des Bestellprozesses eine explizite Modellierung des Prozesses mit einer Berechnung der Prozesskosten[133] erforderlich ist, um Verbesserungspotenziale zu identifizieren und Einsparungen messen zu können. Ohne diese Maßnahmen wird eine Überarbeitung des Bestell-

---

[129] Vgl. Backhaus, Manuel (1999) S. 59
[130] Vgl. Hoffmann, Anke / Zilch, Andreas (2000) S. 53
[131] Vgl. Eyholzer, Kilian (2002) S. 79
Vgl. Brenner, Walter / Lux, Andreas (2000) S. 168
Vgl. Nekolar, Alexander-Philip (2003) S. 25
[132] Vgl. Nekolar, Alexander-Philip (2003) S. 4-5
[133] Vgl. Kapitel 3.7

prozesses erheblich erschwert, da unklar ist, an welchen Stellen Verbesserungsbedarf besteht.[134]

4.5.8 Medienbrüche

Ein Punkt, der bei der Gestaltung einer E-Ordering-Lösung besonders zu beachten ist, ist die Vermeidung von Medienbrüchen an Schnittstellen zwischen E-Odering-System und weiterer Systemlandschaft. Jeder Medienbruch, egal ob im Unternehmen oder beim Lieferanten verursacht Prozesskosten und verlängert die Durchlaufzeiten. Weiterhin stellt jeder Medienbruch durch den manuellen Eingriff eine potenzielle Fehlerquelle dar, die zu einer Verschlechterung der Datenqualität führt.[135] Durch Medienbrüche zwischen verschiedenen Systemen im Bestellprozess geht auch die Transparenz der Bestellprozesse verloren, da die einzelnen Bestellungen nur mit erheblichem manuellem Aufwand über die Grenzen der einzelnen Systeme hinaus verfolgt werden können.[136] Im Idealfall werden also die Bestelldaten bei der Aufnahme einer Bestellung in das E-Ordering-System erfasst und von dort aus weiterverarbeitet.[137]

Um diese Probleme zu vermeiden, müssen die einzelnen im Bestellprozess betroffenen Systeme lückenlos integriert werden. Dies betrifft abgesehen von den einzelnen Komponenten des E-Ordering-Systems hauptsächlich die Schnittstellen des E-Ordering-Systems zum Back-End-System und zu den einzelnen Lieferanten. Eine Stand-alone Umsetzung eines E-Ordering-Systems ist möglich, durch den entstehenden Medienbruch zwischen E-Ordering-System und Back-End-System geht aber viel an Automatisierungspotential verloren. Eine Integration des E-Ordering-Systems ins Back-End ist daher in den meisten Fällen als unverzichtbar anzusehen.[138]

---

[134] Vgl. Nekolar, Alexander-Philip (2003) S. 27-28
Vgl. Puschmann, Thomas; Alt, Rainer (2001) S. 15
[135] Vgl. Nenninger, Michael (1999) S. 17
[136] Vgl. Eyholzer, Kilian (2002) S. 93
[137] Vgl. Thome, Rainer (2006) S. 66 und S. 86
Vgl. Hammer, Michael (1990) S. 112
[138] Vgl. Schulte, Christof (2005) S. 322-323
Vgl. Eyholzer, Kilian (2002) S. 93
Vgl. Reindl, Martin / Oberniedermaier, Gerhard (2002) S. 224
Vgl. Flicker, Alexandra / Höller, Johann (2001) S. 26

Auf Seite der Lieferanten entstehen bei der Verarbeitung von papierbasierten Bestellungen ebenfalls erhebliche Kosten, die durch elektronische Integration mit dem E-Ordering-System des einkaufenden Unternehmens reduziert werden können.[139] Die hierbei entstehenden Kostenvorteile geben Lieferanten in der Regel an ihre Kunden weiter. Die Übertragung von Bestellungen zu den einzelnen Lieferanten muss jedoch nicht in allen Fällen elektronisch erfolgen, da bei Lieferanten, zu denen nur sporadisch Bestellungen verschickt werden, die Kosten einer elektronischen Integration den Nutzen übersteigen können.

---

[139] Vgl. Nissen, Volker / Mauß, Andreas (2002) S. 56
Vgl. Bogaschewsky, Ronald (1999) S. 27
Vgl. Löprick, Frank (2006) S. 15

5 Problemstellungen in mittelgroßen Unternehmen

Nach dem Abschluss der allgemeinen Betrachtung von E-Procurement in den Kapiteln 2 bis 4 folgt nun die Untersuchung des Einsatzes von E-Procurement in mittelgroßen Unternehmen. Hierzu wird eine explorative Untersuchung anhand von Fallstudien durchgeführt, um die in mittelgroßen Unternehmen aktuellen Problemstellungen aufzuzeigen.

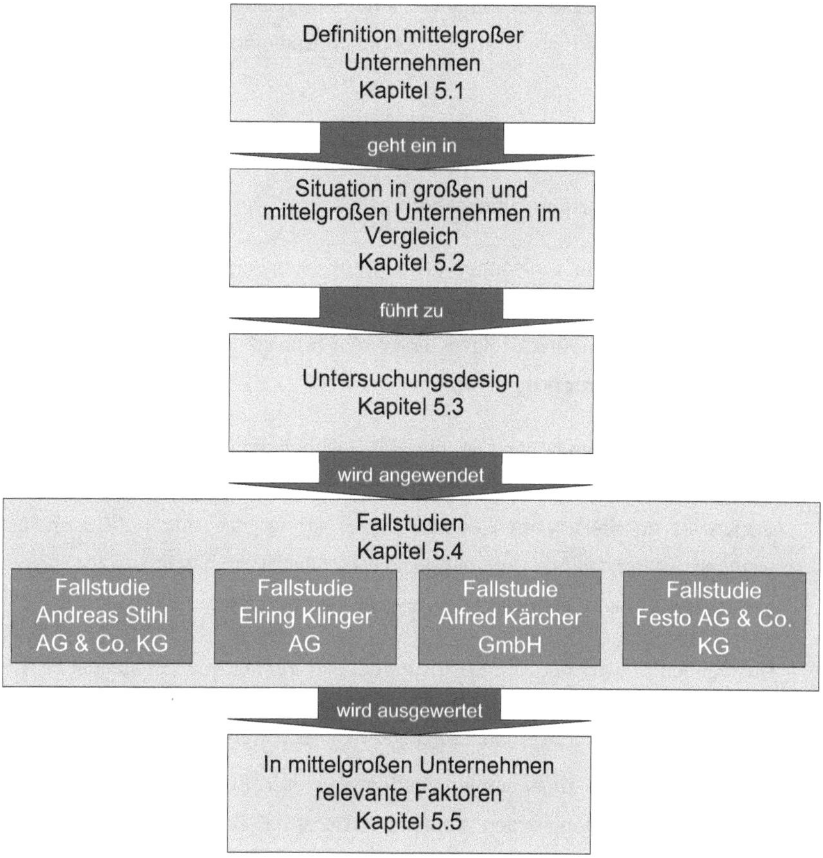

Abbildung 5.1: Vorgehensweise Kapitel 5[1]

[1] Eigene Darstellung

In Kapitel 5.1 wird eine für die Untersuchung geeignete Arbeitsdefinition mittelgroßer Unternehmen anhand von Kriterien aus der Beschaffung aus dem bisherigen Begriff der mittelständischen Unternehmen abgeleitet. Anschließend wird in Kapitel 5.2 die Situation bezüglich des Einsatzes von E-Procurement in großen und mittelgroßen Unternehmen anhand von Daten aus aktuellen Studien verglichen. Aus der bei diesem Vergleich erkennbaren Differenz in der Durchdringung von E-Procurement bei großen und mittelgroßen Unternehmen wird das in Kapitel 5.3 vorgestellte Untersuchungsdesign abgeleitet. Die bei der Untersuchung erhobenen Fallstudien werden in Kapitel 5.4 vorgestellt und die daraus gewonnenen Erkenntnisse in Kapitel 5.5 systematisiert.

5.1 Definition mittelgroßer Unternehmen

Der besondere Fokus der vorliegenden Arbeit auf mittelgroße Unternehmen erklärt sich daher, dass aufgrund von drei speziellen Wirkungsmechanismen bei mittelgroßen Unternehmen besondere Erfolgspotentiale im Hinblick auf den Einsatz von E-Procurement vermutet werden können:

- Hebelwirkung von Verbesserungen in der Beschaffung auf das Unternehmensergebnis: Einsparungen in der Beschaffung durch E-Procurement müssen im Gegensatz zu Steigerungen des Umsatzes im Vertrieb durch E-Commerce nicht mit der Rendite des Unternehmens diskontiert werden, sondern können direkt auf das Unternehmensergebnis angerechnet werden.[2]

- Nachläufige Entwicklung von E-Procurement im Verhältnis zu E-Commerce: E-Business-Lösungen auf der Vertriebsseite (E-Commerce) sind wesentlich weiter verbreitet als E-Business-Lösungen auf der Einkaufsseite (E-Procurement). Entsprechend kann angenommen werden, dass sich E-Procurement-Lösungen noch weiter verbreiten werden, während im Bereich E-Commerce die Potentiale weitgehend ausgeschöpft sind.[3]

---

[2] Vgl. Nekolar, Alexander-Philip (2003) S. 15-16
Vgl. Arnold, Ulli (1997) S. 15
Vgl. Schäfer, Harald / Schäfer, Burkhard (2001) S. 13-14

[3] Vgl. Impulse, G+J Wirtschaftspresse / IBM Deutschland / Tech Consult GmbH (2005) S. 7-9

- Rückstand von mittelgroßen Unternehmen beim Einsatz von E-Procurement: Allgemein liegen mittelgroße Unternehmen beim Einsatz von E-Business-Lösungen weit hinter Großunternehmen aus zum Beispiel der Automobilindustrie zurück.[4] Dieser Rückstand von mittelgroßen Unternehmen gegenüber Großunternehmen kann auch beim Einsatz von E-Procurement festgestellt werden.[5]

Mittelgroße Unternehmen können naiv als Unternehmen verstanden werden, die hinsichtlich ihrer Größe zwischen Kleinbetrieben und Großunternehmen positioniert sind.[6] Genauer spezifiziert sind diese Unternehmen in der Empfehlung der Europäischen Gemeinschaften. Hier gehören Unternehmen mit weniger als 250 Mitarbeitern und einem Jahresumsatz von höchstens 50 Millionen Euro zur Kategorie der kleinen und mittleren Unternehmen[7]. Vergleichbares findet sich in den Bilanzierungsvorschriften des Handelsgesetzbuchs; als mittelgroße Kapitalgesellschaften gelten solche Kapitalgesellschaften, die zwei von drei der folgenden Kriterien erfüllen: Zwischen 4 Mio. € und 16 Mio. € Bilanzsumme, zwischen 8 Mio. € und 32 Mio. € Umsatz und zwischen 50 und 250 Arbeitnehmer.[8]

Diese Definitionsansätze sind für die angestrebte Untersuchung aus zwei Gründen relativ schlecht geeignet. Erstens werden bei der Wahl einer dieser Größenspezifikationen Unternehmen mit Umsätzen zwischen 32 Mio. € beziehungsweise 250 Mio. € und Umsätzen beliebiger Höhe in der Klasse der Großunternehmen zusammengefasst, weswegen diese Klasse an Unternehmen sehr heterogen ausfällt. Dies führt dazu, dass die Unternehmen, bei denen die zu untersuchende Problematik auftritt, der Klasse der Großunternehmen zugeschlagen werden, was bedeutet, dass eine Untersuchung mit einer der genannten Definitionen als Grundlage am Problem vorbeigehen würde. Zweitens basieren die angegebenen Definitionen auf Mitarbeiterzahlen und Umatzgrößen,[9] also Faktoren, aus denen sich ohne Angabe zur Ferti-

Vgl. MacDonald, Douglas / Higgins, Paul (2003) S. 7
4 Vgl. Impulse, G+J Wirtschaftspresse / IBM Deutschland / Tech Consult GmbH (2005) S. 10
Vgl. Grünbeck, Jochen / Richter, Andreas (2005) S. 20, S. 26
Vgl. Mosch, Thomas (2004) S. 15-17
Vgl. Budde, Lars (2004) S. 12
Vgl. Haupt, Stephan (2004) S. 136
Vgl. Bogaschewsky, Ronald (2004) S. 173
5 Vgl. Arthur Andersen Business Consulting (2001) S. 10
6 Vgl. Pfohl, Hans-Christian (1997) S. 3
7 Vgl. Kommission der Europäischen Gemeinschaften (2003), Anhang, Artikel 2.1
8 Vgl. HGB (2005) §267 Abs. 2
9 Vgl. Pfohl, Hans-Christian (1997) S. 10-11

gungstiefe[10] kein direkter Bezug zur Beschaffungssituation des jeweiligen Unternehmens ableiten lässt.

Folglich muss eine Definition gefunden werden, die geeignet ist, die relevanten Unternehmen zu erfassen und die über einen direkten Bezug zur Beschaffung verfügt. Da der Begriff der mittelständischen Unternehmen, wie die beiden angeführten Beispiele zeigen, bereits mehrfach belegt ist, ist es sinnvoll, einen neuen Begriff für Gruppe der relevanten Unternehmen zu schaffen. Die in dieser Arbeit betrachten Unternehmen sollen unter dem Begriff mittelgroße Unternehmen zusammengefasst werden. Für einen direkten Bezug zur Beschaffung sind die Kenngrößen der in der Beschaffung beschäftigten Mitarbeiter und des jährlichen Beschaffungsvolumens geeignet.[11] Als mittelgroßes Unternehmen sollen daher jene Unternehmen verstanden werden, die zwischen 10 und 100 Mitarbeiter in der Beschaffung beschäftigen und zwischen 100 Mio. € und 1 Mrd. € jährliches Beschaffungsvolumen haben.

5.2 Situation in großen und mittelgroßen Unternehmen im Vergleich

Wie bereits angesprochen, sind erhebliche Unterschiede in der Durchdringung von E-Procurement zwischen großen und mittelgroßen Unternehmen zu erkennen. Zwar kann allgemein ein Trend zur weiteren Verbreitung von E-Procurement festgestellt werden,[12] dennoch liegen mittelgroße Unternehmen erheblich hinter Großunternehmen zurück.[13] Im Durchschnitt wird dieser Rückstand auf ca. 3 Jahre beziffert, was dem anderthalbfachen Einführungszyklus von E-Procurement entspricht.[14]

Konkret kann die Durchdringung von E-Procurement in Großunternehmen anhand verschiedener Quellen auf über 80 % geschätzt werden.[15] Dieser erhebliche Vorsprung der Großunternehmen kann damit erklärt werden, dass Großunternehmen bei

---

[10] Vgl. Kapitel 2.1.4.3
[11] Vgl. Aust, Eberhard et al. (2000) S. 56
[12] Vgl. Corsten, Daniel / Gabriel, Christoph / Felde, Jan (2002) S. 805
[13] Vgl. Buchholz, Wolfgang / Werner, Hartmut (2001 A) S. 2
Vgl. Haupt, Stephan (2004) S. 136
Vgl. Bogaschewsky, Ronald (2004) S. 173
[14] Vgl. Woisetschläger, Ernst (2006 C) S. 10
[15] Vgl. Minahan, Tim (2004) S. 1
Vgl. Grünbeck, Jochen / Richter, Andreas (2005) S. 26
Vgl. Podbelsek, Hans et al. (2000) S. 10-11

der Entwicklung von E-Procurement als Innovationsführer aufgetreten sind, also die Entwicklung von E-Procurement maßgeblich mitbestimmt, und folglich auch als erste E-Procurement eingesetzt haben.[16] Bei mittelgroßen Unternehmen hingegen liegt die Durchdringung von E-Procurement bei ca. 20 %.[17]

Die Vermutung, dass in mittelgroßen Unternehmen Potentiale vorhanden sind, wird durch die Ergebnisse, die mittelgroße Unternehmen mit E-Procurement erzielen, gestützt: Mittelgroße Unternehmen erreichen laut der vom Bundesverband Materialwirtschaft, Einkauf und Logistik zusammen mit der SynerDeal GmbH erstellte Studie 92% höhere Einsparungen an den Materialkosten und zwischen 40 % und 184 % höhere Wertschöpfung.[18]

Von Großunternehmen wurden hauptsächlich drei Ursachen für Schwierigkeiten bei Einführung und Einsatz von E-Procurement angegeben:[19]

- Qualitativ schlechte oder nicht standardisierte Produktdaten: Diese wurden verursacht durch mangelnde E-Readiness der Lieferanten und durch nicht weit genug entwickelte Standards.

- Unsicherheit bezüglich der Rechtsstellung von auf elektronischem Weg geschlossenen Verträgen: Durch fehlende Werkzeuge zum Abschluss einklagbarer Verträge auf elektronischem Weg sowie zur Erbringung der notwendigen Nachweise entstand erhebliche Unsicherheit bezüglich der Rechtsfähigkeit elektronsicher Werkzeuge.

16 Vgl. Arthur Andersen Business Consulting (2001) S. 10-11
Vgl. Johnson, Fraser / Klassen, Robert (2005) S. 10
Vgl. Thome, Rainer / Hennig, Andreas / Friedrich, Michael (2001) S. 231
Vgl. Fieten, Robert (2006) S. 66
Vgl. Zheng, Jurong et al. (2004) S. 27
17 Vgl. Grünbeck, Jochen / Richter, Andreas (2005) S. 7
Vgl. Podbelsek, Hans et al. (2000) S. 10-11
Vgl. Arthur Andersen Business Consulting (2001) S. 10-11
18 Vgl. Grünbeck, Jochen / Richter, Andreas (2005) S. 20
19 Vgl. Weiber, Rolf / Meyer, Jörg / Ebert, Holger (2001) S. 1660
Vgl. Bogaschewsky, Ronald (1999) S. 32-38
Vgl. Hoffmann & Zachau Unternehmensberatung (2000) S. 55
Vgl. Arthur Andersen Business Consulting (2002) S. 3-5

- Bedenken gegenüber der Sicherheit elektronischer Transaktionen: Die Geheimhaltung der Daten elektronsicher Transaktionen gegenüber Dritten konnte nicht ohne erheblichen Aufwand gewährleistet werden.

Werden jedoch die Entwicklungen in den entsprechenden Bereichen betrachtet,[20] so ist zu erkennen, dass für die von Großunternehmen angegebenen Probleme geeignete Lösungen existieren. Im Bereich der E-Readiness der Lieferanten haben sich zusätzlich zur allgemeinen Weiterentwicklung der technischen Möglichkeiten der Lieferanten entsprechende Standards etabliert.[21] Bezüglich der rechtlichen und technischen Absicherung elektronsicher Geschäfte sind entsprechende Lösungen entwickelt worden und in der Praxis im Einsatz. Die entsprechenden einzelnen Standards und Lösungen wurden bereits in Kapitel 3 untersucht und werden daher hier nicht erneut betrachtet.[22]

Die Durchdringung von E-Procurement bei Großunternehmen hat sich, wie bereits angegeben, entsprechend entwickelt, und liegt mittlerweile bei über 80 %. Eine vergleichbare Durchdringung ist hingegen bei mittelgroßen Unternehmen nicht zu beobachten, was darauf schließen lässt, dass die Probleme der Großunternehmen nicht die Ursache für den geringen Einsatz von E-Procurement sind. Die naheliegendste Erklärung für den festgestellten Rückstand mittelgroßer Unternehmen zu den Großunternehmen ist die bekannte Zurückhaltung mittelgroßer Unternehmen bei Neuinvestitionen, insbesondere bei elektronischen Werkzeugen.[23] Jedoch können in mittelgroßen Unternehmen, wie bereits in Kapitel 5.1 dargestellt, erhebliche Sparpotentiale vermutet werden. Die Erfolge von mittelgroßen Unternehmen, die E-Procurement einsetzen, stützen diese Überlegung. Der Rückstand mittelgroßer Unternehmen zu Großunternehmen beim Einsatz von E-Procurement kann folglich nicht mit der Investitionszurückhaltung mittelgroßer Unternehmen allein erklärt werden.

Zusammenfassend kann also festgestellt werden, dass bei Großunternehmen E-Procurement erfolgreich eingesetzt wird, während trotz vorhandener Potentiale und

---

[20] Vgl. Kapitel 3
[21] Vgl. o. V. (2003) o. S.
[22] Vgl. Kapitel 3.2, Kapitel 3.4 und Kapitel 3.5
[23] Vgl. Brenner, Walter / Lux, Andreas (2000) S. 147
Vgl. Mosch, Thomas (2004) S. 15
Vgl. Arthur Andersen Business Consulting (2002) S. 3 und S. 9

behobener Probleme nur wenige mittelgroße Unternehmen E-Procurement einsetzen. Es können folgende Erkenntnisse festgehalten werden:

- Zwischen großen und mittelgroßen Unternehmen sind bei der Durchdringung von E-Procurement erhebliche Unterschiede festzustellen, die nicht allein mit dem Rückstand mittelgroßer Unternehmen erklärbar sind.
- Da für die von Großunternehmen festgestellten Problemstellungen in den Bereichen Sicherheit, Rechtliches und E-Readiness Lösungen entwickelt worden sind, ist der Rückstand mittelgroßer Unternehmen auf andere Ursachen zurückzuführen.
- Das Konzept E-Procurement mit den zugrunde liegenden Wirkungsmechanismen enthält keinen systematischen Fehler, der den Erfolg von E-Procurement in mittelgroßen Unternehmen verhindert, da sowohl große Unternehmen als auch ein kleiner Anteil mittelgroßer Unternehmen mit dem Einsatz von E-Procurement Erfolge erzielt.

Aus diesen Erkenntnissen kann wiederum gefolgert werden, dass, wenn Potentiale in mittelgroßen Unternehmen vorhanden und ein erfolgreicher Einsatz von E-Procurement möglich ist, aber dennoch die Durchdringung von E-Procurement bei mittelgroßen auf niedrigem Niveau bleibt, dass die Ursache bei den Unternehmen selbst gesucht werden muss. Das heißt, die gegebene Situation deutet darauf hin, dass bei mittelgroßen Unternehmen ein Erfolg mit E-Procurement möglich wäre, jedoch die hierfür erforderlichen Einflussfaktoren vernachlässigt werden.[24]

Ein häufiger Ansatz mittelgroßer Unternehmen ist, ein erfolgreiches Lösungskonzept eines großen Unternehmens auf das eigene Unternehmen zu übertragen, da die Lösungen als skalierbar gelten.[25] Dieser Ansatz muss aufgrund der bisher angestellten Überlegungen als wenig Erfolg versprechend gesehen werden, da der Lösungsansatz des Großunternehmens auf die genannten Probleme fokussiert und nicht auf die spezielle Situation in mittelgroßen Unternehmen eingeht.[26] Beispielsweise führen die

---

[24] Vgl. Zheng, Jurong et al. (2004) S. 27

[25] Vgl. Drefs, Matthias (1999) S. 242
Vgl. Woisetschläger, Ernst (2006 D) S. 30
Vgl. o. V. (2005) S. 20

[26] Vgl. Pfohl, Hans-Christian (1997) S. 2

geringeren Transaktionsvolumen in mittelgroßen Unternehmen dazu, dass sich aufgrund der gleich bleibenden Fixkosten einer E-Procurement-Lösung die Amortisationsdauer entsprechend verlängert, was das Projekt für ein mittelgroßes Unternehmen unrentabel machen kann.

Es ist also ein spezieller Ansatz für mittelgroße Unternehmen erforderlich, der auf die Problemstellungen in diesen Unternehmen eingeht. Hierzu müssen die in mittelgroßen Unternehmen auftretenden Problemstellungen zunächst identifiziert werden.

5.3 Untersuchungsdesign

Wie in Kapitel 5.2 festgestellt wurde, so ist anzunehmen, dass mittelgroße Unternehmen durch die Vernachlässigung wesentlicher Erfolgsfaktoren am erfolgreichen Einsatz von E-Procurement gehindert werden. Um zu ermitteln, welche der in Kapitel 4.3 und 4.5 identifizierten Einflussfaktoren hierbei im Vordergrund stehen, ist eine Untersuchung in der Praxis erforderlich.

Der auf den ersten Blick naheliegendste Ansatz zur Untersuchung dieses Sachverhalts ist eine kausalanalytische Untersuchung anhand einer großzahligen Erhebung mit anschließender statistischer Auswertung. An dieser Vorgehensweise ist jedoch bei der gegebenen Situation die Ermittlung einer geeigneten Stichprobe extrem problematisch, da aufgrund der festgestellten geringen Verbreitung von E-Procurement bei mittelgroßen Unternehmen eine für die Untersuchung kausaler Zusammenhänge geeignete Stichprobe durch zufällige Auswahl nicht gefunden werden kann. Werden für die in der Stichprobe enthaltenen Untersuchungsteilnehmer jedoch nur mittelgroße Unternehmen ausgewählt, die bereits eine E-Procurement-Lösung einsetzen, so stellt dies eine Verzerrung der Stichprobe dar. Diese Verzerrung kann dazu führen, dass genau jene Faktoren aus der Untersuchung herausfallen, die das eigentliche Ziel darstellen, da auch eine Konstellation möglich ist, bei der jene Unternehmen, die E-Procurement einsetzen, die einzigen sind, deren Situation den Einsatz von E-Procurement ermöglicht. Ein Untersuchungsansatz anhand einer großzahligen Erhebung ist daher für die angestrebten Untersuchungen ungeeignet.

Eine alternative Vorgehensweise hierzu stellt eine explorative Untersuchung anhand von Fallstudien dar, bei der der Einsatz von E-Procurement in mittelgroßen Unternehmen fallspezifisch untersucht wird. Ziel einer explorativen Untersuchung ist es, mögliche Problemstellungen anhand eines Einzelfalles, in dem die Problemstellung auftritt, aufzuzeigen. Der Nachteil explorativer Untersuchungen besteht darin, dass die Ergebnisse nicht ohne weiteres generalisierbar sind, das heißt, die aus einer Fallstudie gewonnenen Erkenntnisse können nicht verallgemeinert werden. Eine für sich allein stehende explorative Untersuchung ist somit ebenfalls als nicht geeignet anzusehen.

Eine geeignete Lösung dieses Problems stellt eine in Literaturauswertungen eingebettete explorative Untersuchung dar.

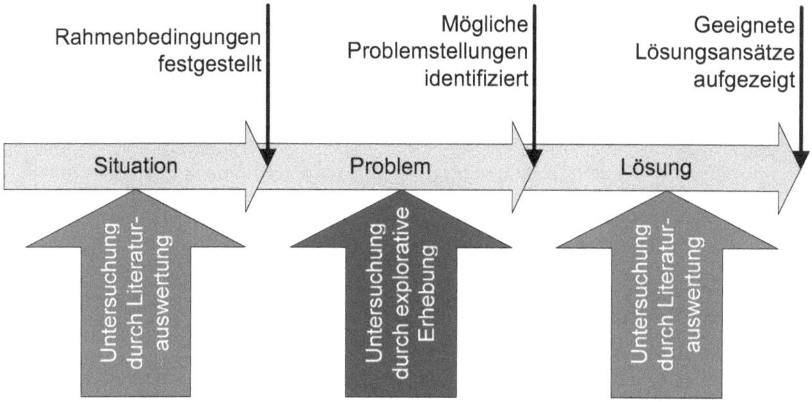

Abbildung 5.2: Untersuchungsdesign[27]

Die Situation in mittelgroßen Unternehmen wird anhand von Zahlen aus der Literatur ermittelt, so dass die Rahmenbedingungen der Untersuchung feststehen. Dies ist in Kapitel 5.1 und 5.2 erfolgt. Anschließend werden mögliche Problemstellungen durch eine explorative Untersuchung identifiziert. Eine explorative Untersuchung ist hierzu geeignet, da es lediglich erforderlich ist, mögliche Problemstellungen aufzuzeigen ohne exakte Wahrscheinlichkeiten für das Auftreten einer Problemstellung anzugeben. Daher ist es an auch zulässig, für die Fallstudien Unternehmen auszuwählen, die bereits E-Procurement einsetzen, da in den Fallstudien auch bewältigte Probleme erfasst werden. Zu den identifizierten Problemstellungen werden danach

[27] Eigene Darstellung

aus der Literatur geeignete Lösungsansätze ausgewählt, die für mittelgroße Unternehmen eine Bewältigung auftretender Probleme ermöglichen.

5.4 Fallstudien

Ziel der explorativen Untersuchung ist die Identifikation möglicher Problemstellungen bei Einführung und Einsatz von E-Procurement in mittelgroßen Unternehmen anhand der Erfahrungen von Unternehmen, die bereits E-Procurement einsetzen. Dies geschieht anhand von Fallstudien, die bei einigen dieser Unternehmen erhoben wurden. Bei der Auswahl der Unternehmen wurden Unternehmen aus der Branche Maschinenbau zur besseren Vergleichbarkeit der Fallstudien herangezogen. Weiterhin wurde speziell auf die Übereinstimmung mit der Definition mittelgroßer Unternehmen sowie der Selbsteinschätzung der Unternehmen als Mittelständler geachtet. Wie Abbildung 5.3 entnommen werden kann, ordnen die die an der Untersuchung beteiligten Unternehmen selbst dem Mittelstand zu und entsprechen der in Kapitel 5.1 entwickelten Definition.

Unternehmen	Andreas Stihl AG & Co. KG	ElringKlinger AG	Alfred Kärcher GmbH	Festo AG & Co. KG
Umsatz im Jahr	**2 Mrd. €**	**530 Mio. €**	**1,3 Mrd. €**	**1,4 Mrd. €**
Mitarbeiter	**9500**	**3200**	**6500**	**11000**
Einkaufsvolumen im Jahr	**700 Mio. €**	**275 Mio. €**	**550 Mio. €**	**450 Mio. €**
Mitarbeiter im Einkauf	**60**	**23**	**65**	**120**
Zuordnung zum Mittelstand	**Ja**	**Ja**	**Ja**	**Ja**
E-Sourcing-Lösung	**Ja**	**Ja**	**Nein**	**Nein**
Abgewickeltes Volumen	**30 Mio. €**	**5 Mio. €**	-	-
Durchschnittliche Einsparungen	**8,5%**	**7,5%**	-	-
E-Ordering Lösung	**Ja**	**Ja**	**Ja**	**Ja**
Anzahl Kataloge	**40**	**6**	**46**	**14**
Anzahl Benutzer	**120**	**60**	**460**	**400**

Abbildung 5.3: Übersicht Fallstudien[28]

5.4.1 Andreas Stihl AG & Co. KG

5.4.1.1 Unternehmensdaten

Die Andreas Stihl AG & Co. KG ist ein weltweit führender Hersteller von Motorsägen und Motorgeräten für die professionelle Forst- und Landwirtschaft sowie der Garten- und Landschaftspflege und der Bauwirtschaft. Das Unternehmen ist mit seinen Produkten im Premiumsegment positioniert und vertreibt daher ausschließlich über den fachgebundenen Handel. Die Andreas Stihl AG & Co. KG erwirtschaftet mit 9500 Mitarbeitern einen Umsatz von ca. 2 Mrd. € im Jahr. Für die Beschaffung der Andreas Stihl AG & Co. KG sind insgesamt ca. 60 Mitarbeiter weltweit tätig, die für das Unternehmen ein Gesamtvolumen von ca. 700 Mio. € im Jahr beschaffen. Das Unternehmen versteht sich als mittelständisches Unternehmen mit Konzernstrukturen. Als ty-

[28] Eigene Darstellung

pisch für einen Mittelständler wird von der Andreas Stihl AG & Co. KG die Ausrichtung der Unternehmensstrategie an langfristigen Zielen sowie die enge Bindung des Unternehmen an seine Mitarbeiter gesehen.

5.4.1.2 E-Procurement-Portfolio

Das E-Procurement-Portfolio der Andreas Stihl AG & Co. KG enthält sowohl eine Lösung für die strategische Beschaffung über elektronische Ausschreibungen und Auktionen als auch eine Kataloglösung für die operative Beschaffung. Im Bereich der strategischen Beschaffung wird von der Andreas Stihl AG & Co. KG die Plattform der Newtron AG mit einem Gesamtvolumen von zehn Ausschreibungen mit anschließenden Auktionen im Jahr eingesetzt. Ziel dieser Lösung ist die Senkung der Materialkosten, mögliche Einsparungen an den Prozesskosten werden als Mitnahmeeffekte gesehen. Im Durchschnitt werden jährlich bei 30 Mio. € über die Plattform beschafftem Einkaufsvolumen im Durchschnitt 8,5% Einsparungen erzielt. Vor einer elektronischen Auktion erfolgt grundsätzlich eine elektronische Ausschreibung. Sowohl die Ausschreibung als auch die Auktion erfolgen geschlossen, also mit vorher ausgewählten Lieferanten. Der in der Ausschreibung erzielte Preis geht als Startpreis in die Auktion ein. Die Auktionen der Andreas Stihl AG & Co. KG sind als Rangauktionen aufgebaut, das Unternehmen behält sich meist Nachverhandlungen mit den besten drei Lieferanten vor, um gegebenenfalls Anpassungen vornehmen zu können. Man ist sich dabei bewusst, dass hierdurch das Ergebnis der Auktion vom Optimum abweicht, allerdings wird die Entscheidungsfreiheit nach einer Auktion höher bewertet als das mögliche optimale Auktionsergebnis. Als weitere Entwicklung im Bereich E-Sourcing wird von der Andreas Stihl AG & Co. KG eine Anbindung einer E-Sourcing-Lösung an das ERP-System angestrebt, um die Liefernahtendaten des Unternehmens zentral verwalten zu können und die Übertragung der Stammdaten der ausgeschriebenen Güter zwischen ERP-System und E-Sourcing-System zu ermöglichen.

Im Bereich E-Ordering verwendet die Andreas Stihl AG & Co. KG ein eigenes Beschaffungssystem auf Basis von SAP R/3 mit Heiler Premium Business Catalog als Katalogengine. Über die Kataloglösung stehen zurzeit 120 Benutzern 40 Kataloge zur Verfügung, die das Unternehmen selbst aufbereitet und verwaltet. Die Übertragung der einzelnen Bestellungen zu den Lieferanten erfolgt je nach E-Readiness des

Lieferanten per EDI oder per Systemfax. Ziel der Kataloglösung ist die Einsparung von Prozesskosten bei der Bedarfsauslösung und der Überführung von Bestellanforderungen in Bestellungen. Weiterhin entstehen für die Lieferanten ebenfalls Vorteile durch Einsparung von Prozesskosten, an denen die Andreas Stihl AG & Co. KG meist über Preisreduzierungen partizipiert.

5.4.1.3 Erfahrungen

Von den von großen Unternehmen als kritisch empfundenen Problemstellungen Sicherheit, Rechtliches und E-Readiness werden Sicherheit und Rechtliches bei der Andreas Stihl AG & Co. KG nicht als problematisch empfunden. Das Thema Sicherheit wird restriktiv gesehen und gehandhabt, jedoch konnten entsprechende Lösungen ohne Probleme implementiert werden. Probleme mit elektronisch geschlossenen Verträgen sind bisher nicht aufgetreten und werden auch nicht erwartet.

Die E-Readiness der Lieferanten hingegen stellt sowohl bei elektronischen Ausschreibungen und Auktionen als auch bei elektronischen Katalogen ein Problem dar. Bei Ausschreibungen und Auktionen entsteht ein erheblicher Betreuungsaufwand für Lieferanten ohne entsprechende Erfahrungen. Im Bereich elektronischer Kataloge sind für Standardisierung und Anpassung der von den Lieferanten bereitgestellten Kataloge ebenfalls Arbeiten notwendig. Die Tendenz wird jedoch von der Andreas Stihl AG & Co. KG positiv beurteilt, da sich die E-Readiness der Lieferanten kontinuierlich verbessert.

Mit der E-Sourcing-Lösung sind bei der Andreas Stihl AG & Co. KG folgende Erfahrungen gemacht worden: Im Segment Unternehmen / Mitarbeiter wurde der Einsatz von E-Sourcing teilweise von den Mitarbeitern skeptisch gesehen, hauptsächlich wurde die Gefährdung persönlicher Beziehungen zu den Lieferanten als Einwand vorgebracht. Weiter wurde festgestellt, dass das verwendete E-Sourcing-System für seltene Benutzung zu komplex ist, da nur Benutzer mit zahlreichen Ausschreibungen die für eine flüssige Bedienung notwendige Nutzungsfrequenz haben. Als Folge sollen in den einzelnen Bereichen Key-User etabliert werden, die über die nötigen Schulungen Erfahrung mit dem System sammeln können.

Im Bereich Markt / Lieferanten wurde festgestellt, dass bestehende Lieferanten nicht auf der verwendeten elektronischen Plattform registriert sind und die Datenqualität der zentralen Lieferntendatenbank teilweise als problematisch einzustufen ist. Weiterhin mussten sie bestehenden Lieferanten von einer Beteiligung an der Plattform überzeugt werden und verfügen teilweise über wenig Erfahrung mit elektronischen Werkzeugen. Als Einzelerfahrung wurde eine offene Ausschreibung eines Sonderteils mit hoher Quantität aber geringer Qualität des Rücklaufs als erfolglos eingestuft. Bewährt haben sich kombinierte geschlossene Ausschreibungen und Auktionen unter Einbeziehung bestehender Lieferanten mit maximal 30 Teilnehmern an der Ausschreibung und maximal 10 Teilnehmern an der Auktion.

Im Bereich Materialbedarf wurde festgestellt, dass die Spezifikation von Produkten teilweise nicht ausreichend war und zu Missverständnissen führte, als Folge werden sehr erklärungsbedürftige Produkte als nicht geeignet für den elektronischen Handel gesehen. Weiterhin lassen die bestehenden Lieferantenbeziehungen in einigen Fällen keine Auktionen zu, insbesondere monopolistische Situationen haben sich als ungeeignet erwiesen. Weiterhin ist der Erfolg einer Auktion abhängig vom Volumen des Bedarfs, bei der Andreas Stihl AG & Co. KG gilt als Faustregel ein Volumen ab 100.000 € als auktionsfähig.

In Bezug auf die Beschaffungsprozesse wird die fehlende Anbindung des E-Sourcing-Systems wegen der Pflege von Stammdaten und Lieferantendaten als ungeschickt empfunden, weswegen hier Weiterentwicklungen angedacht werden.

Zum Thema E-Ordering liegen folgende Erfahrungen vor: Im Bereich Unternehmen / Mitarbeiter hat sich beim Einsatz elektronischer Kataloge ein ungewollter Parallelbetrieb mit Papierkatalogen als problematisch erwiesen. Diese war auch darauf zurückzuführen, dass in der Einführungsphase aufgrund von vergleichsweise weniger im elektronischen Katalog verfügbarer Produkte die Benutzerzufriedenheit zurückging. Entsprechend ist es Ziel des Unternehmens möglichst viele Produkte in seinem elektronischen Katalog abzubilden, um nicht gefundene Produkte zu vermeiden und so die Benutzerzufriedenheit zu erhöhen. Mit dem Change Management allgemein wurden ansonsten positive Erfahrungen gemacht, da die Einführung der Kataloglösung parallel zu einer Umstellung des Back-End-Systems erfolgte und somit durch umfassend Schulungen der Mitarbeiter die Einführung problemlos ablief, was die Akzeptanz des neuen Systems sehr positiv beeinflusst hat.

Im Bereich Markt / Lieferanten wurde die Erfahrung gemacht, dass die Lieferanten teilweise nur eingeschränkt in der Lage sind, einen elektronischen Katalog bereitzustellen. Als Folge hiervon erhöht sich der Aufwand für die Andreas Stihl AG & Co. KG, die bereitgestellten Daten aufzubreiten. Als Faustregel hat sich etabliert, dass Mindestens 20 bis 50 Bestellanforderungen je Katalog und Jahr nötig sind, damit sich die Aufnahme eines Katalogs rentiert.

Im Bereich Materialbedarf werden Gefahrstoffe und giftige Chemikalien wegen der ungeprüften Bestellauslösung als ungeeignet für elektronische Kataloge angesehen. Bevorzugt werden standardisierte Teile mit niedriger Änderungsfrequenz als geeignet für elektronische Kataloge angesehen.

Die Bestellprozesse wurden wegen der parallelen Einführung der Kataloglösung mit den Änderungen am Back-End-System zwangsweise überarbeitet, so dass in diesem Bereich keinerlei Probleme auftraten.

5.4.2 ElringKlinger AG

5.4.2.1 Unternehmensdaten

Die ElringKlinger AG ist ein weltweit tätiges Automobilzulieferunternehmen mit den Geschäftsfeldern Zylinderkopfdichtungen, Spezialdichtungen, Hitzeschilder und Gehäusemodule. Die ElringKlinger AG erzielt weltweit mit 3200 Mitarbeitern 530 Mio. € Umsatz. In der Beschaffung sind für die ElringKlinger AG insgesamt 23 Mitarbeiter tätig, die ein Volumen von 275 Mio. € abwickeln. Die ElringKlinger AG versteht sich als großer Mittelständler, was vor allem an flachen Hierarchien, schneller Entscheidungsfindung und geringem Verwaltungsaufwand festgemacht wird.

5.4.2.2 E-Procurement-Portfolio

Bei der ElringKlinger AG werden sowohl in der strategischen als auch in der operativen Beschaffung elektronische Lösungen eingesetzt. Zur Unterstützung der strategischen Beschaffung setzt die ElringKlinger AG die Lösung für elektronische Auktionen der Plattform Scanmarket ein. Die Lösung wird von ElringKlinger im ASP-Modus genutzt, das heißt, als reines Lizenzmodell. Ziel dieser Lösung sind Einsparungen an den Einstandspreisen, da man sich von elektronischen Auktionen eine bessere Wirkung als von manuellen Verhandlungen verspricht. Die Attraktivität der Lösung für die ElringKlinger AG besteht in den geringen Anschaffungskosten und der schnellen Amortisation, die bereits nach der ersten Auktion erreicht war. Insgesamt wickelt die Elring Klinger AG über elektronische Auktionen ein Volumen von 5 Mio. € mit durchschnittliche Einsparungen von durchschnittlich 7,5 % ab.

Im Bereich der operativen Beschaffung setzt die ElringKlinger AG das SRM- Modul von SAP in Verbindung mit einem Multi-Lieferanten-Katalog auf dem Heiler Premium Business Catalog als Katalogengine. Auf die zur Zeit sechs verfügbaren Kataloge haben insgesamt 60 Benutzer Zugriff. Das Katalogsystem wird komplett auf Infrastruktur der ElringKlinger AG betrieben, lediglich das Content-Management erfolgt durch die Heiler Software AG von außerhalb. Die Übertragung der einzelnen Bestellungen an die Lieferanten erfolgt per E-Mail oder per elektronischem Fax. Ziel der Einführung dieser Kataloglösung war die Abschaffung manueller Bestellungen und damit die Einsparung von Prozesskosten in der Beschaffung. Hierdurch sollten in der Beschaffung Personalkapazitäten für strategische Aufgaben freigesetzt werden. Weiterhin soll die durch die elektronische Erfassung der Bestellungen entstehende Transparenz dazu genutzt werden Bestellvolumina auf einzelne Lieferanten zu bündeln.

5.4.2.3 Erfahrungen

Von den Problemstellungen Sicherheit, Rechtliches und E-Readiness der Lieferanten, die von großen Unternehmen als erfolgskritisch angegebenen werden, werden bei der ElringKlinger AG die Bereiche Sicherheit und Rechtliches nicht als Hindernis empfunden. Die Absicherung der eingesetzten E-Procurement-Systeme konnte ohne Probleme durch am Markt erhältliche Lösungen erfolgen, während im rechtlichen Bereich durch die langfristigen Beziehungen zu den beteiligten Lieferanten keine Probleme erwartet werden. Im Bereich E-Readiness der Lieferanten hingegen kam es vereinzelt bei elektronischen Auktionen vor, dass sich Lieferanten weigerten an der Auktion teilzunehmen.

Im Bereich E-Sourcing liegen bei der ElringKlinger AG nur Erfahrungen mit elektronischen Auktionen vor, da die eingesetzte Plattform auf dieses Verfahren beschränkt ist. Im Bereich Unternehmen / Mitarbeiter erfolgte die Auswahl des E-Sourcing-Anbieters unter Einbezug der gesamten betroffenen Abteilung, was das Change Management erheblich erleichterte. Insbesondere die Bekanntgabe, dass die Einführung des E-Sourcing-Werkzeugs zu keinen personellen Veränderungen führen wird, hat sich als hilfreich erwiesen. Bezüglich der Position des Unternehmens am Beschaffungsmarkt wurde festgestellt, dass sich elektronische Auktionen nur schlecht in einem Verkäufermarkt einsetzen lassen, weil die Bereitschaft der Lieferanten, um einen Auftrag zu konkurrieren erheblich nachlässt.

Bezüglich des Bereichs Markt / Lieferanten wurden bei der ElringKlinger AG folgende Überlegungen angestellt: Bestehen zwischen den einzelnen Teilnehmern einer elektronischen Auktion Verbindungen, so sind Preisabsprachen zu befürchten. Das heißt, in einem oligopolistischen Markt können elektronische Auktionen nicht zielführend eingesetzt werden. Hingegen haben sich bei der ElringKlinger AG Auktionen mit bekannten Lieferanten, die aus einem feststehenden Lieferntenstamm ausgewählt werden, bewährt. Die Anzahl der Teilnehmer einer elektronischen Auktion sollte nach den Erfahrungen der ElringKlinger AG zwischen mindestens drei und maximal zehn liegen, um einerseits einen Wettbewerb bei Ausfall von Teilnehmern zu gewährleisten und andererseits einen reibungslosen Ablauf der Auktion zu ermöglichen.

Im Bereich Materialbedarf wurde festgestellt, dass hoch spezielle Sonderanfertigungen aufgrund der eingeschränkten Vergleichbarkeit nicht für elektronische Auktionen geeignet sind. Weiterhin sind Güter ungeeignet, bei denen für einen bestimmten Lieferanten Präferenzen bestehen. Als weitere Erfahrung liegt vor, dass wenn bereits über konventionelle Verhandlungen ein minimaler Preis gefunden wurde, auch über eine elektronische Auktion keine weiteren Preisreduzierungen mehr erzielt werden können. In diesem Fall wird der verhandelte Preis durch die Auktion bestätigt. Für die Volumina der einzelnen Auktionen existiert nach den Erfahrungen der ElringKlinger AG keine Grenze, in einzelnen Fällen wurden bereits kleinste Volumina bis 1000 € erfolgreich über eine elektronische Auktion vergeben.

Im Bereich der Prozesse hat es sich bei der ElringKlinger AG etabliert, vor einer elektronischen Auktion eine manuelle Ausschreibung durchzuführen, um die Spezifikation des jeweiligen Bedarfs an die Liefernten zu kommunizieren. Weiterhin wird der reibungslose Ablauf der elektronischen Auktionen bei unerfahrenen Teilnehmern durch vorhergehende Testauktionen sichergestellt. Nachverhandlungen nach dem Ablauf einer elektronischen Auktion werden von der ElringKlinger AG abgelehnt, da hierdurch das Ergebnis der Auktion sich verschlechtern würde.

Im Bereich E-Ordering liegen bei der ElringKlinger AG folgende Erfahrungen vor: Im Segment Unternehmen / Mitarbeiter wurden durch Schulungen Widerstände bei den Mitarbeitern abgebaut. Dennoch hätte nach Einschätzung der Verantwortlichen eine stärkere Einbindung der Endbenutzer die Einführung weiter erleichtert. Der Einsatz der E-Ordering-Lösung erfordert bei der ElringKlinger AG nach wie vor einen durchaus beachtlichen Aufwand zur Administration des Systems und zur Betreuung der Benutzer.

Bezüglich der an der E-Ordering-Lösung beteiligten Lieferanten verfolgt die ElringKlinger AG das Ziel, ein möglichst breites Spektrum an Artikeln in die Kataloglösung aufzunehmen, um nicht gefundene Artikel zu vermeiden. Insgesamt soll allerdings die Zahl der beteiligten Liefenten so gering wie möglich gehalten werden, indem Volumina auf einzelne Lieferanten gebündelt werden und Überschneidungen zwischen den Angeboten möglichst vermieden werden.

Von den Materialbedarfen der ElringKlinger AG werden in erster Linie unkritische C-Güter bzw. MRO-Güter als geeignet für die Beschaffung über ein Katalogsystem angesehen. Als nicht geeignet gelten nicht standardisierte Güter und Güter mit hohem Erklärungsbedarf.

Die Bestellprozesse der ElringKlinger AG wurden vor der Einführung einer E-Ordering-Lösung untersucht und wiesen ein erhebliches Einsparpotential auf. Um die Prozesse an die elektronische Lösung anzupassen fand eine explizite Überarbeitung statt.

5.4.3 Alfred Kärcher GmbH

5.4.3.1 Unternehmensdaten

Die Alfred Kärcher GmbH ist einer der größten Reinigungsgerätehersteller weltweit und bietet ein umfassendes Produktsortiment für private Haushalte, Gewerbe und

Industrie. Das Unternehmen erwirtschaftet mit weltweit 6500 Mitarbeitern einen Umsatz von 1,3 Mrd. €. Das Einkaufsvolumen der Alfred Kärcher GmbH beträgt 550 Mio. € und wird von 65 Mitarbeitern abgewickelt. Die Alfred Kärcher GmbH sieht sich im oberen Mittelstand positioniert. Als typisch für Unternehmen des Mittelstands werden von der Alfred Kärcher GmbH Flexibilität, Kundenorientierung und Innovation bezeichnet.

5.4.3.2 E-Procurement-Portfolio

Bei der Alfred Kärcher GmbH befindet sich aktuell eine E-Ordering-Lösung im aktiven Einsatz. Die Bestellabwicklung läuft im E-Ordering-System der Alfred Kärcher GmbH über das SRM-Modul von SAP, während die elektronischen Kataloge über ein Requisite-Katalogsystem bereitgestellt werden. Die Kataloge werden von den Liefernten als Excel-Tabelle oder im BMECat-Format bereitgestellt und von der Alfred Kärcher GmbH selbst aufbereitet und gehostet. Beim gegenwärtigen Stand haben 460 Benutzer Zugriff auf 46 Kataloge. Zu ca. einem Drittel der Lieferanten bestehen zur Übertragung der Bestellungen elektronische Verbindungen auf XML-Basis, der Rest erhält die Bestellungen per Systemfax. Ziel der Lösung ist die Einsparung von Kosten beim Bestellprozess von Standardgütern in Bereich des Nicht-Produktionsmaterials.

Im Bereich E-Sourcing hat das Unternehmen bereits Erfahrungen gesammelt, das betreffende System befindet sich allerdings nicht mehr in Betrieb. Die Motivation zur Einführung einer E-Sourcing-Lösung war ebenfalls die Einsparung von Prozesskosten; in diesem Fall bei Ausschreibungsprozessen. Jedoch ging aufgrund der komplexen Bedienung die Bereitschaft der Einkäufer, die Lösung zu Nutzen stark zurück, so dass das System aktuell nicht genutzt wird.

5.4.3.3 Erfahrungen

Die Lösung der von großen Unternehmen angegebenen Schwierigkeiten beim Einsatz von E-Procurement wird bei der Alfred Kärcher GmbH nicht als problematisch empfunden. In den Bereichen Sicherheit und Rechtliches sind bisher keine Probleme aufgetreten und werden auch in Zukunft nicht erwartet. Im Bereich E-Readiness der Lieferanten sind kleinere Lieferanten teilweise noch nicht in der Lage elektronische Kataloge bereitzustellen, ansonsten ist eine Kooperationsbereitschaft der Lieferanten zu elektronischer Geschäftstätigkeit vorhanden.

Im Bereich E-Sourcing liegt bei der Alfred Kärcher GmbH die Erfahrung vor, dass die Lösung durch übermäßige Komplexität als sehr benutzerunfreundlich wahrgenommen wurde, weswegen die Benutzer nach der Einführungsphase das Werkzeug stark vernachlässigten und vermehrt auf eigene Konstruktionen zurückgriffen. Weiterhin machte es das System erforderlich, jeden Lieferanten, der eine Ausschreibung erhalten sollte, komplett in der Datenbank des Back-End-Systems anzulegen. Hierdurch wurde erstens der Lieferntenstamm des Unternehmens erheblich aufgebläht, und zweitens wesentlich mehr Informationen erfasst, als im ersten Schritt benötigt werden. Für dieses E-Sourcing-System haben sich also die Einflussfaktoren Akzeptanz der Benutzer und an der Verwaltung des Lieferantenportfolios als kritisch erwiesen.

Mit der E.Ordering-Lösung liegen bei der Alfred Kärcher GmbH folgende Erfahrungen vor: Im Bereich Unternehmen / Mitarbeiter löst das Unternehmen die Problematik von Bestellungen am System vorbei, indem Zahlungen an die betreffenden Lieferanten ohne Bestellbezug ausgewertet werden, und in Folge die betreffenden Besteller ermahnt werden können. Das Change Management erfolgte durch die Einführung von Key-Usern in den einzelnen Abteilungen, die ihr Wissen nach dem Schneeballprinzip weitergegeben haben. Im Bereich Markt / Lieferanten werden durch Auswertung der Bestellaktivitäten von den Bestellern favorisierte Lieferanten bzw. Produktgruppen identifiziert und anschließend verdichtet, um Bestellvolumen auf einzelne Lieferanten zu bündeln. Zum Materialbedarf wurde festgestellt, dass die Suchfunktion des Katalogsystems nicht intuitiv zu bedienen ist, also relativ viel Know-how beim Endanwender voraussetzt, was die Erfolge unerfahrener Benutzer bei der Suche nach Artikeln einschränkt. Im Bereich Prozesse wurde der Bestellprozess vor der Einführung der E-Ordering-Lösung explizit durchleuchtet und neu modelliert.

5.4.4 Festo AG & Co. KG

5.4.4.1 Unternehmensdaten

Die Festo AG & Co. KG ist einer der führenden Hersteller von pneumatischer und elektrischer Antriebstechnik in der Industrie- und Prozessautomatisierung. Das Unternehmen erwirtschaftete im Jahr 2006 einen Umsatz von rund 1,4 Mrd. € mit ca. 11.000 Mitarbeitern weltweit. Im Einkauf sind für die Festo AG & Co. KG in Deutschland derzeit 40 Mitarbeiter mit einem Beschaffungsvolumen von ca. 450 Mio. € im Jahr tätig. Die Festo AG & Co. KG sieht sich trotz dieser Zahlen als großes mittelständisches Unternehmen. Dies wird mit der mittelständisch geprägten Struktur des Unternehmens, der Führung des Unternehmens durch die Inhaber und die langfristige Ausrichtung der Unternehmensstrategie begründet.

5.4.4.2 E-Procurement-Portfolio

Das E-Procurement-Portfolio der Festo AG & Co. KG umfasst aktuell lediglich eine E-Ordering-Lösung, jedoch sind erste Erfahrungen mit elektronischen Auktionen vorhanden.

Die E-Ordering-Lösung der Festo AG & Co. KG stellt momentan für insgesamt rund 400 aktive Benutzer 14 Lieferntenkataloge und 5 Eigenkataloge für Bestellungen bereit. Die Lösung besteht aus dem SRM-Modul der SAP AG in Verbindung mit 12 Katalogen von Lieferanten, die per OCI-Schnittstelle an das SRM-System angebunden sind, so dass das Content-Management vollständig bei den Lieferanten liegt. Weitere 2 Kataloge werden von Lieferanten, die keine OCI-Schnittstelle bedienen können, als Tabellendatei bereitgestellt und im Unternehmen intern gehostet. Die einzelnen Bestellungen einschließlich Rechnung und Bezahlung werden mit den Lieferanten per EDI abgewickelt. Das Ziel der Lösung war die Erfassung von Bestellungen zur Weiterverarbeitung im vorhandenen SAP R/3 Back-End-System, nach dem Prinzip, alle Daten in diesem System zu halten. Nach intensiver Analyse und Bewertung der verfügbaren Front-End-Systeme am Markt und unter dem Hintergrund, dass SAP für Festo als strategischer Partner angesehen wird, wurde letztendlich die Lösung von SAP (das EBP-System) eingeführt.

Im Bereich E-Sourcing wurden von der Festo AG & Co. KG elektronische Auktionen mit dem Ziel der Preisreduktion getestet, wobei die Ergebnisse der Auktionen nicht den Erwartungen entsprachen.

5.4.4.3 Erfahrungen

Bezüglich der von großen Unternehmen angegebenen Problemstellungen liegen bei der Festo AG & Co. KG folgende Erfahrungen vor: In den Bereichen Sicherheit und Rechtliches sind keine Probleme aufgetreten und werden auch nicht erwartet. Zur Absicherung der elektronischen Systeme ist bei der Festo AG & Co. KG eine geeignete Lösung im Einsatz. Im Bereich E-Readiness sind 2 Lieferanten noch nicht soweit, ihren Katalog per OCI an das Bestellsystem der Festo AG & Co. KG anzubinden, ansonsten stellt die E-Readiness der Lieferanten ebenfalls kein Problem mehr dar.

Mit dem unternehmensweiten Einsatz der E-Ordering-Lösung liegen dem Unternehmen umfangreiche Erfahrungen zum Thema E-Ordering vor. Generell lautet die Empfehlung der Festo AG & Co. KG, vor Beginn eines E-Ordering-Projekts eine entsprechende Strategie festzulegen. E-Ordering stellt auch für die Festo AG & Co. KG nur ein Teil der möglichen Prozesseinsparungen bei der Beschaffungsabwicklung dar. Um wirklich nennenswerte Einsparungen zu erreichen, muss unbedingt die gesamte Prozesskette bei der Beschaffung betrachtet werden. Dies wurde zwischenzeitlich bei der Festo AG & Co. KG auch durchgeführt und alle Folgeprozesse wie beispielsweise Wareneingangsprozesse sowie Rechnungsprüfung, -bearbeitung und -buchung optimiert.

Im Bereich Unternehmen / Mitarbeiter wird die Benutzerzufriedenheit teilweise als erfolgskritisch gesehen. Um den notwendigen Know-how-Transfer zu den Benutzern zu ermöglichen, wurden umfassende Schulungen durchgeführt. Da die Kataloge der Lieferanten einzeln per OCI an das Bestellsystem angebunden sind, existiert keine über die Kataloge übergreifende Suchfunktion, jedoch würde diese auch lediglich die Suchfunktion noch weiter erschweren und verlangsamen. Daher stellen die OCI-Kataloge soweit keinen wirklichen Nachteil dar, außer dass jeder Katalog anders aufgebaut, die Suche und Eingabe des Einkaufswagens auf eine andere Art und

Weise durchzuführen ist. Jedoch nutzen die wenigsten User mehrere OCI-Kataloge, so dass diese sich schnell in den für sie relevanten Katalogen zurechtfinden können. Sofern der Katalog eines Lieferanten nicht vorhanden ist, bleibt noch die Möglichkeit der Freitext-Eingabe.

Das Maverick Buying, der Einkauf am Bestellsystem vorbei, stellt auch bei Festo ein noch existierendes Problem dar. Dieses Problem wird unter anderem dadurch angegangen, indem die User intern bei manuellen Bestellungen durch ein Schreiben des Vorstandes der Festo AG & Co. KG auf die fehlerhafte Art der Bestelleingabe hingewiesen werden. Des Weiteren werden die Lieferanten aufgefordert, Bestellungen ohne SAP Bestellnummer sofort zurückzuweisen.

Im Bereich Markt / Lieferanten ist es die Strategie des Unternehmens, die Anzahl der an das Bestellsystem angebundenen Lieferanten überschaubar zu halten. Als Faustregel gelten ca. 500 Bestellpositionen pro Lieferant und Jahr, damit ein Lieferant angebunden wird.

Im Bereich Materialbedarf wird das Portfolio einzelner Kataloge über Sperrlisten reguliert, so dass unerwünschte Artikel aus den Katalogen entfernt werden können. Generell wird die Spezifizierbarkeit von Artikeln als entscheidend für die Aufnahme in die Kataloglösung gesehen.

Die Bestellprozesse der Festo AG & Co. KG konnten von Kontrollschritten im Einkauf befreit werden, da durch die elektronische Bestellerfassung (Bestellanforderung aus einem elektronischen Katalog heraus) keine Eingabefehler mehr anfallen und vom Lieferanten daher keine Rückfragen zu erwarten sind, werden entsprechende Kontrollen somit überflüssig. Besonders wesentlich ist für das Unternehmen, dass durch die Integration der einzelnen Systeme des Bestellprozesses alle relevanten Daten in einem System gehalten werden können, was die Verwaltung und Auswertung erheblich erleichtert. Weiterhin wird durch die Anbindung der einzelnen Kataloge per OCI eine Synchronisation der elektronischen Kataloge mit den von den Lieferanten ausgegebenen Papierkatalogen erreicht, wodurch ein Bruch zwischen Papierkatalog und elektronischen System vermieden wird und die Suche dadurch stark vereinfacht werden kann.

Zum Thema E-Sourcing liegen bei der Festo AG & Co. KG wie bereits beschrieben Erfahrungen mit elektronischen Auktionen vor. Das Thema wurde im Unternehmen nicht weiter verfolgt, da die Qualität der zugrunde liegenden Angebote bei den Auktionen zu wünschen übrig ließ. Weiterhin gelangte man zu der Einschätzung, mit elektronischen Auktionen unter Umständen langfristig angelegte Partnerschaften mit Lieferanten zu gefährden.

5.5 In mittelgroßen Unternehmen relevante Faktoren

Gemäß dem in Kapitel 5.3 vorgestellten Untersuchungsansatz sind zur Feststellung von beim Einsatz von E-Procurement in mittelgroßen Unternehmen auftretenden Problemstellungen Fallstudien erhoben worden. Diese Fallstudien wurden in Kapitel 5.4 vorgestellt und können als geeignet für die angestrebten Untersuchungen gesehen werden, da die betrachteten Unternehmen die Problemstellungen großer Unternehmen, wie in Kapitel 5.2 überlegt, als gelöst ansehen. Die einzelnen Fallstudien werden nun im Hinblick auf die anhand von Desk Research identifizierten Einflussfaktoren ausgewertet. Hierzu werden die Fallstudien auf Nennung von Problemen, die mit den identifizierten Einflussfaktoren in Zusammenhang stehen, überprüft. In Abbildung 5.4 werden die in Kapitel 4.3 und 4.5 identifizierten Einflussfaktoren und die Fallstudien, in denen entsprechende Problemstellungen identifiziert wurden, dargestellt. Hierbei ist zu beachten, dass die Häufigkeit der Nennung einzelner Problemstellungen über deren Gewicht nichts aussagt, da die Ergebnisse einer explorativen Untersuchung mit Fallstudien nicht statistisch signifikant sind.

	Einflussfaktoren im E-Sourcing	Andreas Stihl AG & Co. KG	ElringKlinger AG	Alfred Kärcher GmbH	Festo AG & Co. KG	Einflussfaktoren im E-Ordering	Andreas Stihl AG & Co. KG	ElringKlinger AG	Alfred Kärcher GmbH	Festo AG & Co. KG
Unternehmen / Mitarbeiter	Position am Beschaffungsmarkt		X			Maverick Buying			X	X
	Change Management im E-Sourcing	X	X	X		Change Management im E-Ordering	X	X	X	X
Markt / Lieferanten	Anzahl der Lieferanten	X	X			Anzahl der Lieferanten		X		X
	Lieferantenportfolio	X	X	X	X	E-Readiness der Lieferanten	X			
Materialbedarf	Eignung des Bedarfs für elektronischen Handel	X	X			Eignung des Bedarfs für elektronischen Handel	X	X		X
	Wert des Bedarfs	X				Bündelung von Bedarf		X	X	
Prozesse	Spezifikation		X		X	Medienbrüche				X
	Regelwerk	X	X			Überarbeitung des Bestellprozesses		X	X	X

Abbildung 5.4: In den Fallstudien identifizierte Problemstellungen[29]

Für eine Aufnahme in die Auswertung genügte die Identifikation eines Problems im jeweiligen Unternehmen, die Entwicklung und Implementierung eines entsprechenden Lösungsansatzes ist für die angestrebte Untersuchung nachrangig, da anhand der Fallstudien Problemstellungen untersucht werden sollen. Lösungsansätze für die identifizierten Problemstellungen werden, wie in Abbildung 5.2 dargestellt, anhand von Desk Research gesucht.

Aus den in Abbildung 5.4 dargestellten Ergebnissen der Fallstudien kann gefolgert werden, dass sämtliche der durch Desk Research in der theoretischen Untersuchung identifizierten Einflussfaktoren für mittelgroße Unternehmen als relevant betrachtet werden können, da alle Einflussfaktoren bei einem oder mehreren der untersuchten Unternehmen in Zusammenhang mit einer Problemstellung identifiziert worden sind. Folglich müssen bei weiteren Überlegungen im Hinblick auf mittelgroße Unternehmen die identifizierten Einflussfaktoren mit einbezogen werden, da diese bei den untersuchten Unternehmen zum Teil kritische Auswirkung auf den Einsatz von E-Procurement zeigten.

Es kann festgestellt werden, dass die Einflussfaktoren, die in mittelgroßen Unternehmen relevant sind, im Gegensatz zu großen Unternehmen nicht technischer,

[29] Eigene Darstellung

sondern wirtschaftlicher Natur sind. Weiterhin handelt es sich bei den identifizierten Einflussfaktoren nicht um unveränderbare Rahmenbedingungen, sondern um Faktoren, die proaktiv beeinflusst werden können.

6 Umsetzung von E-Procurement in mittelgroßen Unternehmen

Nachdem die in mittelgroßen Unternehmen auftretenden Problemstellungen in der explorativen Untersuchung identifiziert worden sind, soll nun versucht werden, eine geeignete Vorgehensweise zur Umsetzung von E-Procurement in mittelgroßen Unternehmen zu finden. Aufgrund der zwischen Großunternehmen und mittelgroßen Unternehmen bestehenden Unterschiede, muss diese Vorgehensweise speziell auf mittelgroße Unternehmen zugeschnitten sein. Hierzu gehen die in Kapitel 5 identifizierten Einflussfaktoren in die Handlungsanweisungen ein.

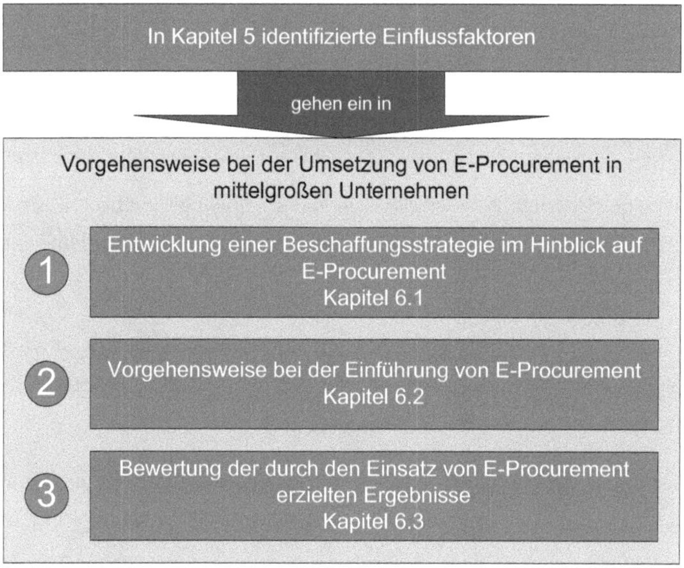

Abbildung 6.1: Vorgehensweise Kapitel 6[1]

Bei der Entwicklung einer Vorgehensweise für Einführung und Einsatz von E-Procurement in mittelgroßen Unternehmen muss die besondere Situation in diesen Unternehmen berücksichtigt werden.[2] Dieser Sachverhalt wird generell mit „A small

---

[1] Eigene Darstellung

[2] Vgl. Pfohl, Hans-Christian (1997) S. 19-22
Vgl. Thome, Rainer / Hennig, Andreas / Friedrich, Michael (2001) S. 237
Vgl. Eyholzer, Kilian (2002) S. 4
Vgl. Zheng, Jurong et al. (2004) S. 33-35

Business is not a little Big Business"[3] umschrieben. Belege hierfür sind in der Literatur zahlreich zu finden; im Folgenden werden einige Beispiele angegeben:

- Zwischen der Unternehmensgröße und dem Einsatz von E-Business insgesamt ist ein direkter Zusammenhang erkennbar.[4]
- Mittelgroße Unternehmen sind auf Standardlösungen für E-Procurement angewiesen, da sie sich keine Eigenentwicklungen leisten können.[5]
- Bei mittelgroßen Unternehmen liegen gegenüber elektronischen Werkzeugen meistens erheblich mehr Bedenken vor, als bei Großunternehmen.[6]
- Mittelgroße Unternehmen verfügen im Gegensatz zu großen Unternehmen in der Regel nicht über Erfahrungen mit EDI, da der Einsatz von EDI für mittelgroße Unternehmen in der Regel ebenfalls zu teuer ist.[7]
- In mittelgroßen Unternehmen herrscht in der Regel ein erheblicher Kostendruck, der die Bereitschaft zu den für E-Procurement notwendigen Investitionen erheblich hemmt.[8]
- Mittelgroße Unternehmen geben an, auf die Reife der Software zu warten. Diese Sichtweise geht jedoch, wie in Kapitel 5.1 festgestellt, am Problem vorbei, da die Software nicht Ursache der Probleme ist.[9]

Folglich ist zur Umsetzung von E-Procurement in mittelgroßen Unternehmen eine speziell auf die Situation abgestimmte Vorgehensweise erforderlich. In Kapitel 5 konnte festgestellt werden, dass die Einflussfaktoren, die in mittelgroßen Unternehmen relevant sind, wirtschaftliche Faktoren sind, während technische Gegebenheiten

---

3 Pfohl, Hans-Christian (1997) S. 2
4 Vgl. Impulse, G+J Wirtschaftspresse / IBM Deutschland / Tech Consult GmbH (2005) S. 10
Vgl. Eyholzer, Kilian (2002) S. 90-91
5 Vgl. Kerkau, Friedhelm (2005) o. S.
Vgl. Thome, Rainer (2006) S. 9
6 Vgl. Bogaschewsky, Ronald (2004) S. 174
Vgl. Zheng, Jurong et al. (2004) S. 34-35
7 Vgl. Müller, Günter / Eymann, Torsten / Kreutzer, Michael (2003) S. 287
Vgl. Bogaschewsky, Ronald / Kracke, Uwe (1999) S. 91
Vgl. Hoffmann, Anke / Zilch, Andreas (2000) S. 47
Vgl. Müller, Holger (2003) S. 49
8 Vgl. Budde, Lars (2004) S. 11
9 Vgl. o. V. (2003) o. S.
Vgl. Zheng, Jurong et al. (2004) S. 38

eine eher untergeordnete Rolle spielen.[10] E-Procurement scheitert in mittelgroßen Unternehmen folglich an wirtschaftlichen Faktoren, die bei Einführung und Einsatz von EP nicht beachtet werden. Dies ist auf Defizite bei der Einbindung der elektronischen Werkzeuge in die Beschaffungsstrategie, sowie bei der Umsetzung des Einführungsprojekts zurückzuführen. Weiterhin gründen sich Fehlentscheidungen in Bezug auf E-Procurement auch nicht selten auf überzogene Erwartungen bezüglich der mit E-Procurement erzielbaren Erfolge. Die Bereiche, die in mittelgroßen Unternehmen besonderer Aufmerksamkeit bedürfen, sind:

- Strategische Ausrichtung des E-Procurement-Portfolios
- Management des Einführungsprojekts
- Controlling der erzielten Ergebnisse

In den einzelnen Bereich müssen die in Kapitel 5 identifizierten Einflussfaktoren jeweils mit einbezogen werden. Da die Gewichtung der einzelnen Einflussfaktoren von der Ausgestaltung der einzelnen E-Procurement-Lösung abhängt, werden die spezifischen Faktoren nicht bei der Betrachtung jedes Bereichs aufgelistet, sondern nur allgemeingültige Aussagen getroffen.

6.1 Entwicklung einer Beschaffungsstrategie unter Einbeziehung von E-Procurement

Eine der Ursachen für Probleme mit E-Procurement ist, dass elektronische Werkzeuge oft als schnelle Lösung für Probleme in der Beschaffung verstanden werden.[11] Dies führt zu dazu, dass die Einführung von E-Procurement auf die Beschaffung und Installation einer Software reduziert wird, die auf Organisation und Arbeitsabläufe keinen Einfluss hat. Hierbei wird übersehen, dass dem Einsatz von elektronischen Werkzeugen eine Strategie zugrunde liegen muss, die sich aus der Beschaffungsstrategie des Unternehmens ableitet.[12] Bevor also einzelne elektronische Werkzeuge

---

[10] Vgl. Blasovich, John / Goffre, Jules (2003) S. 65
[11] Vgl. CAPS Research / McKinsey & Company (2000) S. 2
Vgl. Flynn, Anna (2004) S. 2
[12] Vgl. Krüger, Wilfried / Bach, Norbert (2001) S. 48

für die E-Procurement-Lösung des Unternehmens ausgewählt werden können, muss aus der Beschaffungsstrategie des Unternehmens abgeleitet werden, welche Werkzeuge überhaupt mit der derzeitigen Strategie kompatibel sind.[13]

In mittelgroßen Unternehmen besteht jedoch das Problem, dass die strategische Ausrichtung des Unternehmens im Hinblick auf elektronische Werkzeuge unklar gestaltet ist, beziehungsweise in manchen Unternehmensbereichen überhaupt keine Orientierung an der Unternehmensstrategie stattfindet.[14] Diese Problematik gilt auch für die Beschaffung mittelgroßer Unternehmen, hier stehen operative Aufgaben im Vordergrund, während strategische Aufgaben vernachlässigt werden.[15] Entsprechend stehen in mittelgroßen Unternehmen oft die Organisationsstruktur und die Ressourcen für strategische Aufgaben nicht zur Verfügung.[16]

Ein Beispiel für von einem Defizit an strategischer Planung ausgelöste Probleme sind die mit elektronischen Auktionen von mittelgroßen Unternehmen erzielten Erfolge. In mittelgroßen Unternehmen bleiben die mit elektronischen Auktionen erzielten Einsparungen teilweise deutlich hinter den Erwartungen zurück.[17] Dies ist im Fall von mittelgroßen Unternehmen unter anderem darauf zurückzuführen, dass mittelgroße Unternehmen nicht über die Marktmacht großer Unternehmen verfügen und somit in einer elektronischen Auktion weniger Preisdruck aufbauen können, beziehungsweise Lieferanten zur Teilnahme zwingen können.[18] In diesem Fall ist also bei der Auswahl von elektronischen Auktionen als Beschaffungswerkzeug ein strategischer Fehler gemacht worden, weil die beschaffenden Unternehmen nicht über die für die angestrebten Einsparungen erforderliche Marktmacht verfügen. In mittelgroßen Unternehmen sind bei der Auswahl elektronischer Werkzeuge folglich eine Analyse der individuellen Ausgangslage und eine realistische Einschätzung der vorhandenen

Vgl. Podbelsek, Hans et al. (2000) S. 18
13 Vgl. Flynn, Anna (2004) S. 2
Vgl. Smeltzer, Larry / Ruzicka, Marc (2000) S. 3
14 Vgl. CapGemini Ernst & Young (2002) S. 10
Vgl. Zheng, Jurong et al. (2004) S. 34
15 Vgl. Koppelmann, Udo (2004) S. 3
Vgl. Acker, Sigmund (2005) S. 18
Vgl. Minahan, Tim (2005) S. 3
Vgl. Eyholzer, Kilian (2002) S. 30
16 Vgl. Minahan, Tim (2005) S. 5
Vgl. Budde, Lars (2004) S. 60
17 Vgl. Emiliani, M. (2005) S. 530
18 Vgl. o. V. (2004) o. S.

Sparpotentiale erforderlich, da sich die Ausgangssituation erheblich von großen Unternehmen unterscheidet.[19] Die Auswahl eines elektronischen Werkzeugs gründet sich in mittelgroßen Unternehmen jedoch vor allem auf den von Anbietern angegebenen Return-on-Investment, der aus den Erfahrungen der Anbieter mit Großunternehmen abgeleitet wird.[20] Dies muss in mittelgroßen Unternehmen aufgrund der anderen Ausgangslage in den meisten Fällen als unrealistisch angesehen werden.

Um für das Unternehmen geeignet elektronische Werkzeuge auswählen und die möglichen Einsparungen abschätzen zu können, ist eine Einbindung der elektronischen Werkzeuge in die Beschaffungsstrategie erforderlich.[21] Die Beschaffungsstrategie wird aus der Unternehmensstrategie abgeleitet.[22] Für die Beschaffungsstrategie gilt dabei wie für die Unternehmensstrategie, dass aus der Beschaffungsstrategie hervorgehen muss, in welcher Weise die Beschaffung einen Wertbeitrag zum Unternehmensergebnis beisteuert, ebenso wie die Unternehmensstrategie vorgibt, mit welchem Geschäftsmodell das Unternehmen einen Mehrwert erzeugt.[23] Die Beschaffungsstrategie eines Unternehmens muss also individuell an das Unternehmen und seine Rahmenbedingungen und Marktposition angepasst werden.[24]

---

19 Vgl. Eyholzer, Kilian (2002) S. 232-233
20 Vgl. Narasimhan, Ram / Talluri, Srinivas / Ross, Anthony (2003) S. 5
Vgl. Arnold, Ulli (1997) S. 63-64
21 Vgl. Koushik, Srinivas / Straeten, Detlef (2002) S. 120
22 Vgl. Aberdeen Group / Purchasing Magazine (2005) S. 13
23 Vgl. Schögel, Kerstin (2002) S. 393
Vgl. Birkhofer, Ben / Schögel, Marcus (2002) S. 400
Vgl. Buchholz, Wolfgang (2001) S. 71-72
24 Vgl. Langer, Karsten (2004) o. S.

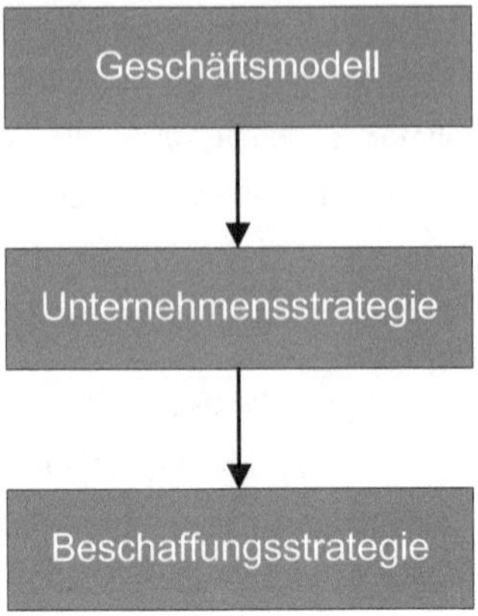

Abbildung 6.2: Ableitung der Beschaffungsstrategie[25]

Der Ausgangspunkt für die Auswahl elektronischer Werkzeuge ist die Beschaffungsstrategie, da die elektronischen Werkzeuge des E-Procurement Werkzeuge darstellen, mit denen die Beschaffungsstrategie umgesetzt werden kann.[26] Den einzelnen elektronischen Werkzeugen liegen die in Kapitel 4 dargestellten Wirkungsbeziehungen zugrunde, die mit den Vorgaben der Beschaffungsstrategie zu einer E-Procurement-Strategie zusammengeführt werden müssen.

---

[25] Eigene Darstellung

[26] Vgl. Boston Consulting Group (2000) S. 9
Vgl. Eyholzer, Kilian (2002) S. 231-232
Vgl. Buchholz, Wolfgang (2001) S. 70

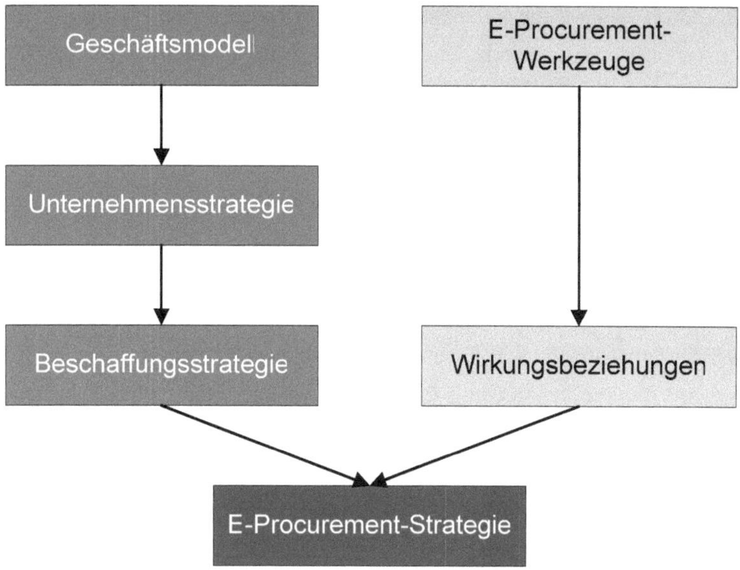

Abbildung 6.3: Herleitung einer E-Procurement-Strategie[27]

Eine E-Procurement-Strategie legt fest, mit welchen elektronischen Werkzeugen welche Beschaffungsziele verfolgt werden.[28] Hierbei muss dem jeweiligen Beschaffungsziel nicht nur ein elektronisches Werkzeug, sondern auch eine Wirkungsbeziehung zugeordnet sein, um sicherzustellen, dass das ausgewählte Werkzeug zur Verfolgung des Beschaffungsziels geeignet ist.

Ein elektronisches Werkzeug sollte nur dann zum Einsatz kommen, wenn sich damit ein feststellbarer Mehrwert für das Unternehmen erreichen lässt.[29] Der Fokus bei der Auswahl elektronischer Werkzeuge für die Beschaffung muss folglich auf den erzielbaren Ergebnissen und nicht auf der verfügbaren Technologie liegen.[30] Hierzu ist es erforderlich, dass vor einer Entscheidung eine Evaluierung der möglichen Werkzeuge im Hinblick auf die Beschaffungsstrategie stattfindet, und Werkzeuge ausgewählt

---

[27] Eigene Darstellung
[28] Vgl. Eul, Marcus / Herzwurm, Georg / Hanssen, Sven (2005) S. 666
Vgl. Koushik, Srinivas / Straeten, Detlef (2002) S. 122-123
[29] Vgl. Goldratt, Eliyahu / Schragenheim, Eli / Ptak, Carol (2004) S. 106
[30] Vgl. Aberdeen Group / Purchasing Magazine (2005) S. 3
Vgl. Flynn, Anna (2004) S. 2

werden, deren Wirkungsbeziehungen zur Beschaffungsstrategie passen.[31] Im Umkehrschluss sollte der Leistungsumfang der elektronischen Werkzeuge nur die benötigten Funktionen enthalten. Funktionen, die nicht benötigt werden, sollten wenn möglich wegfallen, um die Komplexität der Lösung soweit wie möglich zu reduzieren.[32]

6.2 Vorgehensweise bei der Einführung von E-Procurement

Die geringe Erfolgsquote von E-Business-Projekten allgemein und die im Zusammenhang mit der Einführung von E-Procurement auftretenden Probleme in Besonderen legen den Schluss nahe, dass bei der Einführung von E-Procurement Fehler auftreten, die den Erfolg des Projekt gefährden oder sogar ganz zunichte machen.[33] Insbesondere die Komplexität der Projekte erweist sich als Problem und wird häufig unterschätzt.[34] Die Vorbereitung und Planung des Einführungsprojekts stellt somit selbst einen kritischen Einflussfaktor für den Erfolg von E-Procurement in Unternehmen dar.[35] Für Großunternehmen ist dies kein Hindernis, da Unternehmen dieser Größenordnung über Erfahrung mit derartigen Projekten und den im Zuge des Projekts anfallenden Aufgaben haben.[36] Mittelgroße Unternehmen hingegen verfügen unter Umständen über wenig Erfahrung mit Projekten im Bereich Beschaffung und setzen ein E-Procurement-Projekt mit der reinen Softwareeinführung gleich, ohne die weiteren Erfordernisse zu beachten.[37] Daher werden im Folgenden die für ein Einführungsprojekt unabhängig von der Ausrichtung der E-Procurement-Lösung wesentlichen Faktoren erneut kurz betrachtet:

- Unterstützung des Projekts durch das Top-Management
- Überarbeitung der Geschäftsprozesse

---

[31] Vgl. Bartezzaghi, Emilio / Ronchi, Stefano (2004) S. 126
[32] Vgl. Winter, Klaus (2002) S. 58
[33] Vgl. CapGemini Ernst & Young (2002) S. 5
Vgl. Budde, Lars (2004) S. 7
Vgl. Buchholz, Wolfgang / Werner, Hartmut (2001 B) S. 331
Vgl. Rast, Christian / Scholz, Michael (2004) S. 177
[34] Vgl. Impulse, G+J Wirtschaftspresse / IBM Deutschland / Tech Consult GmbH (2005) S. 24
Vgl. Eyholzer, Kilian (2002) S. 93
[35] Vgl. Möhrstädt, Detlef / Bogner, Philipp / Paxian, Sascha (2001) S. 4
[36] Vgl. Aberdeen Group (2005) S. 4-5
[37] Vgl. Glibert, Alorie (2000) o. S.

– Gestaltung der organisatorischen Veränderungen im Unternehmen

Grundsätzlich sollte ein Projekt zur Einführung von E-Procurement, wie schon erwähnt, nicht mit der reinen Softwareeinführung verwechselt werden. Die Führung des Projekts sollte in den Händen der Einkaufsabteilung liegen, das diese mit den strategischen Anforderungen an die E-Procurement-Lösung vertraut ist.[38] Wird die Einführung von E-Procurement wie ein reines IT-Projekt gehandhabt, so besteht die Gefahr, dass die Einführung technologiezentriert statt strategieorientiert erfolgt, und somit die Ausrichtung an der Strategie verloren geht.[39]

6.2.1 Unterstützung durch Top-Management

Der erste Faktor, der für den Erfolg eines E-Procurement-Projekts als kritisch angesehen werden kann, ist die Unterstützung des Top-Managements für das Projekt.[40] Die Einführung einer E-Procurement-Lösung auf dem „kleinen Dienstweg" ist angesichts der notwendigen Veränderungen und der daher zu erwartenden Widerstände aussichtslos.[41] Die Unterstützung des Top-Managements umfasst allerdings nicht nur die Freigabe der notwendigen finanziellen Mittel und die stillschweigende Billigung des Projekts, sondern erfordert eine aktive Unterstützung bei den anstehenden Veränderungen an Prozessen und Organisationsstruktur. Im Idealfall wird ein E-Procurement-Projekt auf Initiative des Top-Managements begonnen, da das Top-Management sich nicht darauf beschränken sollte, darauf zu warten, dass entsprechende Projektverschläge herangetragen werden.

Dies ist insbesondere in mittelgroßen Unternehmen problematisch, da die Vorstände dieser Unternehmen in erster Linie das Überleben am Markt durch Steuerung der operativen Geschäftstätigkeit als ihre Aufgabe sehen, wodurch das Thema E-

---

[38] Vgl. Aberdeen Group (2005) S. 33
Vgl. Budde, Lars (2004) S. 30
[39] Vgl. Aberdeen Group (2005) S. 27
Vgl. MacDonald, Douglas / Higgins, Paul (2003) S. 12
[40] Vgl. Minahan, Tim (2004) S. 11
Vgl. Aberdeen Group (2005) S. 15, S. 18 und S. 33
Vgl. Langer, Karsten (2004) o. S.
[41] Vgl. Hammer, Michael / Stanton, Steven (1995) S. 45-46

Business insgesamt auf „danach" verschoben wird.[42] Daher bringen die Vorstände mittelgroßer Unternehmen dem Thema E-Procurement wenig Interesse entgegen und scheuen die hierfür notwendigen Investitionen.[43]

Ein weiterer in mittelgroßen Unternehmen wesentlicher Punkt ist das Defizit an Know-how der Mitarbeiter und die daher zum Aufbau des Know-hows notwendige Lernkurve.[44] In mittelgroßen Unternehmen stellen die begrenzten IT- und Know-how-Ressourcen ein besonderes Problem dar, obwohl gerade in mittelgroßen Unternehmen Expertenwissen erforderlich ist.[45] Da die Auswahl der mit der Arbeit an einem E-Procurement-Projekt beauftragten Mitarbeiter dem Top-Management zufällt, ist hier ebenfalls die Unterstützung des Top-Managements von Bedeutung, da durch die Auswahl geeigneter Mitarbeiter der Aufbau von Know-how erheblich erleichtert werden kann.[46]

Bei der Einführung von E-Procurement in mittelgroßen Unternehmen ist also eine Lernkurve zu erwarten, wenn Know-how und Erfahrung mit E-Procurement aufgebaut werden. Das Lernen aus gemachten Fehlern gehört zu dieser Lernkurve und sollte bei der Planung entsprechend berücksichtigt werden. Beim Vorantreiben der Lernkurve des Unternehmens darf es keine Scheu geben, „Geld in die Hand zu nehmen", um einen Lern- und Erfahrungsvorsprung vor der Konkurrenz zu erzielen. Speziell destruktive Kritik des Top-Managements bei Problemen im Hinblick auf verlorene Zeit oder Geld ist in dieser Hinsicht als kontraproduktiv zu sehen. Vielmehr muss der Wert des gewonnenen Know-hows als Vorsprung vor den Wettbewerbern mit betrachtet werden.[47]

Eine Alternative zur rein internen Erarbeitung des notwendigen Know-hows ist das Hinzuziehen von externen Beratern. Diese Vorgehensweise hat den Vorteil, dass ohne Zeitverlust erfahrene Kräfte zur Verfügung stehen, die die Mitarbeiter des Un-

---

42 Vgl. Zheng, Jurong et al. (2004) S. 35
43 Vgl. Bogaschewsky, Ronald / Kracke, Uwe (1999) S. 23
Vgl. o. V. (2003) o. S.
44 Vgl. Impulse, G+J Wirtschaftspresse / IBM Deutschland / Tech Consult GmbH (2005) S. 24
Vgl. Koppelmann, Udo (2004) S. 9
45 Vgl. Mosch, Thomas (2004) S. 17
Vgl. Thome, Rainer / Hennig, Andreas / Friedrich, Michael (2001) S. 232
46 Vgl. Aust, Eberhard et al. (2000) S. 64
47 Vgl. Aberdeen Group (2005) S. 5
Vgl. CAPS Research / McKinsey & Company (2000) S. 10

ternehmens einarbeiten können. Nachteil dieser Vorgehensweise sind die zusätzlich anfallenden Kosten, die die in mittelgroßen Unternehmen knappen Ressourcen weiter belasten.[48]

6.2.2 Business Process Reengineering

Ein weiterer Punkt, der bei der Einführung von E-Procurement in mittelgroßen Unternehmen zu beachten ist, ist die explizite Überarbeitung der betroffenen Beschaffungsprozesse im Rahmen eines Business Process Reengineering, wie in Kapitel 3.7 geschildert. Die Notwendigkeit einer Anpassung der Beschaffungsprozesse an die Verwendung elektronischer Werkzeuge wird in der Theorie einhellig anerkannt.[49] In großen Unternehmen werden die Geschäftsprozesse explizit dokumentiert und bei Veränderungen angepasst, da Unternehmen dieser Größenordnung anders nicht mehr steuerbar wären, und daher gezwungen sind, ihre Prozesse explizit zu verwalten. In der Praxis mittelgroßer Unternehmen besteht jedoch nach wie vor die Gefahr, dass schlechte, papierbasierte Prozesse, umgangssprachlich „die Zettelwirtschaft"[50], in elektronische Form übertragen werden, was dazu führt, dass sich die angestrebten Verbesserungen nicht einstellen, da sich an den Abläufen an sich nichts geändert hat.

Die Sichtweise auf die Beschaffungsprozesse, die auch für die Einführung von E-Procurement in mittelgroßen Unternehmen erforderlich ist, sieht im Vordergrund die für Verbesserungen notwendigen Veränderungen an den Beschaffungsprozessen, und erst danach, dass diese Veränderungen durch elektronische Werkzeuge ermöglicht werden.[51]

---

48 Vgl. Hammer, Michael / Stanton, Steven (1995) S. 110
49 Vgl. Podbelsek, Hans et al. (2000) S. 19
Vgl. Budde, Lars (2004) S. 29
50 Nekolar, Alexander-Philip (2003) S. 3
51 Vgl. Kapitel 2.2.1
Vgl. Smeltzer, Larry / Ruzicka, Marc (2000) S. 3

6.2.3 Change Management

Da die Einführung von E-Procurement zu unter Umständen tief greifenden Veränderungen in der Beschaffung führt, ist wie in Kapitel 3.6 beschrieben, eine geplante Steuerung dieser Veränderungen und Kommunikation der Vorgehensweise an die Mitarbeiter unumgänglich. In Großunternehmen liegen bei Management und Mitarbeitern ausreichende Erfahrungen mit Veränderungsprozessen vor, so dass diese Unternehmen in der Lage sind, die bei der Einführung von E-Procurement anfallenden Umstellungen zu bewältigen.

In mittelgroßen Unternehmen fehlt hingegen die Erfahrung bei der Einführung von E-Business-Systemen. Weiterhin sind die Paradigmen und Denkweisen in mittelgroßen Unternehmen teilweise so ausgerichtet, dass Veränderungen extrem erschwert werden.[52] Zunächst weisen typische mittelgroße Unternehmen eine Tendenz zum Konservativismus auf, wodurch Veränderung von Seiten der Mitarbeiter prinzipiell erheblicher Widerstand entgegengebracht wird. Die Unternehmenskultur in mittelgroßen Unternehmen kann sich somit als erhebliches Hindernis bei der Einführung von E-Procurement erweisen.[53] Weiterhin liegt der Beschaffung mittelgroßer Unternehmen immer noch ein reines Preisparadigma zugrunde,[54] was dazu führt, dass nur direkte Preiseinsparungen als relevant gesehen werden. Alle übrigen Kosten werden in einer Gesamtkostenrechnung erfasst, und werden nicht den einzelnen Beschaffungsobjekten zugeordnet. Diese Gesamtkostendenkweise führt dazu, dass Prozesse nicht als Kostentreiber gesehen werden, und entsprechende Verbesserungen demzufolge nicht auf Verständnis stoßen.

Die Akzeptanz der Mitarbeiter für die neue Lösung zu erreichen kann sich somit als die größte Herausforderung eines E-Procurement-Projekts erweisen.[55] Es ist zu erwarten, dass zur Gestaltung der Veränderungsprozesse im Unternehmen mehr Aufwand erforderlich ist, als für die nötigen technischen Vorraussetzungen.[56]

---

[52] Vgl. Hammer, Michael (1990) S. 104
[53] Vgl. Olsen, Eric (1999) o. S.
[54] Vgl. Schulte, Christof (2005) S. 264
[55] Vgl. Arthur Andersen Business Consulting (2002) S. 10
Vgl. Aberdeen Group (2005) S. 20
[56] Vgl. Aberdeen Group (2005) S. 33

6.3 Bewertung der durch den Einsatz von E-Procurement erzielten Ergebnisse

Das letzte in diesem Rahmen zu betrachtende Problem bei der Umsetzung von E-Procurement in mittelgroßen Unternehmen ist die Bewertung der erzielten Ergebnisse. Der Nutzen von E-Business-Lösungen ist insbesondere bei Verbesserungen an den Prozessen schwer quantifizierbar, beziehungsweise können entsprechende Erfolgsmessungen nur mittelbar in monetäre Größen übertragen werden.[57]

Im Folgenden wird keine vollständige Rechnung für die einzelnen E-Procurement-Werkzeuge angegeben, da die Bewertung des erzielten Erfolgs stark von der strategischen Ausrichtung[58] abhängig ist. Es werden vielmehr häufig auftretende Problemstellungen und mögliche Lösungsansätze vorgestellt, die helfen sollen, bei der Bewertung von E-Procurement in mittelgroßen Unternehmen zu einem aussagekräftigen Ergebnis zu gelangen.

Da in mittelgroßen Unternehmen eine scharfe Kontrolle von Kosten und Nutzen stattfindet,[59] ist eine korrekte Beurteilung der mit dem Einsatz von E-Procurement realisierbaren Potentiale sowie eine anschließende Überwachung der Ergebnisse essentiell für ein erfolgreiches E-Procurement-Projekt.[60] Wesentliche Elemente bei der Einschätzung der realisierbaren Potentiale sind die zugrunde liegenden Wirkungsbeziehungen und die Bestimmung des Return-on-Investment. Bei der Überwachung der erzielten Resultate sind die Bewertung von nicht monetären Größen und die Definition von Key Performance Indicators entscheidend.

- Bestimmung der zugrunde liegenden Wirkungsbeziehungen: In der strategischen Zielsetzung werden die Wirkungsbeziehungen der E-Procurement-Werkzeuge festgelegt, mit denen Verbesserungen erzielt werden sollen. Aus diesen Wirkungsbeziehungen können Zielsetzungen abgeleitet werden, wobei

---

57 Vgl. Goldratt, Eliyahu / Schragenheim, Eli / Ptak, Carol (2004) S. 53-56
Vgl. Impulse, G+J Wirtschaftspresse / IBM Deutschland / Tech Consult GmbH (2005) S. 14
Vgl. Zheng, Jurong et al. (2004) S. 34
Vgl. Narasimhan, Ram / Talluri, Srinivas / Ross, Anthony (2003) S. 9
Vgl. Blasovich, John / Goffre, Jules (2003) S. 72

58 Vgl. Kapitel 6.1

59 Vgl. Impulse, G+J Wirtschaftspresse / IBM Deutschland / Tech Consult GmbH (2005) S. 19

60 Vgl. Budde, Lars (2004) S. 8

sichergestellt sein muss, dass die Wirkungsbeziehungen des jeweiligen E-Procurement-Werkzeugs zur Verfolgung der Zielsetzung geeignet sind.[61]

- Bestimmung des Return-on-Investment: Eine reine Betrachtung der Wirkungsbeziehungen berücksichtigt die anfallenden Fixkosten nicht. Es ist also erforderlich, einen Break-even-Punkt zwischen den anfallenden Investitionen und Fixkosten und den erwarteten Einsparungen zu finden, den so genannten Return-on-Investment, ab dem sich die Investition amortisiert hat.[62] Das Problem in mittelgroßen Unternehmen ist, dass durch die Erfolgsberichte großer Unternehmen, die aufgrund von Transaktionsvolumina sehr kurze Zeiten bis zum Return-on-Investment erreicht haben[63], teilweise überzogene Erwartungen vorliegen. In mittelgroßen Unternehmen muss, bedingt durch die geringeren Volumina, mit einer erheblich längeren Dauer bis zum Return-on-Investment gerechnet werden. Da der Return-on-Investment aber die Kennzahl ist, anhand derer oft über eine Investition entschieden wird, sind Probleme zu erwarten, falls der Return-on-Investment nicht realistisch bestimmt wird.[64]

- Bewertung nicht monetärer Größen: Insbesondere nicht monetäre Erfolge sind in einer Bewertung von E-Procurement schwer zu fassen, da keine Gegenüberstellung zu den Kosten möglich ist. Beispiele für schwer zu bewertende Erfolge sind Verkürzungen der Time-to-market durch Straffung der Beschaffungsprozesse bei Neuteilen oder der strategische Vorteil, vor den Wettberbern E-Procurement einzusetzen. Zu beachten ist hierbei, dass, wenn nicht monetäre Zielsetzungen mit dem Einsatz von E-Procurement verfolgt werden, die Bewertung des Erfolgs dies widerspiegeln muss, indem Zielsetzungen explizit an diese nicht monetären Größen gebunden werden.

- Definition von Key Performance Indicators: Nachdem anhand der Beschaffungsstrategie Ziele für den Einsatz von E-Procurement festgelegt worden sind, muss das Erreichen dieser Ziele anhand von geeigneten Kennzahlen verfolgt werden. Diese Kennzahlen werden als Key Performance Indicators bezeich-

---

61 Vgl. CAPS Research / McKinsey & Company (2000) S. 4
62 Vgl. Pobbig, Heiko (2005) S. 44
63 Vgl. Bogaschewsky, Ronald (1999) S. 17
64 Vgl. Narasimhan, Ram / Talluri, Srinivas / Ross, Anthony (2003) S. 5
Vgl. Pobbig, Heiko (2005) S. 45
Vgl. Labrador, Gerardo (1999) S. 623

net.[65] Diese Vorgehensweise hat den Vorteil, dass die Auswirkungen von E-Procurement auf eine konkrete Größe festgestellt werden kann, und somit konkrete Ergebnisse mit einem Bezug zur Strategie vorliegen.

[65] Vgl. Eul, Marcus / Herzwurm, Georg / Hanssen, Sven (2005) S. 666

7 Schlussbetrachtung

7.1 Fazit

Zielsetzung der vorliegenden Arbeit war die Lösung der in Kapitel 1.3 vorgestellten Problemstellungen im theoretischen und praktischen Umfeld des E-Procurement. Im theoretischen Bereich konnte das konzeptionelle Defizit bei der Verknüpfung der Themengebiete E-Business und Beschaffung durch schlüssige Ableitung eines Konzepts E-Procurement aus einem neuen Konzept E-Supply-Management in Kapitel 2 behoben werden. Anzumerken ist hierbei, dass das Problem einer überschneidungsfreien Arbeitsdefinition insofern nur partiell gelöst wurde, als dass nach wie vor Konzeptionen im Umfeld von E-Business existieren, wie zum Beispiel E-Finance, die sich mit den hergeleiteten Konzepten E-Procurement bzw. E-Supply-Management überschneiden. Die Lösung dieser Probleme war jedoch nicht Teil der Problemstellung dieser Arbeit, weswegen sie nicht weiter verfolgt wurde.

Im praktischen Bereich war es Ziel dieser Arbeit die Ursachen für Probleme beim Einsatz von E-Procurement speziell in mittelgroßen Unternehmen zu untersuchen und geeignete Lösungsansätze aufzuzeigen. Als Ergebnis der explikativen Kapitel 4 und 5 konnte festgestellt werden, dass die Probleme in mittelgroßen Unternehmen weniger auf technische, als auf wirtschaftliche Ursachen zurückzuführen sind. Dies unterscheidet mittelgroße Unternehmen beim Einsatz von E-Procurement fundamental von Großunternehmen, deren Probleme in erster Linie technischer Natur waren. Das Problem der Verbindung von Unternehmen ist technisch ohne weiteres lösbar, der Nachweis hiefür wurde in Kapitel 3 durch das Aufzeigen der technischen Machbarkeit erbracht.

Als Empfehlung an mittelgroße Unternehmen können folglich folgende Punkte kurz gefasst werden:

- Jede E-Procurement-Lösung muss auf die Beschaffungsstrategie des Unternehmens abgestimmt sein, das heißt, Strategie geht vor Technologie.

- Die für die jeweilige Lösung relevanten Einflussfaktoren müssen beachtet und in die Konzeption der Lösung einbezogen werden.

- Die mit der E-Procurement-Lösung erzielten Ergebnisse müssen mit Bezug auf die Zielsetzung der Lösung ausgewertet werden.

Weiterhin ist zu beachten, dass aufgrund der geringeren Skalenvorteile in mittelgroßen Unternehmen, die mit dem Einsatz von E-Procurement erzielbaren Ergebnisse entsprechend geringer ausfallen und daher auch weniger Spielraum für Fehler und Probleme bleibt. In mittelgroßen Unternehmen ist daher bei der Einführung von E-Procurement ein wesentlich sorgfältigeres Vorgehen als in Großunternehmen erforderlich.

7.2 Ausblick

Bei Großunternehmen gehören elektronische Werkzeuge der Beschaffung wie zum Beispiel elektronische Ausschreibungen mittlerweile zum Standard.[1] Daher können Unternehmen dieser Größenordnung durch den Einsatz von E-Procurement keine strategischen Vorteile gegenüber ihren Wettbewerbern erzielen, da diese in der Lage sind, die jeweiligen Lösungen schnell zu imitieren. Die Aussage von Nicolas Carr, dass elektronische Werkzeuge in strategischer Hinsicht keine Bedeutung mehr besitzen (IT doesn't Matter), trifft bei diesen Unternehmen also auch für E-Procurement-Werkzeuge zu.[2]

Bei mittelgroßen Unternehmen hingegen besteht, wie in Kapitel 5.2 ausführlich dargestellt, noch erheblicher Nachholbedarf,[3] weswegen bei der Nutzung elektronischer Werkzeuge insgesamt nach wie vor erhebliches Wachstum zu erwarten ist,[4] wodurch auch das Interesse der Anbieter an mittelgroßen Unternehmen stetig zunimmt.[5] Als neue Entwicklung kristallisiert sich heraus, dass mittelfristig ein erheblicher Unterschied in der Bedeutung von E-Sourcing und E-Ordering für mittelgroße Unternehmen zu erwarten ist. Mit Werkzeugen des E-Ordering sind für mittelgroße Unternehmen ebenfalls keine Wettbewerbsvorteile zu erzielen, da die entsprechenden Vorteile

1 Vgl. Brenner, Walter / Lux, Andreas (2000) S. 147
2 Vgl. Carr, Nicholas (2003)
3 Vgl. Fieten, Robert (2006) S. 67
4 Vgl. A. T. Kearney (2004) o. S.
Vgl. Impulse, G+J Wirtschaftspresse / IBM Deutschland / Tech Consult GmbH (2005) S. 11
Vgl. Zschorn, Lars / Kahlert, Dirk / Levin, Andre (2005) S. 20
5 Vgl. o. V. (2004) o. S.

für konkurrierende Unternehmen wiederum sehr leicht zu imitieren sind.[6] Aus diesem Grund beginnen die meisten Unternehmen die Einführung von E-Procurement im Bereich E-Ordering.[7] Dies ist jedoch für mittelgroße Unternehmen in keinem Fall ein ausreichender Stand, da E-Sourcing im Gegensatz zum E-Ordering für mittelgroße Unternehmen noch das Potential zum strategischen Wettbewerbsvorteil hat.

In mittelgroßen Unternehmen ist generell eine stärkere Ausrichtung der Beschaffung auf strategische Aufgaben zu erwarten, da in mittelgroßen Unternehmen die Möglichkeit besteht, auf diesem Weg strategische Vorteile vor Konkurrenzunternehmen zu erzielen.[8] E-Sourcing-Lösungen haben das Potential zum strategischen Wettbewerbsvorteil, da E-Sourcing-Lösungen durch die in Kapitel 6.1 beschriebene Ausrichtung an der Beschaffungsstrategie individuell auf das einzelne Unternehmen zugeschnitten werden, und daher nur schwer imitiert werden können. Unternehmen, die versuchen mit Wettbewerbern gleichzuziehen haben die in Kapitel 6.2.1 beschriebene Lernkurve zu bewältigen, was verhindert, dass eine E-Sourcing-Lösung schnell imitiert werden kann. Mittelgroße Unternehmen sollten daher versuchen, durch Aufbau einer E-Sourcing-Lösung einen strategischen Vorsprung vor Ihren Konkurrenten zu erzielen und durch entsprechende Weiterentwicklung zu halten. Die für mittelgroße Unternehmen leider typische Abwartehaltung[9] hingegen führt unweigerlich zu Problemen, da in diesem Fall die Situation entsteht, dass konkurrierende Unternehmen beim Einsatz von E-Procurement einen Vorsprung erlangen können, der aus den genannten Gründen schwer aufzuholen ist.

---

[6] Vgl. Carr, Nicholas (2003) S. 42-44
Vgl. Eyholzer, Kilian (2002) S. 116

[7] Vgl. Arthur Andersen Business Consulting (2002) S. 7
Vgl. Fieten, Robert (2006) S. 67

[8] Vgl. Carr, Nicholas (2003) S. 42-44
Vgl. Minahan, Tim (2005) S. 1
Vgl. Eyholzer, Kilian / Kuhlmann, Walter / Münger, Thomas (2002) S. 66-67

[9] Vgl. Mosch, Thomas (2004) S. 16-17
Vgl. Zheng, Jurong et al. (2004) S. 38

Literaturverzeichnis

A. T. Kearney (2004) Creating Value through Strategic Supply Management; 2004 Assessment of Excellence in Procurement; A. T. Kearney; 2004

Aberdeen Group (2005) Best Practices in E-Procurement; Reducing Costs and Increasing Value through Online Buying; Aberdeen Group; 2005

Aberdeen Group / Purchasing Magazine (2005) The CPO's Summit; Insights from The CPO's Summit; Aberdeen Group / Purchasing Magazine; 2005

Acker, Sigmund (2005) Wie Mittelständler ihren Einkauf optimieren können; Strategische Überlegungen im Beschaffungsgeschäft; in: technik + EINKAUF; Heft 5; 2005; S. 18

Afif, Noelani (1999) Elektronische Warenbeschaffung; Ein Kuli für 200 Mark; in: Information Week; 1999

Amor, Daniel (2000) Dynamic Commerce; Online-Auktionen - Handeln mit Waren und Dienstleistungen in der Neuen Wirtschaft; Galileo Press; Bonn; 2000

Amor, Daniel (2001) Die E-Business-(R)Evolution; Das umfassende Executive-Briefing; Galileo Press; Bonn; 2001

Andrew, James / Blackburn, Andy / Sirkin, Harold (2000) The B2B Opportunity; Creating Advantage through E-Marketplaces; Boston Consulting Group; 2000

Appelfeller, Wieland / Buchholz, Wolfgang (2005) Supplier Relationship Management; Strategie, Organisation und IT des modernen Beschaffungsmanagements; Gabler Verlag; Wiesbaden; 2005

Arndt, Tobias (2002) Erfolgreich auf B2B-Marktplätzen; Effizienz und Produktivität in E-Procurement und Sales; Galileo Press; Bonn; 2002

Arnold, Ulli (1997) Beschaffungsmanagement; 2. Auflage; Schäffer-Poeschel Verlag; Stuttgart; 1997

Arnold, Ulli (1999) Basisstrategien des Outsourcing aus Sicht des Beschaffungsmanagement; in: Controlling; Heft 7; 1999; S. 309-316

Arnold, Ulli / Kärner, Heinzpeter (2003 A) eReadiness deutscher Lieferanten; in: Deutscher eSupplier Katalog; 2003; S. 7-35

Arnold, Ulli / Kärner, Heinzpeter (2003 B) E-Readiness; Wie fit sind deutsche Unternehmen für den Online-Handel?; in: Science Factory; Heft 2; 2003; S. 10-15

Arthur Andersen Business Consulting (2001) eProcurement; Elektronische Beschaffung in der deutschen Industrie - Status und Trends; Arthur Andersen Business Consulting; 2001

Arthur Andersen Business Consulting (2002) eProcurement: Von der Vision zur Wirklichkeit; Status Quo und Trends der elektronischen Beschaffung in der deutschen Industrie; Arthur Andersen Business Consulting; 2002

Arthur Andersen Business Consulting / Arbeitsbereich Produktionswirtschaft TU Hamburg-Harburg (2002) Zusammenarbeit oder verschärft Konkurrenz?; Wie wirkt sich das Internet auf die Beschaffungsstrategie für komplexe Materialien in der deutschen Automobilindustrie aus?; Arthur Andersen Business Consulting/ Arbeitsbereich Produktionswirtschaft TU Hamburg-Harburg; 2002

Arvin, Jeff / Beall, Stewart/ Carter, Phil / Hoffman, Bill / Maciejewski, Debbie / Monczka, Robert / Mosconi, Trish / Petersen, Kenneth / Smith-Allen, Rebecca / Swan, Andrew / Tademoto, Greg (2001) E-Commerce Exchanges; Making informed decisions, Applying best practices; CAPS Research / McKinsey & Company; 2001

Aust, Eberhard / Diener, Wolfe / Engelhardt, Peter / Lüth, Oliver (2000) ePurchasing; Im B2B eCommerce ist der Kunde wieder König; 2. Auflage; Verlag Oliver Lüth; Mannheim; 2000

Aust, Eberhard / Diener, Wolfe / Engelhardt, Peter / Lüth, Oliver (2001) eSourcing; Die Revolution im strategischen Einkauf; Verlag Oliver Lüth; Mannheim; 2001

Backhaus, Klaus (2003) Industriegütermarketing; 7. Auflage; Verlag Franz Vahlen; München; 2003

Backhaus, Manuel (1999) E-Procurement; Ein Rezept zur Verbesserung der Wettbewerbssituation; in: Bogaschewsky, Ronald (Hrsg., 1999) S. 57-72

Barck, Rainer (2006) Die stählernen Packer; in: Logistik inside; Heft 10; 2006; S. 43-44

Bartezzaghi, Emilio / Ronchi, Stefano (2004) A portfolio approach in the e-purchasing of materials; in: Journal of Purchasing and Supply Management; Heft 10; 2004; S. 117-126

Basili, Joe / Bharadwaj, Sudy / Saia, Rick (2006) The Invoice Reconciliation and Payment Benchmark Report; Aberdeen Group; 2006

Bauer, Hans / Hammerschmidt, Maik (2004) Beziehungsmarketing für elektronische Business-to-Business-Marktplätze; in: Der Markt; Heft 3+4; 2004; S. 91-105

Baumgarten, Helmut (2001) Trends und Strategien in der Logistik; Die Entwicklung und die Zukunft der Logistik; in: Baumgarten, Helmut (Hrsg., 2001) S. 9-32

Baumgarten, Helmut (Hrsg., 2001) Logistik im E-Zeitalter; Die Welt der globalen Logistiknetzwerke; Frankfurter Allgemeine Zeitung, Verlagsbereich Buch; Frankfurt; 2001

Beall, Stewart / Carter, Craig / Carter, Philip / Germer, Thomas / Hendrick, Thomas / Jap, Sandy / Kaufmann, Lutz / Maciejewski, Debbie / Monczka, Robert / Petersen, Ken (2003) The Role of Reverse Auctions in Strategic Sourcing; CAPS Research; 2003

Beckmann, Helmut / Vlachakis, Johanis / Kelkar, Oliver / Otto, Boris (2002) Eine integrierte, offene SRM-Plattform zur Unterstützung von Beschaffungsprozessen mittelständischer Unternehmen; in: HMD Praxis der Wirtschaftsinformatik; Heft 228; 2002; S. 33-42

Beer, Johan (2006 A) Careful preparation pays back; in: Efficient Purchasing; Heft 2; 2006; S. 53

Beer, Johan (2006 B) Getting users to buy in to e-procurement; in: Efficient Purchasing; Heft 3; 2006; S. 38-39

Beer, Johan (2006 C) The end of easy Pickings; in: Efficient Purchasing; Heft 2; 2006; S. 51-52

Birkhofer, Ben / Schögel, Marcus (2002) Gestaltung marktorientierter Geschäftsmodelle im Electronic Commerce; in: Schögel, Marcus / Tomczak, Torsten / Belz, Christian (Hrsg., 2002) S. 400-429

Blasovich, John / Goffre, Jules (2003) Unlocking value from E-Supply Management; in: Executive Agenda; Heft 3; 2003; S. 65-73

Bogaschewsky, Ronald (1999) Electronic Procurement; Neue Wege der Beschaffung; in: Bogaschewsky, Ronald (Hrsg., 1999) S. 13-40

Bogaschewsky, Ronald (2002) Elektronische Marktplätze; Charakteristika, Typisierung und Funktionalitäten; in: Weiber, Rolf (Hrsg., 2002) S. 749-774

Bogaschewsky, Ronald (2003) Integrated Supply Management; Zukunftskonzept für die Beschaffung; in: Bogaschewsky, Ronald (Hrsg., 2003) S. 23-52

Bogaschewsky, Ronald (2004) E-Procurement: Wir stehen erst am Anfang!; Einleitung in die Thematik; in: Bundesverband Materialwirtschaft, Einkauf und Logistik e. V. (Hrsg., 2004) S. 173-176

Bogaschewsky, Ronald (Hrsg., 1999) Elektronischer Einkauf; Erfolgspotentiale, Praxisanwendungen, Sicherheits- und Rechtsfragen; BME-Expertenreihe Band 4; Deutscher Betriebswirte-Verlag; Gernsbach; 1999

Bogaschewsky, Ronald (Hrsg., 2003) Integrated Supply Management; Einkauf und Beschaffung: Effizienz steigern, Kosten senken; Fachverlag Deutscher Wirtschaftsdienst; Köln; 2003

Bogaschewsky, Ronald / Kracke, Uwe (1999) Internet-Intranet-Extranet; Strategische Waffen für die Beschaffung; BME-Expertenreihe Band 3; Deutscher Betriebswirte-Verlag; Gernsbach; 1999

Böhle, Knud (2002) Internet-Zahlungssysteme in der Europäischen Union; in: Ketterer, Karl-Heinz / Stroborn, Karsten (Hrsg., 2002) S. 45-61

Böhnlein, Claus-Burkard (2005) Supply Chain Management - Konzept, Umsetzungen und Erfahrungen; in: WISU - Das Wirtschaftsstudium; Heft 2; 2005; S. 223-227

Bölzing, Dieter (2000) "e-logistics"; Internetbasierte Logistikprozesse und -dienstleistungen für effizientes Supply Chain Management; in: Pfohl, Hans-Christian (Hrsg., 2000) S. 107-117

Boston Consulting Group (2000) Strategisch Navigieren; Boston Consulting Group; 2000

Brauner, Sylvia (2006) Nachschub am laufenden Band; in: Logistik inside; Heft 7; 2006; S. 38-39

Brenner, Walter / Lux, Andreas (2000) Virtual Purchasing; Die Revolution im Einkauf; Konradin Verlag; Leinfelden-Echterdingen; 2000

Bretzke, Wolf-Rüdiger / Ploenes, Patrick / Gesatzki, Roman (2001) Die "dot.com"-Welle in der Transportindustrie; Eine Studie der KPMG Consulting über Transportmarktplätze; KPMG Consulting; 2001

Buchholz, Wolfgang (2001) Netsourcing Implementation Program; Alles neu bei der Einführung internetbasierter Beschaffungslösungen?; in: Buchholz, Wolfgang / Werner, Hartmut (Hrsg., 2001) S. 69-86

Buchholz, Wolfgang / Werner, Hartmut (2001 A) Supply Chain Solutions; Best Practices in e-Business; in: Buchholz, Wolfgang / Werner, Hartmut (Hrsg., 2001) S. 1-10

Buchholz, Wolfgang / Werner, Hartmut (2001 B) Supply Chain Solutions; Which way to go?; in: Buchholz, Wolfgang / Werner, Hartmut (Hrsg., 2001) S. 323-335

Buchholz, Wolfgang / Werner, Hartmut (Hrsg., 2001) Supply Chain Solutions; Best Practices in e-Business; Schäffer-Poeschel Verlag; Stuttgart; 2001

Budde, Kerstin / Kaulen, Sascha / Kaus, Birgit / Widmayer, Lena / Lawrenz, Oliver (2006) Supplier Relationship Management; Marktstudie 2006; Bundesverband Materialwirtschaft, Einkauf und Logistik / Siemens AG; 2006

Budde, Lars (2004) Systematische Einführung von umfassenden E-Procurement-Lösungen im Mittelstand; Fallbeispiel K+S: Prozesse, Toolauswahl, Wirtschaftlichkeitsanalyse; Praxisleitfaden E-Procurement: Band 2; Centrum für Supply Management; Estenfeld; 2004

Bullinger, Hans-Jörg / Baumann, Timo / Fröschle, Norbert / Mack, Oliver / Trunzer, Thomas / Waltert, Jochen (2002) Business Communities; Professionelles Beziehungsmanagement von Kunden, Mitarbeitern und B2B-Partnern im Internet; Galileo Press; Bonn; 2002

Bullinger, Hans-Jörg / Berres, Anita (Hrsg., 2000) E-Business-Handbuch für den Mittelstand; Grundlagen, Rezepte, Praxisberichte; Springer Verlag; Berlin Heidelberg; 2000

Bundesverband Materialwirtschaft, Einkauf und Logistik e. V. (Hrsg., 2004) Best Practice in Einkauf und Logistik; Erfolgsstrategien der Top-Entscheider Deutschlands; Gabler Verlag; Wiesbaden; 2004

Buscher, Udo (2003) Konzept und Gestaltungsfelder des Supply Network Managements; in: Bogaschewsky, Ronald (Hrsg., 2003) S. 55-86

Butscher, Stephan / Krohn, Felix (2001) Auf das richtige Pferd setzen; Eine Systematik zur Bewertung von Internet-Marktplätzen; in: Frankfurter Allgemeine Zeitung; 9. Januar; 2001; o. S.

CapGemini Ernst & Young (2002) e-Transformation-Studie; Hindernisse in der Umsetzung der e-Business-Ambitionen in Deutschland; CapGemini Ernst & Young; 2002

CAPS Research / McKinsey & Company (2000) Coming in to focus; using the lens of economic value to clarify the impact of B2B e-marketplaces; CAPS Research / McKinsey & Company; 2000

Carr, Nicholas (2003) IT Doesn't Matter; in: Harvard Business Review; Mai; 2003; S. 41-49

Christ, Oliver / Bach, Volker (2002) Content-Marktplätze aus Prozess-Sicht; in: HMD Praxis der Wirtschaftsinformatik; Heft 223; 2002; S. 31-37

Claßen, Martin / Alex, Björn / Arnold, Stefanie (2003) Change Management 2003/2008; Bedeutung, Strategien, Trends; CapGemini; 2003

Corsten, Daniel / Gabriel, Christoph / Felde, Jan (2002) Internet -enabled Supply Chain Management; in: Schögel, Marcus / Tomczak, Torsten / Belz, Christian (Hrsg., 2002) S. 802-821

Croom, Simon (2000) The Impact of Web-Based Procurement on the Management of Operating Resources Supply; in: Journal of Supply Chain Management; Winter; 2000; S. 4-13

Dangelmaier, Wilhelm / Pape, Ulrich / Rüther, Michael (2004) Systemunterstütztes Lieferantenmanagement; in: WISU - Das Wirtschaftsstudium; Heft 4; 2004; S. 520-532

De Cassan, Thierry (2005) The case for reverse auctions; in: Efficient Purchasing; Heft 1; 2005; S. 14

Dobiéy, Dirk / Wargin, John (2001) Management of Change; Kontinuierlicher Wandel in der digitalen Ökonomie; Galileo Press; Bonn; 2001

Dolmetsch, Ralph (2000) eProcurement; Sparpotential im Einkauf; Addison-Wesley Verlag; München u. a.; 2000

Dorloff, Frank-Dieter / Leukel, Jörg / Schmitz, Volker (2002) Betriebliches Katalogdaten- Management; in: WISU - Das Wirtschaftsstudium; Heft 3; 2002; S. 369-377

Drefs, Matthias (1999) Oracle Internet Procurement; in: Bogaschewsky, Ronald (Hrsg., 1999) S. 233-255

Dun & Bradstreet Deutschland (2005) D-U-N-S Nummer; Seit über 40 Jahren - Ihr Schlüssel zum Erfolg; Dun & Bradstreet Deutschland; 2005

Ebel, Dietmar / Figgener, Olaf (2005) ERP-Systeme zur Unterstützung von Geschäftsprozessen in der Logistik; in: ERP Management; Heft 1; 2005; S. 34-36

Einwiller, Sabine / Herrmann, Andreas / Ingenhoff, Diana (2005) Vertrauen durch Reputation; Grundmodell und empirische Befunde im E-Commerce; in: Marketing-Zeitschrift für Forschung und Praxis; Heft 1; 2005; S. 24-40

Emiliani, M. (2005) Regulating B2B online reverse auctions through voluntary codes of conduct; in: Industrial Marketing Management; Heft 34; 2005; S. 526-534

EPCglobal Inc. (2004) The EPCglobal Network; Overwiew of Design, Benefits & Security; EPCglobal Inc.; 2004

Eßig, Michael / Arnold, Ulli (2001) Electronic Procurement In Supply Chain Management; An Information Economics-Based Analysis of Electronic Markets; in: Journal of Supply Chain Management; Herbst; 2001; S. 43-49

Eßig, Michael / Kärner, Heinzpeter (2001) Buyer-Driven Electronic Marketplaces; Developing Business Models for an Integrated E-Procurement Strategy; in: Practix Best Practices in Purchasing & Supply Management; September; 2001; S. 1-9

Eul, Marcus / Herzwurm, Georg / Hanssen, Sven (2005) IT-Performance-Measurement; Ganzheitliche Steuerung über Kennzahlen; in: WISU - Das Wirtschaftsstudium; Heft 5; 2005; S. 664-669

Eyholzer, Kilian (2002) Einsatzpotentiale und Auswirkungen von E-Procurement-Lösungen; Eine Analyse des Entwicklungsstandes in Schweizer Grossunternehmen; Shaker Verlag; Aachen; 2002

Eyholzer, Kilian / Kuhlmann, Walter / Münger, Thomas (2002) Wirtschaftlichkeitsaspekte eines partnerschaftlichen Lieferantenmanagements; in: HMD Praxis der Wirtschaftsinformatik; Heft 228; 2002; S. 66-76

Fässler, Lukas (2002) Rechtliche Rahmenbedingungen im E-Commerce; in: Schögel, Marcus / Tomczak, Torsten / Belz, Christian (Hrsg., 2002) S. 190-208

Fieten, Robert (2006) Wo steht unsere Industrie heute?; Lieferantenportale und E-Sourcing; in: Beschaffung Aktuell; Heft 5; 2006; S. 66-68

Finkenzeller, Klaus (2002) RFID-Handbuch; Grundlagen und praktische Anwendung induktiver Funkanlagen, Transponder und kontaktloser Chipkarten; 3. Auflage; Carl Hanser Verlag; München Wien; 2002

Fleisch, Elgar (2002) Von der Vernetzung von Unternehmen zur Vernetzung von Dingen; in: Schögel, Marcus / Tomczak, Torsten / Belz, Christian (Hrsg., 2002) S. 124-135

Flicker, Alexandra / Höller, Johann (2001) E-Commerce auf Basis von Internettechnologien im Beschaffungswesen; Donau-Universität Krems / Kepler Universität Linz; 2001

Flynn, Anna (2004) Developing and Implementing E-Sourcing Strategy; Critical Issues Report; CAPS Research; 2004

Fromm, Hansjörg / Saedltler, Dietmar (2001) Entwicklungstrends virtueller Marktplätze in der Automobilindustrie; in: Buchholz, Wolfgang / Werner, Hartmut (Hrsg., 2001) S. 141-154

Füßler, Andreas (2001) Radiofrequenztechnik zu Identifikationszwecken (RFID) für die Automatisierung von Warenströmen; in: Buchholz, Wolfgang / Werner, Hartmut (Hrsg., 2001) S. 87-104

Geis, Ivo (2002) Die elektronische Signatur; in: Ketterer, Karl-Heinz / Stroborn, Karsten (Hrsg., 2002) S. 294-306

Gerber, Sandra (2002) Produktion, Back-End-Lösungen und E-Business; in: Wannenwetsch, Helmut (Hrsg., 2002) S. 129-139

Gesatzki, Roman (2002) Elemente von Advanced Planning & Scheduling-Systemen zur Optimierung der Supply Chain; in: Bearing Point SCM Newsletter; Heft 12; 2002; o. S.

Gilbert, Alorie (2000) E-Procurement; Problems behind the Promise; in: Information Week; 20. November; 2000; o. S.

Goldratt, Eliyahu / Schragenheim, Eli / Ptak, Carol (2004) Das Ergebnis; Ein Roman über profitable Softwarelösungen; Piper Verlag; München; 2004

Göpfert, Ingrid (2004) Supply Chain Management: Moderne Konzeption für Unternehmensnetzwerke; Einleitung in die Thematik; in: Bundesverband Materialwirtschaft, Einkauf und Logistik e. V. (Hrsg., 2004) S. 205-208

Granada Research (2001) Using the UNSPSC; Why Coding and Classifying Products is Critical to Success in Electronic Commerce; Granada Research; 2001

Gritsch, Klaus / Helgerth, Robert (2004) Katalogbasierte Beschaffung in der Automobilindustrie; in: Bundesverband Materialwirtschaft, Einkauf und Logistik e. V. (Hrsg., 2004) S. 187-195

Grünbeck, Jochen / Richter, Andreas (2005) Benchmarking-Studie Effizienz und Best Practice im Einkauf; Studie zur Erschließung von Effizienzpotentialen im Einkauf; Bundesverband Materialwirtschaft, Einkauf und Logistik / Syner-Deal Deutschland; 2005

Hammer, Michael (1990) Reengineering Work; Don't automate, obliterate; in: Harvard Business Review; Juli-August; 1990; S. 104-112

Hammer, Michael / Champy, James (1994) Business Reengineering; Die Radikalkur für das Unternehmen; 3. Auflage; Campus Verlag; Frankfurt; 1994

Hammer, Michael / Stanton, Steven (1995) Die Reengineering Revolution; Handbuch für die Praxis; Wilhelm Heyne Verlag; München; 1995

Handfield, Rob (2006) Best Practices in the Procure-to-Pay Cycle; Perspectives from Suppliers and Industry Experts; in: Practix Best Practices in Purchasing & Supply Management; März; 2006; S. 1-6

Hartmann, Detlef (1999) Wettbewerbsvorteile durch Electronic Procurement; in: Bogaschewsky, Ronald (Hrsg., 1999) S. 41-55

Haupt, Stephan (2004) Personalmanagement vor neuen Herausforderungen; in: Bundesverband Materialwirtschaft, Einkauf und Logistik e. V. (Hrsg., 2004) S. 135-151

Heinrich, Claus (2004) Adaptive Unternehmen; Durch höhere Flexibilität zum Erfolg; in: Bundesverband Materialwirtschaft, Einkauf und Logistik e. V. (Hrsg., 2004) S. 221-230

Heinzmann, Peter (2002) Internet; Die Kommunikationsplattform des 21. Jahrhunderts; in: Weiber, Rolf (Hrsg., 2002) S. 41-77

Heitmann, Annika (2002) Rechtliche Rahmenbedingungen des Bezahlens im Internet; EU-Recht und deutsche Gesetzgebung; in: Ketterer, Karl-Heinz / Stroborn, Karsten (Hrsg., 2002) S. 275-293

Hentrich, Johannes (2001) B2B-Katalogmanagement; E-Procurement und Sales im Collaborative Business; Galileo Press; Bonn; 2001

Hermanns, Arnold / Gampenrieder, Ariane (2002) Wesen und Eigenschaften des E-Commerce; in: Schögel, Marcus / Tomczak, Torsten / Belz, Christian (Hrsg., 2002) S. 70-91

Herrmann, Frank (2002) Elektronische Kataloge zur Deckung maschinell disponierten Bedarfs; in: HMD Praxis der Wirtschaftsinformatik; Heft 228; 2002; S. 77-84

Hess, Thomas / Schuller, Dagmar (2005) Business Process Reengineering als nachhaltiger Trend?; Eine Analyse der Praxis in deutschen Großunternehmen nach einer Dekade; in: Schmalenbachs Zeitschrift für betriebswirtschaftliche Forschung; Juni; 2005; S. 355-373

Hoffmann & Zachau Unternehmensberatung (2000) eProcurement; Beschaffung über das Internet in Deutschland; Hoffmann & Zachau Unternehmensberatung; 2000

Hoffmann, Anke / Zilch, Andreas (2000) Unternehmensstrategie nach dem E-Business-Hype; Geschäftsziele, Wertschöpfung, Return on Investment; Galileo Press; Bonn; 2000

Hoffmann, Christoph / Klose, Martina (2002) Logistik und Electronic Business; in: Weiber, Rolf (Hrsg., 2002) S. 529-548

Horvath, Peter / Mayer, Reinhold (1989) Prozeßkostenrechnung; Der neue Weg zu mehr Kostentransparenz und wirkungsvollen Unternehmensstrategien; in: Controlling; Heft 4; 1989; S. 212-219

Impulse, G+J Wirtschaftspresse / IBM Deutschland / Tech Consult GmbH (2005) Internet und E-Business im Mittelstand; impulse, G+J Wirtschaftspresse / IBM Deutschland / Tech Consult GmbH; 2005

Johnson, Fraser / Klassen, Robert (2005) E-procurement; in: MIT Sloan Management Review; Winter; 2005; S. 7-10

Kerkau, Friedhelm (2005) Schritte zu einer skalierten eProcurement-Lösung für den Mittelstand; in: BMEnet Fachnews; August; 2005; o. S.

Ketterer, Karl-Heinz / Stroborn, Karsten (Hrsg., 2002) Handbuch ePayment; Zahlungsverkehr im Internet: Systeme, Trends und Perspektiven; Fachverlag Deutscher Wirtschaftsdienst; Köln; 2002

Kilian, Wolfgang (2002) Elektronische Geschäftsbeziehungen und Zivilrecht; in: Weiber, Rolf (Hrsg., 2002) S. 995-1014

Kim, Kyung / Umanath, Narayan (2005) Information transfer in B2B procurement; An empirical analysis and measurement; in: Information & Management; Heft 42; 2005; S. 813-828

Kleineicken, Andreas (2002) E-Procurement; Front End Solutions; in: Wannenwetsch, Helmut (Hrsg., 2002) S. 44-57

Knepper, Andreas (2002) Contentmanagement; in: Wannenwetsch, Helmut (Hrsg., 2002) S. 116-128

Kollmann, Tobias / Herr, Christian (2005) Die Vertrauenswürdigkeit von jungen Unternehmen im elektronischen Handel; in: Die Betriebswirtschaft; Heft 65; 2005; S. 119-136

Kommission der Europäischen Gemeinschaften (2003) Empfehlung der Kommission betreffend die Definition der Kleinstunternehmen sowie der kleinen und mittleren Unternehmen; Amtsblatt der Europäischen Union; 2003

Konhäuser, Christian (1999) C-Artikelmanagement im Intranet/Internet; in: Bogaschewsky, Ronald (Hrsg., 1999) S. 75-96

Koppelmann, Udo (2004) Beschaffung muß strategisch werden!; Einführung in die Thematik; in: Bundesverband Materialwirtschaft, Einkauf und Logistik e. V. (Hrsg., 2004) S. 3-11

Koushik, Srinivas / Straeten, Detlef (2002) Eine strategische Roadmap zur Implementierung von E-Business-Lösungen; in: Weiber, Rolf (Hrsg., 2002) S. 117-140

Kranke, Andre (2006) Schnelligkeit ist Trumpf; in: Logistik inside; Heft 7; 2006; S. 48-50

Krüger, Wilfried / Bach, Norbert (2001) Geschäftsmodelle und Wettbewerb im e-Business; in: Buchholz, Wolfgang / Werner, Hartmut (Hrsg., 2001) S. 29-51

Kubicki, Andreas / Wißemann, Jörg (2003) eProjekte erfolgreich managen; Anforderungs- und Architekturmanagement als erfolgskritische Aufgabe für Team und Unternehmen; in: Industrie Management; Heft 4; 2003; o. S.

Kurbel, Karl (2005) Produktionsplanung und -steuerung im Enterprise Resource Planning und Supply Chain Management; 6. Auflage; Oldenbourg Verlag; München Wien; 2005

Labrador, Gerardo (1999) Kosten und Nutzen des Internet für mittelständige Unternehmen; in: Bullinger, Hans-Jörg / Berres, Anita (Hrsg., 2000) S. 623-637

Lammert, Uwe / Grauer, Manfred (2005) Prozessorientierung in ERP-Systemen auf Basis von RFID; in: ERP Management; Heft 1; 2005; S. 37-40

Langer, Karsten (2004) Der Einkauf muss entfesselt werden; in: Manager Magazin; Heft 9; 2004; o. S.

Lein, Udo (2004) eSourcing experience Linde Gas; A knowledge transfer; Linde Gas; 2004

Leu, Matthias (1999) Sicherheitsaspekte des Electronic Procurement; Risiken und Schutzmöglichkeiten; in: Bogaschewsky, Ronald (Hrsg., 1999) S. 141-169

Löprick, Frank (2006) Procurement - mehr als nur einkaufen; in: IT Management; Heft 4; 2006; S. 15-18

Lucas-Nülle, Thomas (2005) Product Information Management in Deutschland; Marktstudie 2005; Lucas-Nülle Consulting & Partner; 2005

Mabert, Vincent / Schoenherr, Tobias (2001) Evolution of Online Auctions in B2B E-Procurement; in: Practix Best Practices in Purchasing & Supply Management; September; 2001; S. 15-19

MacDonald, Douglas / Higgins, Paul (2003) E-Business Investment Benchmarking Study: August 2003; A. T. Kearney / Line 56; 2003

Mankiw, Gregory (2001) Grundzüge der Volkswirtschaftslehre; 2. Auflage; Schäffer-Poeschel Verlag; Stuttgart; 2001

Meier, Alexander (2002) E-Commerce in Einkauf und Beschaffung; in: Wannenwetsch, Helmut (Hrsg., 2002) S. 90-99

Minahan, Tim (2004) Best Practices in E-Sourcing; Optimizing and Sustaining Supply Savings; Aberdeen Group; 2004

Minahan, Tim (2005) Strategic Sourcing in the Mid-Market Benchmark; The Echo Boom in Supply Management; Aberdeen Group; 2005

Möhrstädt, Detlef / Bogner, Philipp / Paxian, Sascha (2001) Electronic Procurement planen - einführen - nutzen; von der Konzeption zu optimalen Beschaffungsprozessen; Schäffer-Poeschel Verlag; Stuttgart; 2001

Mosch, Thomas (2004) Trends in der IT-Nutzung im Mittelstand; in: HMD Praxis der Wirtschaftsinformatik; Heft 240; 2004; S. 13-22

Müller, Eva (2004) Millardengrab Einkauf; in: Manager Magazin; Heft 8; 2004; o. S.

Müller, Günter / Eymann, Torsten / Kreutzer, Michael (2003) Telematik- und Kommunikationssysteme in der vernetzten Wirtschaft; Oldenbourg Verlag; München Wien; 2003

Müller, Holger (1999) Elektronische Märkte im Internet; in: Bogaschewsky, Ronald (Hrsg., 1999) S. 211-230

Müller, Holger (2003) Anforderungen an elektronische Marktplätze aus Sicht der Beschaffung; Analyse von Materialgruppen und Internet-Plattformen; Praxisleitfaden E-Procurement: Band 1; Centrum für Supply Management; Estenfeld; 2003

Müller, Martin (2005) Die Koordination von Supply Chains; Eine transaktionskostentheoretische Untersuchung; in: Schmalenbachs Zeitschrift für betriebswirtschaftliche Forschung; Dezember; 2005; S. 717-739

Narasimhan, Ram / Talluri, Srinivas / Ross, Anthony (2003) Evaluating E-Procurement Solutions; CAPS Research; 2003

Nekolar, Alexander-Philip (2003) e-Procurement; Euphorie und Realität; Springer Verlag; Berlin Heidelberg; 2003

Nenninger, Michael (1999) Electronic Procurement; Neue Beschaffungsstrategien durch Desktop Purchsing Systeme; KPMG Consulting; 1999

Nissen, Volker / Mauß, Andreas (2002) Wissensmanagement im Rahmen der prozessorientierten Einführung von E-Procurement und Supplier Relationship Management; in: HMD Praxis der Wirtschaftsinformatik; Heft 228; 2002; S. 55-65

Noll, Jürgen / Winkler, Manuela (2004) Gütesiegel und Vertrauen im E-Commerce; in: Der Markt; Heft 1; 2004; S. 23-32

o. V. (2003) Sinn oder Unsinn?; eProcurement für den Mittelstand; in: Electronic Commerce Information Network; 24. April; 2003; o. S.

o. V. (2004) eProcurement-Lösung für den Mittelstand; in: Electronic Commerce Information Network; 25. Mai; 2004; o. S.

o. V. (2005) Kostengünstiger Online-Einkauf; Beispiel einer Problemlösung mit vertretbarem Aufwand; in: technik + EINKAUF; Heft 5; 2005; S. 20-21

o. V. (2006) Protecting the R&D Investment; Two-Way Authentication and Secure Soft-Feature Settings; in: Maxim Engineering Journal; Heft 57; 2006; S. 3-8

Olsen, Eric (1999) When Culture Undermines Vision; in: BCG Perspective; ; 1999; o. S.

Peukert, Jürgen / Read, David (2003) Procurement Success through Switching out Competition; in: Bogaschewsky, Ronald (Hrsg., 2003) S. 181-204

Pfleghar, Thilo / Decker, Wilfried (2001) Erfolgsfaktor Data Warehouse in der Beschaffung; in: Buchholz, Wolfgang / Werner, Hartmut (Hrsg., 2001) S. 115-127

Pfohl, Hans-Christian (1997) Abgrenzung der Klein- und Mittelbetriebe von Großbetrieben; in: Pfohl, Hans-Christian (Hrsg., 1997) S. 1-25

Pfohl, Hans-Christian (2000) Supply Chain Management; Konzept, Trends, Strategien; in: Pfohl, Hans-Christian (Hrsg., 2000) S. 1-42

Pfohl, Hans-Christian (2004) Logistiksysteme; Betriebswirtschaftliche Grundlagen; 7. Auflage; Springer Verlag; Berlin Heidelberg; 2004

Pfohl, Hans-Christian (Hrsg., 1997) Betriebswirtschaftslehre der Mittel- und Kleinbetriebe; Größenspezifische Probleme und Möglichkeiten zu ihrer Lösung; Erich Schmidt Verlag; Berlin; 1997

Pfohl, Hans-Christian (Hrsg., 2000) Supply Chain Management: Logistik plus?; Logistikkette - Marketingkette - Finanzkette; Erich Schmidt Verlag; Berlin; 2000

Pieringer, Matthias (2006 A) Auf Lydia hören sie alle; in: Logistik inside; Heft 12; 2006; S. 38-39

Pieringer, Matthias (2006 B) Der Klick zur Fracht; in: Logistik inside; Heft 5; 2006; S. 41-43

Pieringer, Matthias (2006 C) Gepickt wie gesprochen; in: Logistik inside; Heft 7; 2006; S. 40-43

Pieringer, Matthias (2006 D) IT-Elemente für die Zukunft; in: Logistik inside; Heft 3; 2006; S. 50-53

Pieringer, Matthias (2006 E) Wertvolle Lückenfüller; in: Logistik inside; Heft 12; 2006; S. 46-47

Pikulik, Jeff / Keene, Lesley (2005) E-Invoicing Solution Selection Report; Leading an Accounts Payable Extreme Makeover; Aberdeen Group; 2005

Pintz, Raimund (2005) 5000 zufriedene Mitarbeiter; C-Material-Outsourcing bei der HVB Group; in: Beschaffung Aktuell; Heft 9; 2005; S. 40-41

Pobbig, Heiko (2005) Von der Kosten- zur Wertorientierung: TCO versus ROI; Warum TCO und ROI-Betrachtungen in der IT heute so wichtig sind?; in: IT Management; Heft 7/8; 2005; S. 42-46

Podbelsek, Hans / Pechek, Heinz / Pfriemer, Manfred / Günther, Johann / Flicker, Alexandra (2000) eProcurement und web-basierte Einkaufspraktiken in österreichischen Unternehmen; Bundesverband Materialwirtschaft, Einkauf und Logistik in Österreich / Donau-Universität Krems / KPMG Consulting; 2000

Pralahad, C. K. / Hamel, Gary (1990) The Core Competence of the Corporation; in: Harvard Business Review; Mai-Juni; 1990; S. 79-91

Präuer, Arndt (2005) Partner mit Prozessverantwortung; Solutions Sourcing - Verlagerung umfassender Geschäftsprozesse; in: Beschaffung Aktuell; Heft 4; 2005; S. 30-33

Puschmann, Thomas / Alt, Rainer (2001) Benchmarking eProcurement; Bericht Nr. 4; Institut für Wirtschaftsinformatik; Universität St. Gallen; 2001

Pyper, Michael (2006) Supply Chain Management spart in der Extrusion; E-Business optimiert die Prozesse vom Rohmaterial bis zum Endkunden; in: technik + EINKAUF; Heft 1; 2006; S. 26-27

Rahn, Horst (2005) Arten der Prozesse im Unternehmen; in: Der Betriebswirt; Heft 1; 2005; S. 31-35

Rajaraman, V. (2001) Electronic Commerce; Electronic Data Interchange and XML; in: Resonance; Juni; 2001; S. 18-27

Rast, Christian / Scholz, Michael (2004) Process Intelligence; Procurement-Systeme konsequent nutzen und innovativ Kosten senken; in: Bundesverband Materialwirtschaft, Einkauf und Logistik e. V. (Hrsg., 2004) S. 177-186

Rebstock, Michael (2000) Elektronische Geschäftsabwicklung, Märkte und Transaktionen; Eine methodische Analyse; in: HMD Praxis der Wirtschaftsinformatik; Heft 215; 2000; S. 5-15

Reindl, Martin / Oberniedermaier, Gerhard (2002) eLogistics; Logistiksysteme und -prozesse im Internetzeitalter; Addison-Wesley Verlag; München u. a.; 2002

Renner, Thomas (1999) Produktkataloge und der BMEcat-Standard; Chancen und Grenzen elektronischer Produktkataloge in Intranet und Internet; in: Bogaschewsky, Ronald (Hrsg., 1999) S. 111-138

Requisite Technology (2003) Electronic Catalog XML 3.6 Specifications; XML for Catalog Interoperability; Requisite Technology; 2003

Riemer, Kai / Klein, Stefan (2002) Supplier Relationship Management; Supplier Relationships im Rahmen des Partner Relationship Managements; in: HMD Praxis der Wirtschaftsinformatik; Heft 228; 2002; S. 5-22

Roos, Dietmar / Nettler, Jens (2001) e-Procurement: Ein Praxisbericht; in: Buchholz, Wolfgang / Werner, Hartmut (Hrsg., 2001) S. 247-260

RosettaNet (2002) Rosetta Net Implementation Framework; Core Specifications; Version 2.00.01; RosettaNet; 2002

Ruzicka, Marc (2000) Invoiceless Procurement; Streamlining the Receiving and Billing Process; in: Practix Best Practices in Purchasing & Supply Management; Juni; 2000; S. 7-10

SAP AG (2003) Open Catalog Interface; Release 4.0; SAP AG; 2003

Sass, Egbert (2006) Transportkosten können oft optimiert werden; Mehrstufenprogramm hilft Potentiale zu heben; in: technik + EINKAUF; Heft 3; 2006; S. 28-29

Schaeuffelen, Angelika (1999) Rechtliche Aspekte beim Abschluß von Verträgen im Internet; in: Bogaschewsky, Ronald (Hrsg., 1999) S. 171-186

Schäfer, Harald / Schäfer, Burkhard (2001) Einkaufsdienstleistungen via Internet; Mit eProcurement und eTrading Services erfolgreich Kosten senken; Fachverlag Deutscher Wirtschaftsdienst; Köln; 2001

Schanz, Tina (2002) EBPP; Electronic Bill Presentment and Payment; in: HMD Praxis der Wirtschaftsinformatik; Heft 223; 2002; S. 88-93

Scherer, Ralf / Werner, Hartmut (2001) Virtuelle Marktplätze in der Automobilzulieferindustrie; in: Buchholz, Wolfgang / Werner, Hartmut (Hrsg., 2001) S. 155-169

Schmid, Beat (2002) Elektronische Märkte; in: Weiber, Rolf (Hrsg., 2002) S. 211-239

Schmidt, Carsten (2002) Supply Chain Management; in: Weiber, Rolf (Hrsg., 2002) S. 509-527

Schmitz, Björn (2002 A) Elektronische Transaktionsformen und Transaktionsplattformen; in: Wannenwetsch, Helmut (Hrsg., 2002) S. 70-89

Schmitz, Björn (2002 B) E-Payment; in: Wannenwetsch, Helmut (Hrsg., 2002) S. 203-216

Schmitz, Björn (2002 C) E-Supply Chain Management; in: Wannenwetsch, Helmut (Hrsg., 2002) S. 177-202

Schmitz, Björn (2002 D) Informations- und Kommunikationssysteme als Bausteine der E-Informationslogistik; in: Wannenwetsch, Helmut (Hrsg., 2002) S. 27-43

Schmitz, Volker / Leukel, Jörg / Kelkar, Oliver (2005) Spezifikation BMEcat 2005; Fraunhofer IAO, Stuttgart / Universität Duisburg-Essen; 2005

Schögel, Kerstin (2002) Bezugsrahmen der Geschäftsmodellierung; in: Schögel, Marcus / Tomczak, Torsten / Belz, Christian (Hrsg., 2002) S. 374-399

Schögel, Marcus / Birkhofer, Ben / Jazbec, Mirko / Tomczak, Torsten (2002) Roadm@p to E-Business; Eine Methode für den erfolgreichen Umgang mit Technologien in der marktorientierten Unternehmensführung; in: Schögel, Marcus / Tomczak, Torsten / Belz, Christian (Hrsg., 2002) S. 16-67

Schögel, Marcus / Tomczak, Torsten / Belz, Christian (Hrsg., 2002) Roadm@p to E-Business; Wie Unternehmen das Internet erfolgreich nutzen; Verlag Thexis; St. Gallen; 2002

Schopp, Bernd / Stanoevska-Slabeva, Katarina (2002) Electronic Contracting in elektronischen Märkten; in: Weiber, Rolf (Hrsg., 2002) S. 1015-1032

Schulte, Christof (2005) Logistik; Wege zur Optimierung der Supply Chain; 4. Auflage; Verlag Franz Vahlen; München; 2005

Schulz-Rohde, Sabine (2005 A) RFID in der Praxis; Kennzeichnungen, Identifikation und Prozessverfolgung; in: Beschaffung Aktuell; Heft 4; 2005; S. 74-83

Schulz-Rohde, Sabine (2005 B) Sparen beim Bezahlen; Wie Alstrom mit Purchasing Cards günstig einkauft; in: Beschaffung Aktuell; Heft 7; 2005; S. 51

Schürer, Tilo (2002) Die Kreditkarte im Internet; in: Ketterer, Karl-Heinz / Stroborn, Karsten (Hrsg., 2002) S. 206-231

Sipos, Wolfgang (1999) Lieferanten-/Produktsuche und Informationsbeschaffung über das Internet; Ein Erfahrungsbericht; in: Bogaschewsky, Ronald (Hrsg., 1999) S. 97-110

Smart, Alan / Harrison, Alan (2003) Online reverse auctions and their role in buyer-supplier relationships; in: Journal of Purchasing and Supply Management; Heft 9; 2003; S. 257-268

Smeltzer, Larry / Ruzicka, Marc (2000) Electronic Reverse Auctions; Integrating the Tool with the Strategic-Sourcing Process; in: Practix Best Practices in Purchasing & Supply Management; Juni; 2000; S. 1-6

Soltmann, Bernhard (o. J.) E-Sourcing; Beratung, Software und Services für den strategischen Einkauf; Allocation Network; o. J.

Somm, Felix (2002) Warum Fehlklicks so teuer sind!; in: Schögel, Marcus / Tomczak, Torsten / Belz, Christian (Hrsg., 2002) S. 722-733

Spath, Dieter / Barrho, Thomas / Dill, Christoph / Kinkel, Silja (2001) Quo vadis, PPS?; Erfolgsfaktoren von Auftragssteuerungssystemen in dezentralen Strukturen im turbulenten Umfeld; LOG_X Verlag; Stuttgart; 2001

Stölzle, Wolfgang / Helm, Roland (2003) Der Einfluss elektronischer Märkte auf die Beziehungsqualität; Theoretische Grundlagen und empirische Ergebnisse; in: Bogaschewsky, Ronald (Hrsg., 2003) S. 285-322

Straube, Frank (2001) E-Business braucht E-Logistics; in: Baumgarten, Helmut (Hrsg., 2001) S. 177-196

Straube, Frank / Butz, Christian (2005) E-Logistik in Netzwerken; in: WISU - Das Wirtschaftsstudium; Heft 5; 2005; S. 670-675

Stroborn, Karsten / Heitmann, Annika / Frank, Gerda (2002) Internet-Zahlungssysteme in Deutschland; ein Überblick; in: Ketterer, Karl-Heinz / Stroborn, Karsten (Hrsg., 2002) S. 31-44

Supply Chain Council (2005) Supply-Chain Operations Reference-model; SCOR Version 7.0 Overview; Supply Chain Council; 2005

Tanenbaum, Andrew (2003) Computernetzwerke; 4. Auflage; Pearson Studium; München; 2003

Thome, Rainer (2002) e-Business; in: Informatik Spektrum; Heft 2; 2002; o. S.

Thome, Rainer (2006) Grundzüge der Wirtschaftsinformatik; Integration der Informationsverarbeitung in die Organisation von Unternehmen; Pearson Studium; München; 2006

Thome, Rainer / Hennig, Andreas / Friedrich, Michael (2001) Werkzeugbasierte Einführung von Softwarekomponenten für das E-Business von KMU; in: WISU - Das Wirtschaftsstudium; Heft 2; 2001; S. 230-237

Trautmann, Rüdiger (2002) Bezahlen im Netz; Kritischer Erfolgsfaktor ePayment; in: Ketterer, Karl-Heinz / Stroborn, Karsten (Hrsg., 2002) S. 338-350

Vahrenkamp, Richard / Siepermann, Christoph (2003) Die Bedeutung der E-Logistik für den Mittelstand; hessen-media Band 41; Hessisches Ministerium für Wirtschaft, Verkehr und Landesentwicklung; Wiesbaden; 2003

Voegele, Andreas (2004) Supply Network Management; Neue Zusammenarbeit im Netzwerk der Wertschöpfung; in: Bundesverband Materialwirtschaft, Einkauf und Logistik e. V. (Hrsg., 2004) S. 209-220

Von Dahlen, Rüdiger (2003) Wettbewerbsvorteile im Einkauf durch Supplier Relationship Management; in: Bogaschewsky, Ronald (Hrsg., 2003) S. 347-370

Wagner, Stephan / Schwab, Andreas (2004) Setting the Stage for successful electronic reverse auctions; in: Journal of Purchasing and Supply Management; Heft 10; 2004; S. 11-26

Wälde, Stefan (2005) Alle Schlupflöcher geschlossen; Optimierung der Financial Supply Chain durch Intercorporate Purchasing; in: Beschaffung Aktuell; Heft 12; 2005; S. 28-29

Wannenwetsch, Helmut (2002) Kostensenkungspotentiale durch E-Business und E-Logistik; in: Wannenwetsch, Helmut (Hrsg., 2002) S. 7-15

Wannenwetsch, Helmut (Hrsg., 2002) E-Logistik und E-Business; Kohlhammer Verlag; Stuttgart; 2002

Weiber, Rolf (2002) Herausforderung Electronic Business; Mit dem Informations-Dreisprung zu Wettbewerbsvorteilen auf den Märkten der Zukunft; in: Weiber, Rolf (Hrsg., 2002) S. 1-37

Weiber, Rolf (Hrsg., 2002) Handbuch Electronic Business; Informationstechnologien - Electronic Commerce - Geschäftsprozesse; 2. Auflage; Gabler Verlag; Wiesbaden; 2002

Weiber, Rolf / Meyer, Jörg / Ebert, Holger (2001) Grundlagen des Electronic Procurement; in: WISU - Das Wirtschaftsstudium; Heft 12; 2001; S. 1653-1661

Weidenhaun, Jochen / Rhensius, Tobias (2005) So hilft Software dem Einkauf; in: technik + EINKAUF; Heft 3; 2005; S. 14-16

Werner, Hartmut (2001) e-Supply Chains: Konzepte und Trends; in: Buchholz, Wolfgang / Werner, Hartmut (Hrsg., 2001) S. 11-27

Winter, Klaus (2002) Klassische versus elektronische Beschaffung; in: IT-Director; Heft 1/2; 2002; S. 57-58

Wirtz, Bernd (2001) Electronic Business; 2. Auflage; Gabler Verlag; Wiesbaden; 2001

Woisetschläger, Ernst (2005) Elektronischer Einkauf: Fluch oder Segen; e-Sourcing und e-Procurement im Wettstreit der Meinungen; in: technik + EINKAUF; Heft 3; 2005; S. 10-13

Woisetschläger, Ernst (2006 A) Der elektronische Einkauf ist eine Riesenerfolgsstory; in: technik + EINKAUF; Heft 3; 2006; S. 18-19

Woisetschläger, Ernst (2006 B) Der Leitfaden: Einkaufssystem richtig implementieren; Zeit und Geld sparen mit durchgängigen, automatisierten Einkaufsprozessen; in: technik + EINKAUF; Heft 6; 2006; S. 14-15

Woisetschläger, Ernst (2006 C) Elektronischer Einkauf als Chance für Schnäppchen; Bei C-Teilen kann am meisten gespart werden; in: technik + EINKAUF; Heft 4; 2006; S. 10-12

Woisetschläger, Ernst (2006 D) Kollaborations-Plattformen schaffen Vorteile; Neue Formen unternehmensübergreifender Zusammenarbeit; in: technik + EINKAUF; Heft 1; 2006; S. 30-31

Wolff, Astrid (1998) Outsourcing der Beschaffung von C-Materialien; Grundlagen und Vorgehensweise in der Praxis; Diplomarbeit; FH Würzburg; 1998

Zentralverband Elektrotechnik- und Elektronikindustrie e.V. (2006) Klassifizierung und Produktbeschreibung in der Elektrotechnik- und Elektronikindustrie; Ein Wegweiser durch das Thema Produktklassifizierung im E-Business; Frankfurt; 2006

Zheng, Jurong / Caldwell, Nigel / Harland, Christine / Powell, Philip / Woerndl, Maria / Xu, S. (2004) Small firms and e-business; cautiousness, contingency and cost-benefit; in: Journal of Purchasing and Supply Management; Heft 10; 2004; S. 27-39

Zschorn, Lars / Kahlert, Dirk / Levin, Andre (2005) Aktuelle Herausforderungen der Beschaffung; Technische Universität Chemnitz / IT-Services and Solutions GmbH; 2005

Kolibri 360 GmbH
Ferdinand-Jühlke-Straße 7
99095 Erfurt, Deutschland
produktsicherheit@kolibri360.de